MUSIKKENS TJENERE

Meddelelser fra
Musikhistorisk Museum og Carl Claudius' Samling VI:
1898-1998

MUSIKKENS TJENERE
Instrument – Forsker – Musiker

MUSIKHISTORISK MUSEUM
MUSEUM TUSCULANUMS FORLAG
KØBENHAVN 1998

© Museum Tusculanums Forlag og Musikhistorisk Museum 1998
Redaktion: Mette Müller og Lisbet Torp
Forlagsredaktion: Ole Klitgaard
Fotografiske optagelser, hvor intet andet er nævnt: Ole Woldbye
Oversættelser: Anne Lisbeth Willerup
Omslag: Kim Broström
Tryk og sats: AKA-PRINT A/S, Århus

ISSN 0900 2111
ISBN 87 7289 4660

Motiv på omslaget: Trompe l'oeil med musikinstrumenter,
olie på lærred (169 × 115 cm)
Cornelis Gijsbrechts, 1672 (deponeret på Musikhistorisk Museum af Statens
Museum for Kunst)

Arrangementer og publikationer i anledning af museets 100 års jubilæum
er gennemført med støtte fra:

Augustinus Fonden
Den Berlingske Fond
Den Danske Bank
Dronning Margrethe og Prins Henriks Fond
Højesteretssagfører C. L. Davids Legat for Slægt og Venner
Konsul George Jorck og Hustru Emma Jorck's Fond
Statsautoriseret El-Installatør Svend Viggo Berendt
og Hustru Aase Berendt, født Christoffersens Mindelegat

Testamentarisk gave fra boet efter fru Karla Hecht Koch

Musikhistorisk Museum
Åbenrå 30
DK-1124 København K

Museum Tusculanums Forlag
Njalsgade 92
DK-2300 København S

Indhold

	Forord	7
Mette Müller	Angul Hammerich. Manden bag Musikhistorisk Museum – og dets direktør fra 1898 til 1931	9
Anne Ørbæk Jensen	"Disse Monumenter ere jo ikke Stene". De tidligste historiske koncerter på Musikhistorisk Museum	33
Peter Andreas Kjeldsberg	Med fødselshjelp fra Danmark Ringve Museum i Trondheim	71
Laurence Libin	Changing Aspects of Collecting: Emilius Scherr and Rudolf Olsen in The Metropolitan Museum of Art	85
Mogens Andersen	Electrophonica – gadgets or instruments?	101
Henrik Bøggild og Merete Westergaard	Omkring et flygel. Carl Claudius' Samling nr. 73	113
Lance Whitehead	The triple-strung Hass clavichord of 1761	125
Ture Bergstrøm	Pörschmann-blokfløjten på Musikhistorisk Museum Beretning om en teknisk undersøgelse	139
Mogens Bencard	Cornelis Gijsbrechts' trompe l'oeil	167
Henrik Glahn	Kingo-koraler i Tønder på Brorsons tid Om en hymnologisk raritet i Musikhistorisk Museums bibliotek	175
Ole Kongsted	Nyopdukkede værker af Gregorius Trehou i Biblioteca Apostolica Vaticana	189
Mette Müller	Kongens harmonika Fra fritungens tidligste historie i Danmark	211

Lisbet Torp	Bliver man skotte af at spille på sækkepibe? Om begrebet nationalinstrument	231
Inger Hansen	Børn på Musikhistorisk Museum – nogle personlige erfaringer, reflektioner og visioner	261
Michael Hauser	Ekskursion til Musikhistorisk Museum	277
Erik Moseholm	Kære Fødselar!	283
	Forfattere til jubilæumsskriftet	287
	Museets bestyrelse og medarbejdere 1998	289
	Navneregister	291

FORORD

Museet har valgt at markere sit 100 års jubilæum med en bog, der vil blive stående, når de mange andre arrangementer og festligheder i sæsonen 1997-1998 har udspillet sig. Vi bad en række fagfæller og venner om sammen med nuværende og tidligere medarbejdere at bidrage til et jubilæumsskrift. Konceptet var emner, der knytter sig til museet som institution, til samlingerne og til museets ansvarsområde. Et jubilæum giver anledning til både fest og eftertanke. Derfor opfordrede vi bidragyderne til også at forholde sig kritisk til museet i dets nuværende form og give et bud på opgaverne i fremtiden.

Museets egen historie skrives ikke her, men belyses indirekte i den indledende artikel om Angul Hammerich og Anne Ørbæk Jensens bidrag om *den levende musik* på Musikhistorisk Museum. De følgende indlæg af Peter Andreas Kjeldsberg og Laurence Libin beskæftiger sig med *museumshistorie* og derigennem de skiftende forestillinger om formålet med at indsamle, bevare, udforske og formidle. *Instrumentsamlingen* tages under intensiv behandling i bidragene fra Henrik Bøggild, Merete Westergaard, Lance Whitehead og Ture Bergstrøm. *Bibliotek og arkiv* er repræsenteret ved Henrik Glahns undersøgelse af et interessant håndskrift fra den fornemme hymnologiske samling, og Ole Kongsted berører museets særlige forpligtelse overfor *dansk musikhistorie* ved at præsentere værker af en komponist, der i en periode arbejdede for Christian IV. *Ikonologien* bliver tilgodeset gennem Mogens Bencards redegørelse for ideerne bag begrebet "trompe l'oeil", som vi på musikkens område kan vise i Gijsbrechts' fremstilling af instrumenter på en væg. *Organologi og kulturhistorie* præger Mette Müllers bidrag om harmonikaens tidligste historie i Danmark og Lisbet Torps indkredsning af begrebet "nationalinstrument". Mogens Andersen stiller et aktuelt spørgsmål i forbindelse med musikmuseernes arbejde med *klassifikation* og *registrering* af samlingerne. Michael Hauser og Inger Hansen tager sig af *formidlingen* for børn og unge på museet i dag og antyder, hvor nye opgaver trænger sig på. Jubilæumsskriftet slutter med en kærlig hilsen fra Erik Moseholm, der på opfordring har formuleret en *"ønskeseddel for fremtiden"* i anledning af fødselsdagen.

Her skal bringes en varm tak til den kreds af forfattere, som sluttede op om museet og gav os deres faglige indsigt og tid. Stor tak skylder vi også de fonde, som ved deres støtte har muliggjort aktiviteterne omkring jubilæet og udgivelsen af denne bog.

Vi, der arbejder på museet, ser mest fremad, men i almindelighed betyder en 100 årsdag, at man også retter blikket bagud og fæstner det på mennesker, der har betydet meget for udviklingen ved at arbejde for museets sag: generøse givere, samarbejdspartnere, bestyrelsesmedlemmer og medarbejdere i huset for ikke at tale om det ministerium, der under vekslende navne til enhver tid har haft os under sine vinger. Vi har måttet afstå fra her at opstille en liste over alle dem, som gennem deres arbejde og interesse har medvirket til, at dette hus i dag kan stå til tjeneste for dansk musikliv. Men ser man på de afgørende begivenheder i perioden 1898-1998, er der to mænd, hvis navne vil lyse med en særlig glans, så længe museet eksisterer: Angul Hammerich, som skabte Musikhistorisk Museum, og Henrik Glahn, som på afgørende måde satte en udvikling i gang. Den førte til, at museet i 1966 kunne åbne i sit eget hus, og til dannelsen af et nyt museum under navnet Musikhistorisk Museum og Carl Claudius' Samling, der slog dørene op for offentligheden i 1979.

Mette Müller og Lisbet Torp

Mette Müller

Angul Hammerich

Manden bag Musikhistorisk Museum
– og dets direktør fra 1898 til 1931

Han blev født 1848 ind i et københavnsk embedsmandshjem, hvor musikken var den store fritidsinteresse. Først gik dog alt efter bogen: han blev student 1867, tog sin eksamen i statsvidenskab 1872, fik sin stilling som assistent i Den kongelige Livrenteanstalt 1874 og giftede sig – men så sker der noget. I virkeligheden var Angul Hammerich ligesom sin lidt ældre bror, komponisten Asger Hamerik, allerede i studietiden forskrevet til musikken. Han opsagde sin stilling i 1880, da han var blevet anmelder ved *Nationaltidende*, og valgte en uforudsigelig løbebane. På grundlag af private studier blev han med tiden både docent og direktør, men det var ikke til at ane, dengang han forlod karrieren, blandt andet fordi de to stillinger,

Den unge Angul Hammerich. Fotografi ved Hansen, Schou & Weller, København o. 1870. *The young Angul Hammerich. Photo by Hansen, Schou & Weller, Copenhagen ca. 1870.*[29]

han påtog sig, ikke eksisterede i 1880. Dem måtte han først selv skabe.

Man må tro, at Angul Hammerich havde mange fordele af sin samfundsmæssige baggrund, men han vovede altså at satse på noget andet end det, hans uddannelse lagde op til. Derved blev han banebrydende både inden for universitetets rammer og i museernes verden.[1]

Et parløb

Dette bidrag er ikke en redegørelse for museets historie gennem 100 år. I første bind af vore *Meddelelser*, udsendt efter foreningen af Carl Claudius' musikhistoriske Samling og Musikhistorisk Museum, er der givet et rids af udviklingen indtil åbningen af det ny museum 1979.[2] I den sammenhæng omtales også de to meget forskellige personligheder, hvis engagement har været forudsætningen for det museum, vi kender i dag, og hvis navn understreger Carl Claudius' betydning for samlingerne. Angul Hammerich og Carl Claudius døde indenfor samme kalenderår, og i deres levetid var der tale om to selvstændige samlinger med hver sin formelle status. Men fra første færd fulgtes de ad og havde et livligt samarbejde om den fælles store interesse. Det var derfor naturligt at undersøge, hvornår og under hvilke omstændigheder dette livslange parløb tog sin begyndelse. Det spørgsmål besvarer arkiverne på museet ikke definitivt, men den 18. maj 1897 modtog Angul Hammerich et brev fra læge N. Gram:

> "... Må det være mig tilladt i al Ærbødighed at henvise den ærede Komité for Indsamling af gamle musikalske Instrumenter på, at en Landsmand til os, Hr. Possementmager Claudius boende i Malmö, ejer en stor Samling af alle Slags gamle musikalske Instrumenter, hvilke Hr. Claudius har indsamlet sågodtsom fra hele Sverrig. Jeg ved naturligvis ikke, hvad hans Mening er, men jeg tillader mig blot anføre denne Mand og muligvis kunde Komitéen aflægge ham Besøg.... P.S. Hr Claudius er Svigersøn til Antiquarboghandler Herman Lynge"

Hammerich har påtegnet brevet, at det er besvaret samme dag, men ordlyden kender vi ikke. Claudius boede fra 1884 til 1906 i Malmö og havde formentlig på dette tidspunkt endnu ikke gjort sig stærkt gældende i København. Man kan således ikke udelukke, at den interesserede læge faktisk medvirkede til etableringen af en lykkelig forbindelse mellem fabrikanten og musikvidenskabsmanden, hvilket blandt andet førte til, at Carl Claudius (pl. I) senere blev medlem af museets bestyrelse. Under rejser i udlandet gjorde han ofte erhvervelser for museet, og gennem årene skænkede han et stort antal instrumenter til samlingerne på Musikhistorisk Museum, hvilket han ikke uden selvfølelse gør opmærksom på ved 25 års jubilæet:

> "30.1.23   Kære Ven !
> Imorgen bliver Musikhistorisk Musæum 25 Aar. Denne fromme Stiftelse som skænker Husly til de gamle og svage Instrumenter som ikke kan værge sin Existens i Nutidens Musiklarm. Du er Musæets kærlige Fader, og jeg har altid betragtet mig som en Moder, thi kort efter det første Møde med Dig nedkom jeg (fra Sverig) med en meget stor Børneflok – 50-60 som alle havnede i M. M. Også i de forløbne 25 Aar har jeg skænket mange Beviser på Kærlighed. Intet Under derfor at min Gave paa Højtidsdagen bliver en Viole d'amour.
>
> Din C C(laudius)" [3]

Angul Hammerich (til venstre) og Carl Claudius til søs (Malmö-færgen?). Amatørfotografi taget den 24. juni 1903.
Angul Hammerich (left) and Carl Claudius at sea (the Malmö ferry?). Snapshot taken on 24th June 1903.

Brevets kølige humor skjuler ikke, at forholdet mellem de to mænd har opnået venskabets karakter. I Danmark møder man sjældent det uformelle "Kære Ven" og "du" blandt mennesker af deres generation, og Hammerich var da også hele livet på "Møller" og "De" med sin i sandhed nære hjælper og medarbejder i museets sag, pianofabrikant Frederik Møller.[4] Deres samtale om stort og småt kan vi i perioder følge næsten fra time til time på en tid, hvor man ikke hengav sig til overdreven brug af telefonen, mens posten kom ud flere gange om dagen. Også her er der tale om venskabelig nærhed, men i de par breve, der findes fra Claudius til Hammerich, er tonen anderledes og præget af ubesværet fortrolighed. I et enkelt tilfælde kan man betvivle, at der også er tale om oprigtighed, hvilket jeg senere skal vende tilbage til.

Hammerich kender vi dog langt bedre. Man kommer tæt på ham gennem korrespondancen, og den store brune protokol fortæller en del om den mand, der flittigt indførte museets erhvervelser. Billedsamlingen bidrager med sit til at gøre museets skaber levende, og stemmen kan vi høre på den grammofonindspilning med demonstration af forhistoriens lur-instrumenter, der blev foretaget i 1925. Det følgende handler om den Angul Hammerich, der afslører sig bag de forskellige former for dokumentation, som findes på Musikhistorisk Museum. Det vil ske gennem nogle nedslag i kilderne, som jeg – uden hensyn til noget krav om fuldstændighed – har valgt at koncentrere mig om.

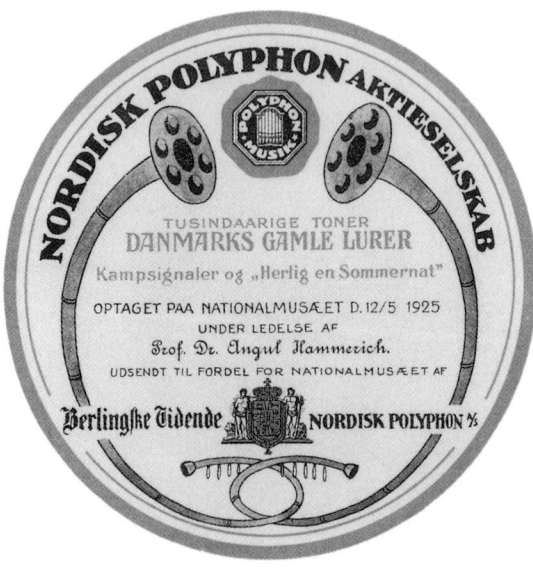

Etikette til optagelse med bronzelurerne 1925.
Label from recording of the bronze lures 1925 (S. 40657).

Mens tid er

"Herrn Paul de Wit, Leipzig. Kopenhagen 10 Febr. 1896

Von Ihren musikhistorisches Museum habe ich so Vieles und Gutes gehört, dass es mich besonders interessieren würde es näher kennen zu lernen durch Cataloge, Plänen etc. Meine Interese ist theils eine private – als Musikforscher und als speziel Gamben-Verehrer – theils eine öffentliche indem ich schon seit lange den unbestörende [?] Wunsch hege, ein Instrumenten-Museum in Kopenhagen zu gründen. Die drei Museen welche ich berets kenne, die in Berlin, Brüssel und Paris, sind, wie ich meine, von allergrösster Wichtigkeit für die Wissenschaft. Auch sehe ich ein, dass wenn von Handeln hier die Rede sei, schnell gehandelt sein muss, während die alten Instrumenten noch da sind und man sie bekommen kann. Was mich eben bisher zurück gehalten hat, ist eben die Mangel an Zeit. Um die nöthigen Geldmittel für einen solche Museum aus der Staatkasse hervorzuzaubern kommt es auf viel Energi und viel Zeitspende an, auf der ich bisher nicht sehr geneigt gewesen bin. Jetzt kommt doch die Nachricht, dass Sie sich von Ihren grosse Sammlung trennen wollen, als eine spezielle Stimulans für meine Energi. Vielleicht, dass ich etwas erreichen könnte. Von einem vollständigen Übernehmen Ihrer ganzen Sammlung würde doch schwerlich die Rede sein, wie ich mich die Sache vorstelle. Dazu wären wohl Ihre Schätze zu grosse und unsere eventuelle Mittel zu geringe. Aber, wo nichts vorhanden ist, hat selbst eine kleinere Sammlung seine Bedeutung. Möglicherweise, dass mit Hilfe gleichgesinnten Männern die öffentliche Interese für diesem Zwecke erwecken könnte ...."

Det ovenfor citerede er formentlig Angul Hammerichs første udkast – med mange rettelser og overstregninger – til det brev, som viser, at en dristig tanke var på vej til sin virkeliggørelse. Vi kender ikke skrivelsens endelige form, men det foreliggende koncept udtaler ideen for første gang og bør ikke savnes i sammenhængen.[5] Hammerich henvender sig her til en af fagets store pionerer, Paul de Wit (1852-1925): cellist, der som en af de første genopdagede og interesserede sig for viola da gamba; musikforlægger, som grundlagde *Zeitschrift für Instrumentenbau* og udgav *Welt-Adressbuch der gesamten Musikinstrumenten-Industrie*, hvilket viser hans interesse ikke kun for musikhistorien, men også for den samtidige instrumentbygning og musikhandel – og dertil altså privatsamler af format.[6] Hammerich svarer på et brev fra de Wit af 6.2. 1896, som indledes således:

"Herr Törsleff setzte mich dieser Tage schriftlich vom dem Verlaufe einer Unterredung in Kenntniss, die er mit Ihnen über mein Museum gepflogen habe".[7]

Herefter beskriver de Wit, hvilke vanskeligheder det har betydet for ham, at han 1886 åbnede sin samling for publikum uden den ringeste forståelse endsige pekuniære støtte fra offentligheden, hvorfor han nu ligger i forhandling med blandt andet potentielle amerikanske købere. Han advarer for såvidt indirekte Hammerich mod at gå i gang og understreger, at han af flere forskellige grunde ønsker at afhænde sit museum som en helhed. Men han er imødekommende, og af senere breve kan vi se, at der blev sendt kataloger til København, og at en handel ikke på dette tidspunkt forekom nogen af parterne helt utænkelig. Hammerich erhvervede dog aldrig instrumenter fra de Wit's samling. Den blev 1905 afhændet til Wilhelm Heyer i Köln, hvorfra den 1926 vendte tilbage til Leipzig – nu placeret i universitetets regi.[8]

Måske har de Wits skildring af privatsamlerens kvaler gjort indtryk på Angul Hammerich. I hvert fald greb han selv tingene ganske anderledes an, da de indledende skridt blev taget: der dannedes en komité, hvis medlemmer repræsenterede musikvidenskaben, museumsverdenen, instrumentbyggerfaget og musikernes kreds, vel at mærke suppleret med en embedsmand fra Kulturministeret. Komitéen mødtes første gang den 16. april 1897, og i maj måned udsendte den en pressemeddelelse, der opfordrede til at skænke gamle musikinstrumenter eller udlåne dem til et kommende museum, som midlertidigt placeredes på "Museum for Kunstindustri".[9] Ved således at alliere sig med offentligheden fulgte Hammerich en tidligere afprøvet model i dansk museumstradition, og det viste sig at være en klog disposition.[10] Reaktionen var overvældende positiv, statens bevågenhed var sikret, og den 31. januar 1898 kunne museet åbne ved en festlig højtidelighed for en indbudt kreds. Som led i festlighederne afholdtes desuden den 5. og 6. februar to offentlige koncerter.

Den velkendte panik, der breder sig op mod en sådan række af begivenheder, kan vi ane gennem de hastige bulletin'er, som udgik fra Hammerich til de involverede parter. Han havde nok at se til og var ikke så lidt nervøs, hvilket der egentlig også var god grund til: otte dage før åbningen var han i Lund for at ordne et lån af 25 blæseinstrumenter, der skulle være på plads og i orden, inden dørene blev slået op, (de blev afleveret på Kunstindustrimuseet den 29. januar!). Desuden skulle han forberede et foredrag og blandt meget andet også sikre sig, at Frederik

Møller rettede nogle svage punkter ved "Aalholm Klaveret", der var inkluderet i arrangementet. Hammerich sigter til det prægtige store cembalo, bygget af Hyeronymus Albrecht Hass i Hamburg 1723. Det blev allerede fra begyndelsen deponeret i samlingen af Raben-Levetzau og er i dag museets ejendom som et af vore fornemste instrumenter. Cembalisten ved åbningen var fru Golla Hammerich.

Pianisten, fru Golla Hammerich ved Hass-cembaloet fra 1723, fotograferet i forbindelse med åbningshøjtideligheden den 31. januar 1898. *Mrs. Golla Hammerich, pianist, at the Hass harpsichord from 1723 (MMCCS no. A 48). Photo taken in connection with the inauguration on 31st January 1898.*

Der er ikke bevaret noget trykt program fra selve indvielsen, men både den gang og senere havde Hammerich en udtalt sans for betydningen af gode forbindelser til pressen, som naturligvis var indbudt. Derfor kender vi også aftenens forløb i store træk, og man kan i dag blive både imponeret og noget misundelig ved at læse de lange referater og kommentarer, som blev resultatet. Det ny museum fik en velvillig modtagelse hos de allerfleste anmeldere både ved åbningsaftenen og de to efterfølgende offentlige koncerter. Af særlig interesse i vor sammenhæng er en meget fyldig gengivelse i *Nationaltidende* af foredraget den 31. januar. Her udtrykker Angul Hammerich sin opfattelse af, hvad musikkens museum kan tilføre et nutidigt musikliv og den meget unge musikvidenskab, som netop i disse år var ved at tilkæmpe sig en plads som universitetsfag i Danmark.[11]

Referenten citerer Angul Hammerich for indledningsvis at sætte dagsordenen ud fra to hovedbegreber: "Museumsmæssig Ordenssans og en musikhistorisk Ide". Hos Anne Ørbæk Jensen kan man i den efterfølgende artikel blandt andet få et nærmere indblik i Angul Hammerichs visioner, deres virkeliggørelse og den modtagelse, den nye virksomhed fik i offentligheden. Én ting står lysende klar helt fra begyndelsen: det drejede sig på Musikhistorisk Museum om at instrumenterne skulle fungere i levende musikfremførelse. De skulle sættes i spillemæssig stand, og først derved udfyldte de deres museale opgave. En hel del gustent overlæg har indfundet sig på musikmuseerne siden da, og fra 1960erne har vi oplevet, hvad man næsten kunne kalde et paradigmeskifte. Det betyder, at museumsinstrumenternes opgave i denne sammenhæng nu snarere består i at danne forlæg for research i forbindelse med fremstilling af kopier.[12]

De unge videnskaber: musikhistorie og organologi

Fundats af 1.10.1977 fastslår, at museet er en forskningsinstitution, og fundatsen bestemmer, at to af fem bestyrelsesmedlemmer udpeges af Musikvidenskabeligt Institut ved Københavns Universitet. Dermed skulle museets placering inden for humaniora være solidt forankret, men virkeligheden viser, at for et mindre museum er forskning ofte noget, man stjæler sig til, og Kulturministeriets institutioner, hvortil de fleste museer kan regne sig, fører i disse år en sej kamp for retten – d.v.s. midler – til forskning.[13] Det er altså lettere sagt end gjort, men formålsparagraffen for Musikhistorisk Museum og Carl Claudius' Samling er en markering, som ligger helt på linie med de tanker, museets grundlægger og første direktør gjorde sig om det ny museums fremtidige virke.

Angul Hammerich gør indtryk af at have været et menneske, hvis anlæg og temperament helt umiddelbart lagde op til den brede formidling, som også gennem alle årene foregik på "hans" museum. Samtidig var han en meget flittig forsker, og det var ham, der vedholdende arbejdede for, at musikvidenskab skulle blive et universitetsfag; Nils Schiørring formulerer det således:"Den 19. oktober 1892 forsvarede cand. polit. Angul Hammerich .... sin afhandling *Musiken ved Christian den Fjerdes Hof* for den filosofiske doktorgrad, og hermed begynder fagets nyere historie ved universitetet".¹⁴ Angul Hammerich kom til musikvidenskaben fra et andet fag, hvilket også gælder dem blandt hans lidt ældre samtidige, der i 1800-tallet præsterede grundlæggende musikhistoriske arbejder. Men Hammerich kunne udnytte sin jus docendi, og det gjorde han fra foråret 1895. I foråret 1896 blev han honoreret midlertidig docent, og 1916 fik han fast ansættelse i et personligt, ekstraordinært docentur. Efter sin afsked fra universitetet 1922 arbejdede han energisk for, at docenturet skulle genoprettes, og ved normeringen af et fast docentur fra 1924-25 var han med i det bedømmelsesudvalg, der blev nedsat. Det siger noget om, hvor godt Hammerich havde forstået at promovere sin virksomhed, og det må have været ham en stor tilfredsstillelse at følge sagen til vejs ende.

Ideen om en instrumentsamling var formentlig resultatet af mange års interesse for emnet, der blandt andet afslører sig gennem Hammerichs virke som musikanmelder.¹⁵ Desuden engagerede han sig i at rådgive museumsdirektør Bernhard Olsen, da Folkemuseet o. 1885 begyndte at indsamle musikinstrumenter. Hammerich gav Bernhard Olsen navne på personer, som kunne anses for potentielle donatorer eller sælgere, og det er interessant at se, hvor godt han allerede på dette tidspunkt var orienteret om, hvor mulighederne fandtes.¹⁶ Efter disputatsen fra 1892 fulgte pionerarbejderne om bronzelurerne (1893) og Compenius-orglet (1897). Så åbnede Musikhistorisk Museum i januar 98, og Hammerich annoncerede naturligvis straks offentlige forelæsninger på museet om instrumenter fra efterårssemestret samme år. 1909 udkom hans katalog over Musikhistorisk Museums samling efterfulgt af den tyske udgave 1911. På mindre end 10 år markerede Hammerich sig musikvidenskabeligt med arbejder, der er blevet klassikere: disputatsen er så grundlæggende, at enhver, der siden tog emnet op, har måttet forholde sig til den, og hans afhandling om lurerne er den første musikvidenskabelige undersøgelse af disse spektakulære lydgivere, der på dette tidspunkt havde været kendt i små 100 år.¹⁷

Hammerichs tolkninger, specielt hvad angår lurernes musikalske kapacitet, blev snart genstand for en ret heftig diskussion. I dag vil man hæfte sig ved et reelt metodemæssigt problem, som Cajsa Lund karakteriserer således: "Like so many others, Hammerich adopts a We/Now/Us approach, i.e. discusses the lurs in terms of conventional contemporary western concepts of music and musical instruments".¹⁸ Det forledte Hammerich til at gøre meget ud af muligheden for flerstemmigt spil på lurerne, der så ofte optræder parvis i samme størrelse. Og det førte også til, at han ud fra moderne musikeres erfaringer med lurernes naturtonerække mente at kunne slutte sig til, hvad der måtte være let og svært for bronzealderens lurblæsere; (kun med den indfaldsvinkel kan melodien til "Herlig en Sommernat" overhovedet komme på tale i sammenhæng med en kultur, der ligger tre tusinde år tilbage i tiden!). Lurerne lader sig faktisk ligeså "let" eller "svært" blæses til at frembringe noget, som minder om et tyrebrøl, men det er en tanke, som overhovedet ikke faldt Hammerich ind, fordi det ikke kunne falde hans samtid ind. En opmærksom genlæsning af Hammerichs banebrydende afhandling giver mig anledning til at fremhæve de gentagne forbehold forfatteren tager i forbindelse med alt det, han selv netop anser for at være hypoteser.

Interessen for forhistoriens lur-instrumenter havde også at gøre med en romantisk nordisk "ejendomsret" til disse pragtstykker. Deri lå latente muligheder for mere betænkelige versioner af den nationale bevidsthed. Hammerich nåede at opleve den spæde begyndelse til misbrug af lurerne i nationalistisk sammenhæng, som han tager afstand fra i sin musikhistorie fra 1921. Om begrebet "nationalinstrument" kan man læse mere udførligt i Lisbet Torps bidrag.

Angul Hammerich blev, indlysende nok, en national autoritet på sit område, men også internationalt gjorde han sig gældende og var en kapacitet, man regnede med. Det var for eksempel ham, der i det førende videnskabelige musiktidsskrift fremførte bedømmelsen af "Real-Lexikon", som siden blev en grundlæggende håndbog i organologiens tjeneste. Forfatteren var den unge Curt Sachs – en af fagets helt store skikkelser. Hammerich udtaler sig med den største selvfølgelighed og diskuterer i detaljen problemerne på en måde, der viser, hvor langt han er nået i sin videnskab.[19]

Museumsliv
Man kan vælge at betragte Angul Hammerichs projekt ud fra tre kriterier: det, der lykkedes – det, han slap godt fra og det, der endte med et nederlag. Det følgende byder på et par eksempler fra arkivernes vidnesbyrd om Hammerich i lyst og nød.

Den rige høst
Ifølge sagens natur handler denne artikel langt overvejende om det, der lykkedes for Angul Hammerich, men lad os for sammenhængens skyld her kaste et blik på successen, specielt hvad angår erhvervelserne. Ved åbningen kunne museumsdirektøren præsentere sine gæster for en sam-

ling på ca. 200 genstande, der allerede inkluderede adskillige af de instrumenter, som stadig må anses for de mest betydelige i samlingen. Foruden lån eller gaver fra enkeltpersoner og instrumentbyggerfirmaer modtog museet i 1898 omfattende deposita fra Nationalmuseet, fra det daværende Dansk Folkemuseum og Tøjhusmuseet, malerier fra Statens Museum for Kunst og 25 blæseinstrumenter fra Universitetet i Lund. En stor del af de deponerede instrumenter og malerier findes på museet den dag i dag som lån eller erhvervelser. Kun da Lund-instrumenterne skulle sikres et længere liv på det danske museum, mødte Hammerich modstand.

Fra haven til hjemmet i Malmö: Carl Claudius (til højre) poserer med sin samlings no. 94, mens kunstneren og instrumentsamleren Reinhold Callmander sidder med no. 106. Udateret amatørfotografi (Claudius boede i Malmö 1884-1906). *From the garden of his home in Malmö: Carl Claudius (right) poses with no. 94 of his collection, while Reinhold Callmander, artist and instrument collector, is sitting with no. 106. Undated snapshot (Claudius lived in Malmö, Southern Sweden, 1884-1906).*

Et nederlag
Knap en måned efter åbningen af Musikhistorisk Museum i København tog Carl Claudius initiativet til, at der grundlagdes et tilsvarende museum i Stockholm, hvilket lykkedes i 1899 – stort set efter den danske model. Det er ikke så mærkeligt, at Claudius engagerede sig stærkt i dette foretagende. Han havde adskillige år bag sig i Malmö, hvor han drev en blomstrende tekstilvirksomhed. Hans betydelige privatsamling var kendt og hans kontakt til svensk musikliv glimrende. Claudius henvendte sig til teaterhistorikeren Johannes Svanberg, som netop var blevet sekretær ved Kungliga Teatern. Svanberg tændte øjeblikkelig på ideen, og Claudius gik ind i mæcenatet med store instrument-gaver.[20]

I Svanberg fandt Claudius en ildsjæl af samme kaliber som Hammerich, omend med en anden faglig baggrund. Den selvbevidste og velhavende forretningsmand havde således placeret sig mellem to begejstrede humanister uden mange midler til deres rådighed – en position, der frister til manipulation og glæde ved magten. Der er dog ingen grund til at tvivle på, at Carl Claudius har delt sol og vind ligeligt imellem sine to museumsdirektører, og han har beviseligt gjort begge museer meget godt. Vi kender kun til én lejlighed, hvor Claudius tog den svenske kasket på for at bruge sin indflydelse til at favorisere Stockholm fremfor København i en sag, hvor Svanberg og Hammerich var ude efter samme bytte: den interessante samling fra Universitetet i Lund, hvorfra Hammerich til sin udstilling i 1898 lånte 25 blæseinstrumenter, som han brændende ønskede at beholde. Han kæmpede bravt for sin sag, mens instrumenterne fortsat befandt sig i København. Han valgte den uformelle vej ved at gå gennem kapelmester Alfred Berg, der var knyttet til samlingen i Lund. Han modererede overfor Berg sine ønsker med hensyn til antallet af instrumenter og kom med forskellige forslag til en byttehandel – altsammen forgæves.[21] Instrumenterne fik lov til at blive på Musikhistorisk Museum, indtil beslutningen om deponering i Stockholm var vedtaget. Afleveringen fandt derefter sted den 19. september 1901.

Set med eftertidens øjne havde Claudius ret. Der var slet ingen rimelighed i, at en samling af blæseinstrumenter fra 1700-tallet med historiske bånd til et svensk universitet skulle eksporteres til Danmark. Det, der kaster et lidt odiøst skær over Claudius' handlemåde i dette tilfælde, er, at han ikke spillede med åbne kort overfor Hammerich, da denne i sin nød bad ham om at agere i kulissen. I sit svar skriver Claudius blandt andet: *"Hele denne Sag har jeg ikke haft med at gøre, det har været en Udveksling af officielle Breve"*. Det stemmer kun dårligt med den hjertelige tak, Claudius modtog fra museet i Stockholm, da sagen langt om længe var gået i orden i 1901. For første gang møder vi nu en bitter Angul Hammerich, der overfor Claudius med galgenhumorens snært giver udtryk for sin skuffelse:

> *"Berg var her igaar og Aftapningen gik for sig. Den varede to Timer, hvorefter B. efterlod vort Museum i en til den stedfundne Handling passende oplivet Stemning. Nu haaber jeg blot, at DIT Museum i Stockholm maa vinde ligesaa meget Blod, som vi har tabt! Tak for Dine bona officera. Jeg ved dog, de nytter Intet. Du forandrer ikke det svensk-Danske Forhold. De Instrumenter ser jeg kun igen som Fremmed. En Afgørelses Stund vidste jeg maatte komme, men just ikke saadan ventede jeg den. Dog jeg har resigneret, sket er sket. Og med de Smuler, jeg fik reddet sidder jeg nu og bier!"*[22]

De omtalte "smuler" var tre af Lund-instrumenterne, som blev afstået til Københavner-museet. Vi ved ikke på hvilke vilkår, og vi kan kun indirekte formode, hvilke instrumenter det drejer sig om. Hele den side af sagen er mærkeligt nok meget dunkelt overleveret. Det er muligt, at også vor obo da caccia signeret af Johann Heinrich Eichentopf i Leipzig 1724 ved den lejlighed gik til København og derved blev skilt fra sit søsterinstrument, som er en del af Stockholm-deponeringen fra Lund. Hvis det er tilfældet, var der tale om en ganske overordentlig værdifuld erhvervelse.[23] Ud fra Hammerichs brev er det heller ikke rigtig til at vide, om han faktisk gennemskuede Claudius' rolle i den spegede affære. Men vi ved, at venskabet holdt, hvilket sikkert var til glæde for de to og i hvert fald lykkeligt for Musikhistorisk Museum. Forholdet til musikmuseet i Stockholm blev i øvrigt med tiden udmærket, og den 7.9.1906 bringer Hammerich i *Nationaltidende* en udførlig og meget rosende omtale af den svenske instrumentsamling.

Vi støder også på et andet forhold, der dårligt kan betegnes som andet end et nederlag, selvom Hammerich ikke har efterladt sig noget skriftligt udtryk for den erkendelse. Men det havde været nærliggende for grundlæggeren af Musikhistorisk Museum at knytte den lidt yngre instrumentforsker, Hortense Panum til projektet, og man må næsten antage, at der har været tungtvejende årsager til, at det ikke skete. Hvorfor involverede han ellers ikke hendes ekspertise i stedet for at udsætte sig for hendes kompetente kritik? Det er sandt, at Hortense Panum først publicerede sine hovedværker efter århundredskiftet, men Hammerich kan dårligt have været uvidende om, at der i København, samtidig med at han planlagde sit museum, fandtes en begavet musikhistoriker med særlig interesse for strengeinstrumenter. Efter åbningskoncerterne blev Hammerich sablet ned i *Dannebrog* uden i virkeligheden at kunne imødegå hendes argumentation på et fagligt niveau, og efter den historie er forklaringen på distancen naturligvis ligetil. At dømme efter museets arkiver bestod der også på længere sigt et køligt forhold mellem Angul Hammerich og Hortense Panum, hvilket dog ikke forhindrede Hammerich i offentligt at anerkende hendes format, når det drejede sig om at anmelde hendes videnskabelige arbejder. Om selve avispolemikken kan man læse mere udførligt hos Anne Ørbæk Jensen.[24]

Den store brune protokol
Hammerich oprettede ikke noget systematisk seddelkartotek eller f. eks. charteques med akkumulerede oplysninger om hvert enkelt instrument. Udover den generelle korrespondance har vi kun de to protokoller: den ene til registrering af deposita (X-numre), den anden til erhvervelser (A til K-numre). I denne sidstnævnte indførte han til gengæld mange overvejelser og referencer, som indgik i processen til forståelse af en erhvervelse, og at beskæftige sig med den store brune protokol er som at se museets direktør over skulderen, mens han nedskriver sine iagttagelser og henvisningerne til referenceværker.

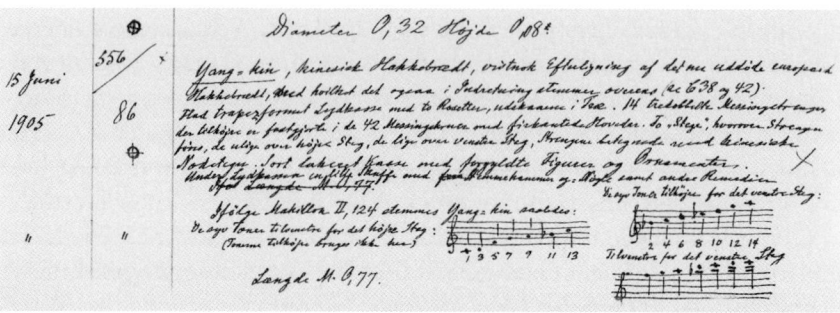

Fig. 5. Fra accessionsprotokollen (erhvervelser): indførelse den 15.6.1905 og kommentarer vedrørende to kinesiske hakkebræt'er (K 86). Her som mange andre steder støtter Hammerich sig til Mahillons katalog over samlingen i Bruxelles, hvis første bind udkom 1893. *From the register of acquisitions, 15th June 1905: registration of and comments on two Chinese dulcimers (K 86). As in many other cases, Hammerich is basing his comments on Mahillon's catalogue of the collection in Brussels, the first volume of which was published in 1893.*

Der er i den første tid en livlig trafik mellem de to protokoller. Noget er indført som erhvervelser uden at være det og må vandre den tunge gang til X-protokollen. Lykkeligere er det at overvære, hvorledes et lån i triumf bliver konverteret til besiddelse, og dem er der flest af. Der kaldes på virkelig medfølelse, når man læser, at et instrument er stjålet, hvilket forekommer flere gange i den allerførste periode. Til gengæld er det med lettelse man følger, hvordan det gik den 5-klappede klarinet fra det spanske hjælpekorps i 1808 (MMCCS no. E 21): fra det ubarmhjertige "Dette Instrument er stjaalet i Jan. 1902" til "Kommet igen i Juni 1902". (Her kan der være tale om noget, enhver museumsmand vil kunne nikke genkendende til, og som en eller anden har givet betegnelsen "utilsigtet fund i magasinet").

Så er der naturligvis de mere indviklede situationer, hvor Hammerich måske var lidt for hurtig i vendingen. Under alle omstændigheder skal der en vis frimodighed til få måneder efter modtagelsen af et lån at bytte selvsamme bort til et udenlandsk museum, som har noget, man begærer; og det er præcist, hvad Angul Hammerich foretog sig med et clavichord, der tilhørte Dansk Folkemuseum (no. X 3, indført som depositum 1.2. 1898), og som er signeret af Hyeronymus Albrecht Hass i Hamburg 1746. Det glemte man at meddele direktøren for Dansk Folkemuseum – eller gjorde man? I protokollen har Hammerich anført "Juli 1898. Sendt med Dir. Olsens Minde til Instrument-Museet i Bryssel som Bytte mod forskellige Instrumenter". Men da sagen atter blev bragt på bane i 1908, viser en brevveksling, at de to direktører er særdeles uenige om, hvordan informationsniveauet havde været i 1898, og det er en kendsgerning, at Hammerich ikke sikrede sig Folkemuseets skriftlige samtykke. Eftersom Musikhistorisk Museum modtog 10 instrumenter fra Bryssel i bytte for 5, fandt man det umuligt at præcisere ét bestemt museumsnummer svarende til Folkemuseets clavichord. Det hele endte da også med, at der måtte betales en erstatning til Folkemuseet på 300 kr. I Bryssel-kataloget fra 1912 omtales Angul Hammerich i ærefulde vendinger: "Cette pièce remarquable [clavichordet] provient d'un échange fait avec M. le Dr. Hammerich, l'éminent directeur du Musée historique de musique de Copenhague". Ikke et ord om Bernhard Olsen![25]

Der skal nok have været flere end Bernhard Olsen, som kunne blive lidt udmattede ved omgangen med en meget engageret Angul Hammerich, som i 1898 var ganske uerfaren med museumsprofessionen; men for den, der i dag foretog et strejftog gennem protokollen, har det været respektindgydende at opleve, hvorledes han dokumenterede sine erhvervelser, dels gennem egne iagttagelser, dels ved opslag i de få hjælpekilder, som den gang stod til rådighed. Hammerich gav sig den nødvendige tid til fordybelse, og det er kommet ham til gode under udarbejdelsen af kataloget fra 1909. Man får stor sympati for museets direktør ved mødet med ham midt i kampens hede; og man må beundre alt det, denne "musikmuseumsmand" udrettede i fagets unge år.

Portrættet
Det hænger på direktørens kontor lige overfor skrivebordet, og jeg har med glæde set ham dér hver arbejdsdag, siden jeg satte mig i stolen (pl. II). Til højre findes hans efterfølger, Godtfred Skjerne i Sigurd Swanes lidt barske karakteristik (1933), og det maleri er muligvis et bedre kunstværk end Magdalene Hammerichs portræt af Angul Hammerich fra 1930 – men ikke nær så opmuntrende (pl. III). Sigurd Swane kan det med symbolerne; bag museumsdirektør Skjerne ser man et reolsystem med digre folianter foruden lidt af kroppen på en lut: det er en lærd mand, der har ansvaret for museets samlinger. Hammerich var også uhyre indsigtsfuld og spændte over store dele af sin tids musikvidenskab, men på billedet fremtræder han uden insignier og virker uhyre tvangfri i hele sin holdning med højre hånd i lommen. Den venstre foretager en gestus, som formentlig har været karakteristisk for ham, og som genfindes på et fotografi fra de noget yngre år. Her ser vi desuden Hammerich i et ganske anderledes elegant antræk, som er passende, når man poserer hos fotografen. På den baggrund kan man opleve Magdalene Hammerichs portræt af hendes onkel som lidt privat af karakter til trods for det store format.[26]

Angul Hammerich var 81 år, da portrættet blev malet i løbet af sommeren 1930. Dér sidder han så – lidt duknakket – og ser forbi tilskueren hen mod en skjult samtalepartner. Blikket er interesseret, og omkring munden lejrer sig tilløbet til et smil. Han udstråler imødekommenhed, og trods maleriets rødbrunlige farveholdning er der lys over skikkelsen. Hammerich må have været sangviniker, og heri ligger vel en del af fornøjelsen ved daglig at hilse ham god morgen.

Kort før sin død 1931 skænkede Angul Hammerich sit portræt til Musikhistorisk Museum. Nogle måneder tidligere havde Magdalene Hammerich opfordret museets bestyrelse til at købe maleriet for at glæde hendes onkel, en smuk gestus, som åbenbart ikke blev bragt til udførelse. Man kan jo håbe på, at Angul Hammerich aldrig fik kendskab til den historie, men i virkeligheden er det slet ikke utænkeligt, at han selv havde iscenesat hele projektet. I så fald bar Hammerich tilsyneladende

Angul Hammerich. Fotografi ved H. J. Barby, København o. 1920. *Photo by H. J. Barby, Copenhagen ca. 1920.*[30]

ikke nag, og under alle omstændigheder blev udgangen den, at han måtte erhverve portrættet fra sin niece for at få det placeret på museet.[27]

Denne lidt omstændelige redegørelse for maleriets vej fra Magdalene Hammerichs atelier til direktørens kontor fører en slags bevis for, at Hammerich var tilfreds med billedet, og at han genkendte sig selv i det. Ønsket om, at hans portræt skulle findes på Musikhistorisk Museum, er fuldt berettiget. Her har det sin plads, og vi må være taknemlige for, at han gik så langt for at virkeliggøre denne tanke.

Angul Hammerich var bevidst om sin egen betydning for Musikhistorisk Museum og ønskede på ingen måde, at hans indsats skulle være skjult for eftertiden. I et brev til H.V. Schytte, der blandt andet virkede som anmelder ved Berlingske Tidende, udtrykker han med en afvæbnende umiddelbarhed sin glæde over, at det lykkedes. Brevet, som er skrevet dagen før åbningskoncerten den 5. februar 1898, slutter således:

> *"Naar Museet efter Koncerten er kommet helt i Orden, glæder jeg mig til at se Dem derude. Hidtil har Besøget været stort – jeg synes selv, at jeg med Stolthed kan se paa mit Værk, mit største. Send mig et Par Ord, saa skal jeg, om De vil, være til Stede ved Deres Besøg. Og naar De skriver derom, saa glem ikke at nævne de andre, der har indlagt sig særlig Fortjeneste: Krohn, Fr. Møller, Rung og Bernh. Olsen og Hjorth.*
> *Deres hengivne Angul H."*[28]

English summary
As the title indicates, Angul Hammerich (1848-1931) is "the man behind Musikhistorisk Museum". The article refers to his efforts to make musicology a university subject, to his importance in organology and to his idea of an instrument museum which was to be at the service of science and the generally interested public, as well. In the museum archives, there is a rich material illustrating the personality behind these efforts. The article gives examples of Angul Hammerich's management of small and big problems in his museum life. In this connection, one gets an impression of Angul Hammerich's collaboration with Carl Claudius (1855-1931), businessman and important benefactor of the museum. It is the author's guess that, at times, this relationship may have been complicated. It is a fact, however, that the friendship lasted throughout their lifetime and was of the greatest importance to the institution, which, since 1977, bears the name of Musikhistorisk Museum og Carl Claudius' Samling.

Fra Angul Hammerichs begravelse bragte *Nationaltidende* den 1. maj 1931 dette billede. *Photo in the Danish newspaper* Nationaltidende *on 1st May 1931 from Angul Hammerich's funeral. His coffin is carried by colleagues and friends, several of whom were to become prominent personalities in Danish music life:*

Til venstre (left) bagest: museumsdirektør Godtfred Skjerne, herefter dr. phil., senere professor Torben Krogh, organist Julius Foss og mag. art., senere kapelmester og domorganist Mogens Wöldike.

Til højre (right) bagest: musikbibliografen Alfred Nielsen, herefter mag. art., senere musikchef Kai Aage Bruun, dr. phil., senere professor Knud Jeppesen og musikdirektør Fr. Schnedler-Petersen. (Affotografering efter avisen: Det kgl. Bibliotek. *Photo directly from the newspaper: The Royal Library, Copenhagen).*

Noter

Hvor intet andet nævnes, befinder alle omtalte kilder sig i biblioteket og arkivet på Musikhistorisk Museum og Carl Claudius' Samling. Personer, der er optaget i *Dansk Biografisk Leksikon*, red. Sv. Cedergreen Bech, tredie udgave, København 1979 -1984, er mærket med ★.

1. Angul Hammerich (1848-1931) ★ . Asger Hamerik (1843-1923) ★ .

2. *Musikhistorisk Museum og Carl Claudius' Samling* 1980/1981, Mette Müller (red.), København 1982.

3. Carl Claudius (1855-1931) ★ . Første store donation på 54 instrumenter skete ved gavebrev af 10. marts 1898. Se portræt af Carl Claudius pl. I.

4. Frederik Møller (1839-1917) ★ var fra 1859 leder af Hornung & Møllers pianofortefabrik og den, der 1871 indrettede virksomhedens hovedsæde i Bredgade.

5. Lederen af musikmuseet i Leipzig, Eszter Fontana, har venligst oplyst, at her ikke findes noget de Wit-arkiv. Zentralkartei der Autographen i Staatsbibliothek zu Berlin, oplyser, at her ikke findes henvisninger på Angul Hammerichs navn. I et udateret manuskript med stikord til et foredrag (o. 1910) nævner Hammerich, at interessen for de gamle instrumenter opstod, da han arbejdede med disputatsen om musikken på Chr. IVs tid (udgivet 1892).

6. Paul Daehne: "Paul de Wit's Leben und Wirken", i *Zeitschrift für Instrumentenbau*, 46. Jahrg. Nr. 7, Leipzig 1926.

7. Sangeren Laurits Christian Tørsleff (1849-1914) ★ nedsatte sig som en meget anset sangpædagog i Leipzig, netop på det tidspunkt, da de Wit åbnede sit museum.

8. "Instrumentensammlungen", i *Die Musik in Geschichte und Gegenwart*, 2. udgave, Sachteil Bd. 4, Kassel 1996.

9. Forslaget om at præsentere gaver og lån ved en særudstilling på Kunstindustrimuseet fremsættes af dettes direktør, Pietro Krohn, i brev til Angul Hammerich af 10.5.1897. Denne sameksistens blev permanent og sluttede først, da Musikhistorisk Museum i 1965 flyttede til sin nyerhvervede og restaurerede ejendom, den tidligere bolig for Reformert Kirkes franske præster, Åbenrå 32-34 i København.

10. Om grundlæggelsen af Nationalmuseet, se Jørgen Jensen: *Thomsens Museum*, København 1992, s. 19f. Om grundlæggelsen af Dansk Folkemuseum, se Hol-

ger Rasmussen: *Bernhard Olsen. Virke og Værker*, Nationalmuseet, København 1979.

11. *Nationaltidende*, 1.2.1898. Hammerich var anmelder ved samme blad. Måske har han ligefrem lånt sin kollega manuskriptet.

12. Mette Müller: "At smide barnet ud med badevandet eller: Musikmuseernes særlige dilemma", i *CHM Meddelelsesblad for Center for Historisk Musik*, København januar 1984.

13. Mette Müller: "Forskning ved Musikhistorisk Museum og Carl Claudius' Samling", i *Dansk Årbog for Musikforskning*, 1995, s. 94-96.

14. Nils Schiørring: "Musik", i *Københavns Universitet 1479-1979*, Bind XI, Det filosofiske Fakultet. 4. del, København 1979.

15. Lisbet Torp: "Lav dit eget nationalinstrument. Historien om fem tamburaer og et katalog i museets samlinger", i *Meddelelser fra Musikhistorisk Museum og Carl Claudius' Samling* V, 1994-1995, København 1996.

16. Brev fra Hammerich til Bernhard Olsen af 1.2.1885. Venligst stillet til min rådighed af Nationalmuseet, Nyere Tid. Se iøvrigt Holger Rasmussen: *Opus cit.* s. 213f (se note 10).

17. Angul Hammerich: "Studier over Bronzelurerne i Nationalmuseet i Kjøbenhavn", i *Aarbøger for nordisk Oldkyndighed og Historie*, Kjøbenhavn 1893; samme: "Et historisk Orgel på Frederiksborg Slot", i *Tidsskrift for Kunstindustri*, København 1897; samme: *Musikhistorisk Museum, en beskrivende illustreret Katalog*, København 1909; samme: *Das Musikhistorische Museum zu Kopenhagen*, København 1911; samme: *Dansk Musikhistorie indtil ca. 1700*, København 1921; samme: "Eine historische Orgel auf Frederiksborg Schloss bei Kopenhagen", i *Bulletin de la Société "Union Musicologique"*, La Haye 1922.

18. Cajsa Lund: "The 'Phenomenal' Bronze Lurs: Data, Problems, Critical Discussion", i *Second Conference of the ICTM Study Group on Music Archaeology*, Volume II *The Bronze Lurs*, Stockholm 1986.

19. Curt Sachs: Real-Lexikon der Musikinstrumente, Berlin 1913. Anmeldt af Angul Hammerich i *Zeitschrift der Internationalen Musikgesellschaft* XV, 1913-14.

20. Johannes Svanberg: *Musikhistoriska Museet, dess uppkomst, utveckling och syftemål*, Stockholm 1910. I Claudius' arkiv findes en tilsyneladende komplet samling af breve fra Svanberg til Claudius i perioden 1898 til 1900. Vi har ikke undersøgt, om Claudius' svar er at finde på Musikmuseet i Stockholm.

21. Disse overtalelsesforsøg fremgår af Hammerichs korrespondance med Berg, som han havde et ret fortroligt forhold til. Alfred Berg var leder af Akademiska

kapellet fra 1897 til 1922. Se Helen Widmark: "Kapellet under Fader Berg", i *Spelglädje i Lundagård. 250 år med Akademiska kapellet*, Greger Andersson (red.), Lund University Press 1996, s. 158-170.

22. Brev fra Hammerich til Claudius af 14.9.1901, Claudius' svar af 16.9.1901 og det her citerede brev fra Hammerich til Claudius af 20.9. 1901. I skrivelser af 5.6. og 23.10 fremhæver Musikhistoriska Museet, at det hovedsagelig skyldes Claudius' initiativ og utrættelige arbejde med sagen, at deponeringen af instrumentsamlingen fra Akademiska kapellet ved Lunds universitet er kommet i stand. At Hammerich også senere i livet kunne føle mismod over museets situation, fremgår af et brev fra Rom, dateret 30. marts 1904 til Gustav Hetsch, som havde omtalt museet i rosende vendinger. Hammerich udtaler, at såvel myndighederne som offentligheden savner forståelse for den enestående samling og dens betydning.

23. Instrumentet bærer accessionsnummeret E 70, som det imidlertid deler med et engelskhorn, der er indført i protokollen i 1901. Cary Karp: "Structural Details of two J. H. Eichentopf Oboi da Caccia", i *The Galpin Society Journal* XXVI, 1973, s. 55-57. Om den samlede deponering i Stockholm, se Johannes Svanberg: *Musikhistoriska Museets Instrumentsamling i Stockholm*, Stockholm 1902. Om Akademiska kapellets instrumenter, se Stefan Nylander: "Stråk- och blåsinstrument", i Greger Andersson (red.): *opus cit.* s. 230-236 (se note 21), hvor dog ikke den samlede bestand omkring århundredskiftet findes registreret. En hjertelig tak til Greger Andersson og Johan Åkesson, Lunds Universitet, som for mig har arbejdet ihærdigt med en gennemgang af diverse arkiver, der måske kan medvirke til at identificere de instrumenter, som blev erhvervet af Københavner-museet. Ved deadline var denne undersøgelse endnu ikke afsluttet.

24. Hortense Panum (1856-1933) ★ . Hammerich har samlet sine anmeldelser fra *Nationaltidende* i 4 udklipsbøger. Her findes omtale af Panums *Musikhistorien i kortfattet Fremstilling* (22.12.1909), *Middelalderens Strengeinstrumenter og deres Forløbere i Oldtiden* (2.2.1915) og Panums og William Behrends *Illustreret Musikleksikon* (7.12.1926).

25. Victor-Charles Mahillon: *Catalogue descriptif et analytique du Musée Instrumental du Conservatoire Royal de Musique de Bruxelles* IV, Bruxelles 1912, no. 2518. En hjertelig tak til museumsinspektør Bodil Wieth-Knudsen, Nationalmuseets afdeling for Nyere Tid, som har efterforsket korrespondancen fra Folkemuseet og fremdraget væsentligt materiale til belysning af konflikten mellem Bernhard Olsen og Angul Hammerich.

26. I *Dansk Biografisk Leksikon*, udgave cit., oplyses, at portrættet er udført af Marie Henriques, hvilket museets korrespondance dementerer. Om Magdalene Hammerich, se *Weilbach Dansk Kunstnerleksikon*, Sys Hartmann (red.), København 1995. Portrættet af Angul Hammerich er signeret "M. H. 1930". Det var med på Efterårsudstillingen samme år (kataloget no. 64). Mål: h.92 cm, br.78 cm.

Malerinden må tidligere have udført et portræt af Hammerich. I brev af 3.3.1923 beder han Godtfred Skjerne (1880-1955)★ om at besørge "*Transporten af mit Portræt fra dets Skaber Frøken Magdalena Hammerich...til Musikhistorisk Museum Bredgade og ophænge det til min Fryd i Museets bestyrelsesværelse der. Jeg glæder mig meget til at det kommer paa sin rette Plads...*". Det her omtalte billede findes ikke længere på museet, og dets nuværende placering er mig ikke bekendt.

27. Brev af 14.11.1930 fra Magdalene Hammerich til medlem af bestyrelsen, Generalkonsul Johan Hansen, med tilbud om køb af portrættet. Pris: 1.000 kr. Brev af 18.11.1930 fra Johan Hansen til museets assistent, Gustav Lehrmann, om at lade malerindens brev cirkulere blandt bestyrelsens medlemmer med undtagelse af Angul Hammerich. Brev af 8.3.1931 fra museets direktør, Godtfred Skjerne til Angul Hammerich med tak for "*..den storstilede Gave, Deres malede Portræt, De har skænket Musikhistorisk Museum...*". Skjerne blev museets direktør, da Hammerich i forbindelse med ændringer i bestyrelsen ved Carl Claudius' død marts 1931 blev dets formand.

28. Henrik Vissing Schytte (1827-1903) ★ var bror til komponisten Ludvig Schytte og selv udøvende musiker som cellist. Maleren og kunsthistorikeren Pietro Krohn (1840-1905) ★ blev 1893 Kunstindustrimuseets første direktør. Om Frederik Møller, se note 4. Dirigenten og komponisten Frederik Rung (1854-1914) ★ var fra 1866 knyttet til Det kongelige Teater i forskellige funktioner. Udover sin kendte indsats for vokalmusikken var han også tidligt i livet interesseret i navnlig viola d'amore, guitar og mandolin. Bernhard Olsen (1836-1922) ★ var initiativtager til oprettelse af Dansk Folkemuseum og fra 1885 dets første direktør (fra 1920 Nationalmuseets 3. afdeling). Se Holger Rasmussen: *opus cit.*, København 1979 (se note 10). Violinbygger Emil Hjorth (1840-1920) overtog i 1870 sin fars virksomhed (fra 1906 med firmanavnet Emil Hjorth & Sønner). Se Dorthe Falcon Møller: *Emil Hjorth & Sønner. Violinbyggere 1789-1989*, København 1989.

29. En tak til Ulla Kiertzer, Billedsamlingen på Det Kongelige Bibliotek, som har hjulpet mig med at datere de to portrætfotografier af Angul Hammerich.

30. Se note 29.

Anne Ørbæk Jensen

"Disse Monumenter ere jo ikke Stene"[1]
De tidligste historiske koncerter på Musikhistorisk Museum

I april 1897 trådte en kreds af musikpersonligheder i København sammen for at drøfte oprettelsen af et instrumentmuseum. Mødet resulterede i et opråb, der blev trykt både som løsblad og i en række dagblade. Her blev det påpeget, at et af de væsentligste formål med samlingen var at "danne os en Forestilling om, hvorledes de gamle Mestres Musik i Virkeligheden har lydt". Det var således en opfordring til alle, der havde "gamle, selv ubrugbare Instrumenter af alle Arter", til at yde dem som lån eller gave. Museet skulle så til gengæld "sørge for, at Instrumenterne saavidt muligt blive satte i brugelig Stand, saaledes som de oprindelig have været".

Set med vores øjne var det et noget voveligt løfte. Imidlertid var det helt op til 2. verdenskrig en overbevisning – også i udlandet – at et grundigt samarbejde mellem forskning og praktisk udøvelse om ældre tiders musik kunne rekonstruere den originale spillemåde. Selv om man allerede fra omkring 1930, især i Storbritannien, begyndte en kritisk vurdering af spørgsmålet, havde opråbets forfattere tidens udenlandske, især tyske, sagkundskab med sig. Det er karakteristisk, når der i nekrologen fra 1926 over den tyske musikforsker, -udgiver, -samler og musiker Paul de Wit lyder om hans samling: "Dazu kommt das Wichtigste: er bemühte sich in seiner neugegründeten *Reparaturwerkstatt*, die historischen Instrument wieder *spielbar* zu machen!"[2]

Primus motor i dannelsen af museet var dr.phil. Angul Hammerich. Det er meget typisk, at én person er den drivende kraft bag dannelsen af instrumentsamlinger og arrangementer af historiske koncerter. Ofte er der tale om en musiker, men Hammerich må siges at repræsentere den forskningsmæssige side – hans spillede dog cello, men som amatør.

Derudover fandt man flere af Danmarks bedste instrumentfirmaer blandt underskriverne. Det var pianofabrikant Fr. Møller (fra Hornung & Møller, tasteinstrumenter) og violinbygger Emil Hjorth (strygeinstrumenter) samt firmaerne I. K. Gottfried og P. E. Schmidt (blæseinstrumenter, især messingblæsere), og de kom alle til at hjælpe med i restaureringen af de indkomne instrumenter. I et brev fra november 1897 til Fr. Møller[3] giver Hammerich nøje instrukser om – set ud fra nutiden –

Historisk Samling af Musikinstrumenter.

Uagtet vort Land er vel forsynet med Museer paa de forskellige Omraader, savner det endnu en særlig Samling af Musikinstrumenter. Om Vigtigheden af en saadan Samling for Musikhistorien og for Kulturhistorien kan der formentlig ikke være Tvivl. Vor hidtil saa temmelig forsømte Kundskab om Instrumenternes Udvikling vil derved kunne formeres, ved at høre disse Instrumenter ville vi kunne danne os en Forestilling om, hvorledes de gamle Mestres Musik i Virkeligheden har lydt og sætte os ind i svundne Tiders Kultur. Museer for Musikinstrumenter existere da ogsaa i forskellige Stæder — Paris, Bryssel, London, Berlin, Leipzig etc. — og bør heller ikke savnes i København.

I Erkendelse heraf ere Undertegnede traadte sammen for at virke for Tilvejebringelsen af en saadan Samling medens det endnu er Tid. Den vil indtil videre faa Plads i Museum for Kunstindustri, dog bestyret som en særskilt Afdeling. Pengemidler raade vi endnu ikke over. Men det er vor Tro, at naar Sagen først er kommen i Gang, vil den ikke savne Støtte af det Offentlige.

Vi henvende os da til vore Medborgere hele Landet over med Opfordring til at være os til Hjælp i denne Sag. Særlig rette vi en *Anmodning til alle og enhver, der skulde være i Besiddelse af gamle, selv ubrugbare Instrumenter af alle Arter* — Strenge-, Blæse-, Klaviatur- og Slaginstrumenter eller Dele af saa- saadanne, Billeder etc. — at overlade dem som Gave eller Laan til Samlingen. Vi skulle da sørge for, at Instrumenterne saavidt muligt blive satte i brugelig Stand, saaledes som de oprindelig have været. Saadanne Bidrag modtages af os med desto større Taknemlighed og Paaskønnelse som de ville være en Betingelse for, at der overhovedet kommer noget ud af denne Sag. Givernes Navne blive offentliggjorte.

Anmeldelse af Bidrag modtages af enhver af Undertegnede.

København, i Maj 1897.

S. A. E. Hagen,	Angul Hammerich,	Emil Hjorth,
fhv. Musikhandler,	Dr. phil.,	Instrumentmager,
Bülowsvej 48.	St. Blichersvej 18.	Frederiksberggade 12.
Pietro Krohn,	W. Mollerup,	Fr. Møller,
Professor, Museumsdirektør,	Dr. phil., Direktør for Nationalmuseets 2. Afdeling,	Hofpianofortefabrikant,
V. Boulevard 24.	Vesterbrogade 276.	Bredgade 54.
Bernhard Olsen,	Fr. Rung,	F. J. G. V. v. Stemann,
Museumsdirektør,	Kgl. Kapelmester,	Kontorchef i Kultusministeriet,
Bernstorffsvej 4.	Rigensgade 21.	Vesterbrogade 116.

temmeligt omfattende restaureringsarbejder for flere instrumenter. De skulle helst være klar inden jul, så musikerne kunne øve sig før præsentationen ved museets åbning d. 31. januar 1898.

Alle i indbyderkomiteen har tilsyneladende været enige om dette hovedformål for museet: instrumentbyggere, udøvende musikere og musikvidenskaben var afgjort interesseret i dette aspekt, og for tidens museumsfolk har det også lydt besnærende og naturligt. Der er ingen begrænsning på de genstande, man ønsker at have i samlingen, og den har således helt fra begyndelsen også haft en mindre etnologisk afdeling. Det er dog kun en lille del af folkemusikinstrumenterne, der senere kunne høres ved museets tidligste koncerter, men de har været en værdifuld del af samlingens "kuriositeter". Og det var, hvad mange anså instrumenterne for at være. Hammerich havde selv i forbindelse med sine studier af bronzealderens lurer i 1893 oplevet, hvor værdifuldt det kunne være også at høre instrumenterne, og den oplevelse ville han gerne bringe videre i større sammenhæng.

Opråbet blev bragt i en mængde dagblade, ofte med kommentarer fra bladenes kulturskribenter. Hammerich vidste, hvem han skulle henvende sig til på aviserne, for hans egen virksomhed som anmelder ved bl.a. *Nationaltidende* (fra 1880) bragte ham i god kontakt med såvel musiklivet som pressen. *Politikens* indflydelsesrige anmelder, Charles Kjerulf, bemærker således, at når de mange instrumenter "samles paa et Sted, af kyndig Haand istandsættes, passes og ordnes, vil de kunne blive til megen Gavn og Glæde for Musikinteresserede. Ikke mindst vil det afgive en ejendommelig Nydelse at høre disse gamle Instrumenter spillet paany. Først derved vil man kunne danne sig en Forestilling om, hvorledes de gamle Mestres Musik i Virkeligheden har lydt".[4]

Hammerich selv gik videre i vurderingen af instrumenternes rolle. Som dr.phil. med afhandling om musikken ved Christian IV's hof præsenterede han ved hjælp af instrumenterne den nye musikvidenskabelige disciplin. Han tog blandt andet afstand fra den måde, hvorpå man hidtil havde opført de gamle mestre: "Vi lave dem ganske ugenert om, pynte dem med allehaande moderne Attituder og forsyne dem med behørige moderne Klangvirkninger, for at de kan tage sig ud for et højtæret fin de siècle Publikum".[5] Det var store ord, og det skulle senere vise sig sværere at ændre dem, end Hammerich troede. Men i en beskrivelse af museet i pressen virkede udtalelserne meget overbevisende.

Selv om etableringen af museet ikke direkte slog på de nationale strenge, ville man gerne have en vis repræsentation af danske instrumentbyggere i samlingen. En af dem, man henvendte sig til, var mølleejer E.A. Weis fra Århus.[6] Hammerich havde bedt ham om en kvartet af strygeinstrumenter fra brødrene, violinbyggerne Andreas og Carl Weis, men E.A. Weis havde betænkeligheder ved gaven. Han frygtede, at instrumenterne ville blive "en død Skat", hvortil Hammerich svarede, at de ville "staa aaben til Afbenyttelse ogsaa i det praktiske Liv af de Kunstnere, som ønske det". Hertil replicerede Weis, at ingen ønskede at spille på "utilspillede Instrumenter", og at Konservatoriet derfor nok ville være et bedre sted til at holde de bedste instrumenter i live, mens museet kunne få nogle mindre gode eksemplarer. Først i januar 1905 fik museet den eftertragtede kvartet af Weis-instrumenter (MMCCS no. D 81-85 inklusive en speciel bratsch), og så vidt vides er der ikke blevet spillet på dem siden.

Historiske koncerter
"Ganske vist har man baade herhjemme og andet Steds ladet gammel Musik udføre paa Datidens Instrumenter; vi have hørt det f.Ex. i "Cæciliaforeningen". Men Princippet: at tage Fortidsinstrumenterne til Udgangspunkt, sætte sig til Opgave at ville præsentere Publikum først og fremmest *dem*, og saa bagefter udsøge Musiknumre, der ere skrevne for de paagjældende Instrumenter og samtidig med dem, – det er vistnok nyt".[7] Således skrev anmelderen og skribenten Gustav Hetsch i *Nationaltidende* i februar 1898, men det er ikke umuligt, at Hammerich hviskede ham ordene i øret.

Det, man oftest havde hørt, var de såkaldte historiske koncerter, som Monika Lichtenfeld[8] opdeler i fire typer: 1) præsentation af en tidsperiode, 2) værker fra samme genre, men forskellige perioder sammensat for at tydeliggøre stilforskelle, 3) værker fra forskellige perioder i kronologisk følge for at vise en udvikling (f.eks. af klavermusik) eller 4) værker af en eller et par bestemte komponister. Museets koncerter er ganske rigtigt lidt vanskelige at placere i dette mønster, mens de musikhistoriske foredrag med levende musikindslag, som både Hammerich og andre musikkyndige holdt i København (se s. 51) må placeres i gruppe tre. Ved museets tidligste koncerter hørte man selvfølgelig musik, men klangen – den lyd, der kom ud – fra de "mærkelige" instrumenter, var egentlig det vigtigste.

Nationaltidende nævnte Cæciliaforeningen som dansk eksempel på koncerter med gammel musik. Koret var stiftet af Henrik Rung i midten af 1800-tallet og dyrkede ved koncerter ældre vokalværker, især italiensk kirkemusik og madrigaler. På repertoiret var også en række gamle danske komponister samt operauddrag. Man kan her ikke tale om egentlige historiske koncerter med didaktisk formål, men mere arrangementer med musik, der begejstrede deltagerne ud fra en glæde ved opførelsen. Instrumentalmusik var dog en sjælden vare. Imidlertid opdrog Henrik Rung sine børn til at spille især guitar, men også violin og cello, og i 1864 fik familien en viola d'amore. Både Henrik Rung og især sønnen Frederik tog dette instrument til sig, og Frederik debuterede med det i 1866 (11 år gammel) i en musikalsk soirée, hvor instrumentet var i centrum. Også ved flere koncerter i Cæciliaforeningen kunne man høre viola d'amoren, dog ofte i kompositioner af Henrik Rung. Selv om der ikke var noget specielt ønske om autenticitet i brugen af instrumentet, påvirkede det den unge Frederik Rung til en vedvarende interesse for dette og andre instrumenter, som også kom museet til gode.[9] Således var han blandt underskriverne på opråbet om instrumenter til museet.

Til gengæld kunne Hammerich i sin præsentation af instrumenterne hente inspiration fra udlandet. Interessen for tidligere tiders musik satte ind i slutningen af 1700-tallet, men på dette tidspunkt udelukkende ved opførelse af musikken uden hensyntagen til autenticitet. Omarbejdelser og nyinstrumenteringer var meget anvendt. Ved egentlig historiske koncerter var der oftest tale om opførelser af vokalmusik, især den klassiske italienske korpolyfoni (Palestrina, Lasso, Victoria m.fl.), og den mere puritanske stil tiltalte de konservative blandt romantikkens musikere. Også Händels oratorier og Bachs passioner var meget populære, her dog med en ivrig diskussion om instrumentalpraksis til følge.

En af de første, der præsenterede ældre tiders instrumentarium, var den belgiske musikforsker og skribent François-Joseph Fétis ved sine *Concerts historiques* i Paris fra 1832 og i Bruxelles fra 1839, idet han flyttede tilbage til den belgiske hovedstad i 1833 som leder af Konservatoriet. Konceptet for koncerterne var en præsentation af forskellige genrer og perioder, ledsaget af foredrag om musikken.

I anden halvdel af 1800-tallet blev sådanne historiske temakoncerter med foredag udbredt over det meste af Centraleuropa. Blandingen af koncert og kommentarer "verweisen auf das demonstrative und didaktische Ziel, das von Anfang an im historischen Konzert mitgemeint ist",[10] som det netop også var tilfældet i København. Ved midten af århundredet ansporede også de nyligt påbegyndte videnskabelige Gesamtausgaber (f.eks. Bach 1851 og Händel 1858) interessen for det tidlige instrumentarium. Flere instrumenter var gået helt ud af brug (obo d'amore, cembalo etc.), og for andre var spillemåden ikke længere kendt eller udbredt (messingblæsere).

Dette førte til en deling i opfattelsen af den ældre musik. Den ene gruppe med komponisten Robert Franz i centrum slog til lyd for nyinstrumentering, hvor udgåede instrumenttyper blev erstattet med kendte eller nyere, tilføjede instrumenter. Man mente ikke, at tidligere musik lød bedre på de gamle instrumenter og beskyldte endda den anden gruppes musiksmag for at være gået i stå. Denne gruppe, der i høj grad var præget af musikforskerne og deres udgiverarbejde, talte bl.a. Friedrich Chrysander og Philipp Spitta. De anerkendte nødvendigheden af at anvende de originale instrumenter og om nødvendigt bygge kopier til praktisk brug. Især Spitta var i kontakt med instrumentsamlingen i Berlin på Hochschule für Musik, hvor han var leder.

Instrumentsamlingerne i Paris blev egentlig grundlagt umiddelbart efter den franske revolution, men først i 1864 kunne Konservatoriets instrumentmuseum åbne for offentligheden. Få år efter fulgte Konservatoriet i Bruxelles med sine samlinger. Der var også fine instrumentmuseer i andre europæiske byer, men tilknytningen til konservatorierne i Paris og Bruxelles og dermed det pædagogiske formål, blev disse samlingers tilskyndelse til at foranstalte historiske koncerter. Det primære mål var dog ikke alene at præsentere instrumenterne, men i højere grad at give indtryk af musikkens udvikling. Man kunne da også høre både større orkestre og kor, soli og kammermusik spillet af såvel professionelle musikere som elever. Der blev endvidere forsøgt spil på gamle blæseinstrumenter, og så var det heldigt, at "das Publikum hatte den guten Geist, diese Darbietung vom cultur-historischen Standpunkte aus zu beurtheilen", for "Musikalischen Genuss hätte zwar selbst der enragirteste [!] Antiquitäten-Liebhaber bei diesem Hirtenspiel nicht herausfinden können".[11]

De første større private instrumentsamlinger opstod i slutningen af 1800-tallet med bl.a. Paul de Wits i Leipzig, Wilhelm Heyers i Köln og Francis W. Galpins i Hatfield Regis nordøst for London. Vigtigt for dem alle var at anvende instrumenterne til at belyse tidligere tiders musik. Det medførte imidlertid en opdagelse af, hvor lidt man vidste om spillemåde, og et tæt samarbejde mellem forskere og interesserede musikere blev påkrævet. Det var således først fra omkring 1880, at historiske koncerter blev mere udbredte med appel til et bredere publikum.

Selv om musikerne var interesseret i gammel musik og også gennem instrumentsamlingerne havde kendskab til originalinstrumenter, kunne man alligevel ofte høre dem spille på tillempede nykonstruktioner f.eks. cembali med jernramme og gamber uden bånd og med støttepind. Det var vanskeligt at opgive 1800-tallets klanglige ideal med krav om en vis volumen og en række udtryksmuligheder, især fordi kunstnerne skulle leve af koncertvirksomheden og til en vis grad tilfredsstille publikum. De instrumentbyggere, der gik i gang med fremstilling af ældre instrumentarter, byggede også hovedsageligt hybride typer, og først senere prøvede man for alvor at kopiere de originale instrumenter. Det københavnske museums første koncert skilte sig ikke væsentligt ud fra disse udviklingslinier.

Den første koncert
"Tillige er det Meningen i Forbindelse med Musikinstrument-Samlingens Aabning at give en historisk Koncert, hvor fremragende Kræfter vil spille gamle Kompositioner paa Musæets gamle Instrumenter. Det vil paa samme Tid blive en fin og praktisk Reklame for Musæet og en raffineret Nydelse for moderne, forvænte Musikøren".[12]

Det blev i høj grad "praktisk reklame" for museet, for koncerten blev omtalt og anmeldt i en lang række blade. Opfattelsen af gammel musik som en rekreationsform for det moderne civilisationstrætte menneske var kendt, og der blev i flere anmeldelser netop gjort opmærksom på, hvordan instrumenterne klang i en "fremmed Tone-Sfære, himmelvidt forskellig fra vore Dages Maskin-Flygel-Larm".[13] Det blev derimod ikke diskuteret, hvad man forstod ved "Historisk Koncert", men instrumentnavnene på forsiden af programmet (f.eks. obo d'amore, clavichord og viola d'amore) var tilstrækkeligt til at angive en antik atmosfære. Tidsmæssigt strakte oprindelsen til koncertens numre sig fra ca. 1660-1860 – altså ganske langt frem i 1800-tallet set ud fra 1898. Det skyldtes hovedsageligt, at man på det tidspunkt havde svært ved at finde værker for alle instrumenttyperne samt et sekundært ønske om at præsentere dansk musik.

Det var da også en ambitiøs og "raffineret Nydelse", Angul Hammerich lagde ud med, og han stod selv for stort set hele arrangementet. Udvalgte numre var blevet spillet ved åbningen af museet for en indbudt kreds d. 31. januar 1898, og de offentlige koncerter fandt sted d. 5. februar med gentagelse dagen efter. Der var stor interesse for arrangementerne, men for at instrumenternes svage klang ikke skulle drukne i en stor akustik, havde man henlagt koncerterne til Hornung & Møllers sal i Bredgade med plads til ca. 200 tilhørere. Det gav samtidig fornemmelsen af en særlig begivenhed for en eksklusiv skare af mennesker.

Endnu ved nytårstid havde ikke alle kunstnerne sagt ja til at medvirke, og bl.a. måtte den fremtrædende cellist Franz Neruda takke nej som følge af andre arrangementer.[14] Imidlertid havde Hammerich engageret flere andre stjerner til at præsentere instrumenterne, så også den side af programmet virkede tiltrækkende på offentligheden. Musikerne havde lagt et stort arbejde i forberedelserne, og Hammerich kunne bedyre sin

Historisk Samling af Musikinstrumenter
København.

Søndag d. 6. Februar 1898 Kl. 4
i Hornung & Møllers Sal

Historisk Koncert.

Obo d'amore	Hr. kgl. Kapelmusikus P. Brøndum.
Harpe	Frk. kgl. Kapelmusikus Agnes Dahl.
Mandolin	Hr. Gustav Kamps.
Lut	Hr. Succentor A. Eggers.
Viola da gamba	Hr. kgl. Kapelmusikus Ernst Høeberg.
Clavichord Clavicembalo	Fru Golla Hammerich.
Viola d'amore	Hr. kgl. Kapelmester Fr. Rung. Hr. kgl. Kapelmusikus J. Schjørring.
Fløjte	Hr. Kapelmester Joachim Andersen.
Marschalls Koncertflygel	Hr. Professor August Winding.
Sang	Hr. Operasanger Algot Lange.
——	Hr. Operasanger Helge Nissen.
——	Fru Anna Steinhauer-Mallinson.

ven, musikkritikeren H.V. Schytte, at "Sagen er god og har en Betydning, mere vidtrækkende end vi vist nu kan overskue".[15]

Det var som nævnt instrumenterne, der stod i centrum ved koncerten. De stod først på programmet fulgt af deres "udøvere" og deres data var angivet før oplysninger om komponist og titel på de udførte værker. Man kunne høre over 10 forskellige instrumenter på den berammede spilletid af 64 minutter,[16] og det gjaldt således netop om at vise bredden i udstillingen.

Blandt de udøvende stjerner var den internationalt kendte fløjtenist, dirigenten for Tivoliorkestret og Palækoncerterne Joachim Andersen. Allerede i februar 1897 havde Hammerich henvendt sig for at bede ham se på den dobbeltflagolet, som var museets første erhvervelse. Andersen mente, at der krævedes stor reparation for at få den til at spille ordentligt.[17] Han havde dog skrevet til London for at få grebstabel til instrumentet, men følte alligevel ikke, at der var tid nok til at sætte sig ind i teknikken.[18] Til gengæld spillede han på Jens Baggesens tværfløjte i kompositioner af den fløjtespillende fyrste Frederik den Store – et spektakulært navn på programmet.

Den svensk-danske operasanger Algot Lange var også et af de navne, som trak. Han havde dog imidlertid lige overstået en sygdomsperiode, og selv om koncertens "hele Karakter og Program er mig saa sympatisk",[19] var han egentlig indstillet på at lade et par af sine elever synge, deriblandt de senere fremtrædende koncertsangere Ellen Beck og Ernst Schønberg. Blandt de yngre kræfter hørte man basbarytonen Helge Nissen, der havde debuteret på Teatret blot et halvt år tidligere.

Imidlertid gav koncertens arier og franske sange mulighed for akkompagnement af forskellige instrumenter, som derved kunne præsenteres. Der var ikke nødvendigvis tale om den originale besætning, men flere af værkerne var udsat af guitaristen og arrangøren Adolph Eggers. Eggers' speciale var netop guitarinstrumenter, og samtidig med at være en fin pædagog arrangerede han utallige værker for besætning med guitar. At han selv optrådte ved denne koncert – endda med lut – var et særsyn, men skyldtes sandsynligvis hans interesse i den mindre kendte gruppe af knipsede strengeinstrumenter. Der er ingen tegn på, at han særligt har interesseret sig for lutten som instrument, og hans forudsætninger fandtes altså på guitarområdet. Han spillede da også på en lut fra den kendte svenske instrumentbygger Petter Kraft, Stockholm 1802 (MMCCS no. X 12), bl.a. til J. S. Bachs "Betrachte meine Seele" fra *Johannes-Passionen*, der foreskriver og blev opført med akkompagnement af to viola d'amore, lut og continuo.

Program:

1. **Jens Baggesens Fløjte** (sign. Holtzapfel, Paris).
   C. E. F. Weyses Klaver (c. 1825, usigneret, rimeligvis engelsk Fabrikat).
   Friederich II. af Preussen (1712—1786).
   Lento af 3die Sonate (H-moll).
   Allegretto af 7de Sonate (G-dur) for Fløjte og Klaver.

2. **Obo d'amore** (sign. C. Mahillon, Bruxelles). **Harpe** (Erard, Paris).
   G. F. Händel (1685—1759).
   Arioso af Operaen „Floridante" (1721).

3. **Mandolin** (sign. A. Moreno, Napoli) **Lut** (sign. Johan Christoph Pleischer, Hamburg 1688).
   Deux chansons provençales, Mandolin og Lut solo.
   Joseph Exaudet (1710—1763).
   Célèbre Menuet.
   Pierre Alexandre Monsigny (1729—1817).
   Air de l'opéra „Le déserteur" (1769).
   André Erneste Modeste Grétry (1741—1813).
   Sérénade de l'opéra „L'amant jaloux" (1778).
   Le beau séjour (Tambourin du 18ème siècle).

4. **Viola da gamba** (sign. Antonius Stradiuarius Cremon faciebat 1694). (Instrumentet er senere bestrenget som Violoncel).
   Johann Sebastian Bach (1685—1750).
   Andante amoroso af 1ste Sonate for Viola da gamba og Klaver (c. 1720).
   Alessandro Stradella (1645—1681).
   Canzonetta med Ledsagelse af Lut.

"...en saa sjeldent optrædende Klaverspiller som Prof. Aug. Winding"[20] stod for koncertens mest danske indslag. Imidlertid gjorde han et særligt synspunkt gældende i forbindelse med sin optræden, idet han tænkte på den æstetiske nydelse i udførelsen fremfor blot det kuriøse. Skulle han spille Weyse, "skal det være paa det bedste Instrument, jeg kan finde, og ikke paa et gammelt Kuriosum".... "hvis Klangs Volumen er blevet i den Grad distanceret som tilfældet er".[21] Derimod foreslog han selv at låne J. P. E. Hartmanns Marschall-flygel fra omkring 1830,[22] og hans foredrag af Kuhlaus *Variations sur une chanson danoise*, op. 22 blev da også betegnet som "brillant".[23] Det blev tillige klart af programmet, at selv en musikalsk autoritet som gamle Hartmann således støttede museet.

I stedet blev det direktørens kone, Golla Hammerich, der kom til at spille på "Weyses klaver"[24] som akkompagnementsinstrument. Men hun trakterede også flere af de ældre typer af tasteinstrumenter, og især H. A. Hass-cembaloet fra 1723[25] har, både ved denne koncert og fortsat, helt op til vore dage vakt opsigt med dets smukke klang. Golla Hammerich stod også for et af de programpunkter, der i særlig grad blev opfattet som en tilbageføring af musikken til dens oprindelige klang, nemlig J. S. Bachs "Præludium" i C-dur fra *Das wohltemperierte Clavier* (1722, BWV 846) "ægte og uforfalsket, uden Gounodsk "Ave-Maria-Meditation", og just klingende saaledes, som Bach havde tænkt sig det og selv hørt det. For Komposition og Instrumentet er lige gamle".[26] Endvidere spillede hun på clavichord en arie fra et af museets node-klenodier, tabulaturet for hakkebræt fra 1753.[27] Fruen må have øvet sig flittigt, og Hammerich kan da også melde til Fr. Møller, at hun "har faaet udmærket Tag paa det nu. Det skal blive ganske særlig morsomt! Bachs Præludium superbt!!"[28]

Blandt de udøvende var også kgl. kapelmester Frederik Rung på viola d'amore. Hans indgang til den historiske musik gennem Cæciliaforeningen og faderen Henrik Rung er allerede nævnt, og i 1877 overtog han ledelsen af koret. Samtidig havde han i en del år virket ved Det Kgl. Teater bag kulisserne på bl.a. viola d'amore, guitar og mandolin, så han følte sig hjemme på sit instrument. Det er også karakteristisk for hans interesse, at han gennem Hammerich senere i 1898 beder den belgiske viola d'amore-specialist Louis van Waefelghem om titler på værker for instrumentet. Hammerich får ved samme lejlighed nogle vink om gambe-noder, bl.a. med Christopher Simpsons musik.[29]

Flere af de medvirkende kom fra Det Kgl. Kapel, bl.a. cellisten Ernst Høeberg, der især var kendt som en fremragende kammermusiker. Ved koncerten præsenterede han gamben som instrument, men der er intet, der tyder på, at han ved andre lejligheder dyrkede den. Det var dog helt almindeligt, at cellister spillede gambe ved historiske koncerter, således i udlandet f.eks. Paul de Wit og lidt senere Christian Döbereiner. Ved denne lejlighed var den anvendte gambe da også ifølge programmet "bestrenget som Violoncel", så det voldte nok ikke Høeberg de store problemer.

Saa ægte historisk og authentisk, som ønskes kan[30]

"Det vil blive af en ejendommelig Virkning at høre Spøgelsestonerne fra disse gamle Instrumenter...",[31] skrev *Socialdemokraten*. Og det var netop den ejendommelige virkning, Hammerich var ude efter. Der fremstod tre aspekter i præsentationen af disse for københavnerne helt nye klange: den æstetiske nydelse, den autentiske fremførelse og den kuriøse præsentation. Disse aspekter skulle vejes mod hinanden i et hensyn til publikum og til Hammerichs løfter og ry som videnskabsmand.

Hammerich valgte at prioritere det kuriøse forholdsvis højt ved at præsentere mange forskellige instrumenter, for det meste ret ukendte lydgivere. Den æstetiske nydelse var sikret nogenlunde ved de gode kræfter, der medvirkede, selv om flere af dem blev sat til at spille instrumenter, som var uvante for dem. Dermed gav han også køb på noget af den autentiske fremførelse, som kunstnerne ikke havde chance for at kende nok til. Samtidig var en del af instrumenterne enten kraftigt restaurerede og ombyggede, eller de var af ret ny dato. Manglerne i autenticiteten var imidlertid helt almindelig ved historiske koncerter i udlandet, hvor man ofte manglede samme viden om opførelsespraksis som i København. Endelig var man i udlandet meget bevidst om publikums krav til f.eks. en vis volumen i klangen og optrådte derfor uden problemer med tillempede instrumenter. Dirigenten og forskeren Dieter Gutknecht skriver ganske korrekt, at "Landowskas Pleyel-Cembalo war ebensowenig wie Döbereiners bündelose Gambe ein wirklich historisches Instrument, doch es galt als solches, nicht nur in den Augen des Publikums, sondern auch im Bewußtsein der Interpreten".[32] Flere musikere glædede sig over nærmest at "opdage" de gamle instrumenter og dermed nye klangmuligheder, selv om bevidstheden om en forringet klang også var til stede.

For Hammerich gjaldt det om at præsentere så rigt et udvalg af instrumenter (helst fra samlingen) som muligt med deres forunderlige klang. Samtidig var værkerne valgt blandt især 1700-tallets repertoire for at give koncerten det historiske præg, og programmet var trykt på gammelt udseende papir med et tilstræbt antikveret layout. Damerne optrådte i historiske dragter, mens herrerne var i kjolesæt. Indstillingen til musiceren i historiske kostumer var i udlandet meget delt, og dragterne synes overvejende at intensivere stemningen hos publikum, ikke hos kritikerne. Til gengæld vakte emnet skepsis med hensyn til musikernes seriøsitet, men mange brugte det, især den engelske instrumententusiast Arnold Dolmetsch's ensembler. I København var det vigtigt, at denne første præsentation af indholdet af "Historisk Samling af Musikinstrumenter" gav publikum en idé om museets muligheder og faldt i tilhørernes smag.

Derfor måtte videnskabsmanden Angul Hammerich stå lidt i baggrunden. Nok var det hans videnskabelige interesse og ry, der dels havde fostret ideen om et museum, dels havde medvirket til den store gavmildhed fra nær og fjern. Men Hammerichs interesse gik overvejende i musik*historisk* retning, og han så instrumenterne som klangredskaber, der medvirkede i udviklingen af musikkens vilkår. Det er således bemærkelsesværdigt, at han ikke i sit ellers meget brede forfatterskab har gjort nærstudier af nogen af museets instrumenter endsige studier i opførelsespraksis. Museets katalog fra 1909 er et flot arbejde med beskrivelser af hvert enkelt instrument, men disse beskrivelser er overvejende på et fysisk plan med mål, oprindelse etc. Mere indgående studier af instrumenter gjorde Hammerich med nogle få typer, der ikke hørte til museets samlinger, nemlig lurerne, Compeniusorglet og klokkespillet på Frederiksborg Slot.

Til gengæld trådte to andre sider af Hammerich frem: anmelderen, der var alment orienteret om publikums smag og musiklivet som sådant, samt formidleren, der havde holdt en række foredrag om musik, og som elskede at fortælle om sine instrumentale klenodier. Disse sider medvirkede til folks positive indstilling over for museets formål. Det bekræftes af udtalelser om koncerter i udlandet: "Die Benutzung eines in jeder Hinsicht originalgetreuen Instruments hätte kaum ein Mehr an Authentizität bedeutet, vielleicht aber einen Verlust an Akzeptanz beim Publikum, das offenbar primär von den ungewöhnlichen klanglichen Effekten gebannt war".[33]

Publikum fandt da også koncerten charmerende og kuriøs. Det er nok karakteristisk for opfattelsen, når *Morgenbladet* fra Oslo mener, at "I denne Musik synes Glæden aldrig at være vild og Sorgen aldrig oprivende. Glæden bliver skælmsk Gratie, Sorgen smægtende Vemod".[34]

En anden vurdering af koncerten

Avisen *Dannebrog* kunne i maj 1897 berette, at "Det er os en Fornøjelse at give ovenstaaende Opraab vor Støtte og Anbefaling; ikke saa meget fordi vi mener, at de gamle Instrumenter har saa stort Værd som døde Museumsgjenstande – der er altid noget kjedsommeligt ved at se udmærkede Instrumenter, der har tilhørt afdøde Mestre, lande i et eller andet Museum, hvor de for bestandig er viede til Hvile og Tavshed – men mere fordi man tør haabe, at de interessante og værdifulde gamle Instrumenter, som muligvis findes i mere eller mindre brugbar Stand hos ukyndige og tilfældige Ejere, ved at overgives i de rette Hænder atter kan bringes til at leve og tone, som det fra først var deres Bestemmelse...".[35] Efter koncerten lagde *Dannebrog* imidlertid spalter til en helt anderledes hårdhændet kritik af museets aktivitet fra musikhistorikeren Hortense Panum.

Hun havde efter praktiske og teoretiske studier i København været først et par år i Berlin, dernæst på rejse til mange af Europas biblioteker på jagt efter materiale om tidligere tiders musikhistorie. Blandt hendes foretrukne emner var nodeskrift og især strengeinstrumenter, og hun hjembragte et righoldigt kildemateriale i afskrift. I København var hun aktiv som lærer i teori og musikhistorie, og samtidig holdt hun en lang række foredrag om musikkens historie ledsaget af praktiske eksempler. Desuden var hun i gang med dybere studier af strengeinstrumenternes historie – et arbejde, der i 1915-31 kulminerede med udgivelsen af hendes trebinds værk *Middelalderens Strengeinstrumenter og deres Forløbere i Oldtiden*.

Det var således en meget kyndig person på instrumentområdet, der skrev i *Dannebrog*. Hortense Panum var stort set den eneste i København, der videnskabeligt havde beskæftiget sig lige så meget med organologi som Hammerich selv.

I sit indlæg citerer hun *Nationaltidende*, der bringer et referat af Angul Hammerichs præsentation ved museets åbning, bl.a. et langt afsnit om, hvordan man ved kritisk behandling af instrumenterne og musikken på rette måde kan lære de gamle mestre at kende. Især lut- og gambemusikken havde her hendes bevågenhed. Men hun blev skuffet ved koncerten, for "De Instrumenter, der ved denne Lejlighed benyttedes, var begge mere og mindre uægte Repræsentanter for den gamle, historiske Luth".[36] Både stemningen og antallet af strenge samt en tydelig ombygning havde gjort den med "Joh. Chr. Pleischer, Hamburg 1688" betegnede lut til et guitarinstrument.

Det andet instrument var Eggers' såkaldte svensklut fra begyndelsen af 1800-tallet til brug ved J. S. Bach-arien, og akkompagnementet til de gamle franske sange var udarbejdet af lutspilleren selv "alene for at kunne "pynte" Koncerten med en Luthopførelse". Ligeledes var den benyttede gambe kun original i selve korpus'et, mens strenge, stol og gribebræt var ombygget til en cello.

Panum mente nok, at en moderne dirigent kunne forsvare at erstatte et gammelt instrument med et nyere, "fordi det hovedsagelig kommer *ham* an paa *saa nær som muligt* at opnaa den af Komponisten tilsigtede *Virkning*". Men det var ikke korrekt i en historisk koncert. Hun gjorde dog også opmærksom på det store arbejde, som kunstnerne på forhånd havde lagt i at sætte sig ind i instrumentet. Derfor blev Fr. Rungs spil på en ægte viola d'amore også fremhævet.

Hortense Panum havde selv oplevet historiske koncerter bl.a. ved Konservatoriet i Bruxelles i 1886-87, om hvilke H. M. Brown dog må sige, at de "cannot have involved the musicians in any very elaborate attempt to recover older playing techniques".[37] Hendes væsentligste anke i denne sammenhæng var, at man ikke vedgik, at instrumentsamlingen var ganske ny og således holdt sig til de ægte instrumenter. Hun tilføjede tørt, at "Programmet havde tilmed vundet ved en Reduktion, da det var altfor urimelig langt".[38]

Dette "hidsig[e] Anfald"[39] kunne Angul Hammerich imidlertid ikke lade stå uimodsagt. Hans væsentligste indsigelse mod hendes kommentarer var, at "De paagjældende Instrumenter hører heller ikke op med at være Luth og Gamba, fordi der er foretaget de omhandlede Ændringer med dem", og han undskylder sig endvidere med, at "rigtige Luthenister og Gambister findes alt længe ikke mere her til Lands, og kun som Kuriositeter andet Steds". Efter hans mening er alt i orden, når programmet har angivet ændringerne ved instrumentet. Han fortsætter ret overfladisk: "Formaalet for den historiske Koncert var naturligvis ikke at give en videnskabelig Universitets-Konference, men derimod at slaa til Lyd for og skaffe Midler til en god Sag og saa indrette alt saa godt og rigtig og smukt som muligt".

Heri kunne Hortense Panum ikke være uenig, for "da havde jeg ikke indladt mig paa denne Redegjørelse"[40], men det var blot ikke Hammerichs første formål. Debatten ender med en replik fra Hortense Panum, hvori hun fastholder, at "Paa en *historisk* Koncert bør der kun opføres Musik og anvendes Instrumenter, *der er i original Stand*...", og i øvrigt fastholder hun sine hidtidige synspunkter ved en lang velfunderet udredning om luttens historie.

Havde Hammerich været musiker og måske repræsenteret den forskningsmæssige modsætning, kunne Hortense Panum nok have undskyldt disse fejlgreb. Men Hammerich udtalte sig med store ord bl.a. til pressen om samlingens mulighed for at skabe det autentiske. Samtidig stod han som den eneste dr.phil. i musik i Danmark. Ud fra disse forudsætninger har Panum ret i sin kritik, og man må på grundlag af det generelle autenticitetsniveau for tidens koncerter også i udlandet sige, at hun er forud for sin tid. Til gengæld er det bemærkelsesværdigt, at en så videnskabeligt præget diskussion foregår i en almindelig avis, men der var på dette tidspunkt ikke egentlige musikalske fagblade. For Hortense Panum var denne sag et hjertebarn, hun som sagkyndig måtte kommentere. På trods af hendes viden ser man ingen tegn på, at Hammerich på noget tidspunkt inddrog hende i arbejdet med samlingen. Der kan være mange grunde, heriblandt faglig konkurrence, samarbejdsvanskeligheder og det, at Hortense Panum var en kvinde. Tilsyneladende vedblev der at være en vis distance mellem de to kapaciteter, selv om Panum ind imellem lånte instrumenter fra samlingen, og selv om deres veje ofte måtte krydses også i andre sammenhænge.

Hammerich blev forskrækket over avisdebatten. Den 16. februar 1898 bad han musikkritikeren H.V. Schytte på *Berlingske Tidende* omtale samlingen, for "Som Sagerne staa nu, er det ikke uden Betydning, at vor Samling faar en saa honorabel Omtale. Den Panum'ske Affære kan jo nemlig have skadet hos de Lidet-Kyndige".[41]

At Panum stod ved sine ord, bekræfter hun ved ligefrem at sende artiklen til flere fremtrædende musikpersonligheder. Komponisten Rudolph Bergh udtaler sin utvetydige støtte til hendes synspunkter, som han finder "i høj Grad forfriskende",[42] og selveste Carl Nielsen finder indlæggene "sunde, klare og velgjørende".[43] Han fortæller videre, at han har drøftet sagen med en del kolleger i Det Kongelige Kapel, som også støtter hende, og sandsynligvis må hans reaktion forstås som led i ønsket om fornyelse af musikken i antiromantisk retning. En særlig vinkel giver reaktionen fra pianisten Ina Lange, som selv interesserede sig meget for gamle tasteinstrumenter: "Det er deiligt at det er en Kvinde som har skrevet dette – ellers kan Mænd gjøre hvad det skal være, Kvinder tør ei, kan ei, vil ei kriticere dem! Saa dygtigt, saa sagligt (?) saa prægtigt De skriver".[44] Videre kom debatten dog ikke.

Imidlertid ytrede også en af Hammerichs gode venner, musikhistorikeren Will. Behrend sig tvivlende om flere af direktørens udtalelser ved *åbningen* af museet. Han tænkte på at publicere disse indvindinger, men "Det vilde selvfølgelig blive "hendes Majestæts loyale Opposition" som Englænderne siger".[45] Senere i brevet funderede Behrend over, om noget sådant "mere gavner Sagen...ved mulig at fremkalde en lærerig Diskussion, eller snarere skader den, fordi de mange dumme Mennesker straks ser det hele som en Strid mellem Personer – og den Glæde skulde man nødig gøre dem!" Behrends udtalelser faldt to dage før den første koncert.

Hortense Panum koncentrerede sig om kritikken af strengeinstrumenterne, som hun havde særlig forstand på. Joachim Andersen havde imidlertid nok sagt ja til koncertens mest udsatte indslag: at spille på den gamle Holtzapffel-fløjte. En tungelammelse gjorde, at den ellers verdenskendte fløjtenist fra 1895 måtte lægge sit instrument på hylden og hellige sig dirigentgerningen. Han havde derfor i flere år ikke optrådt som fløjtenist, og tilmed blev han bedt om at spille på en historisk fløjte med en mekanik fra begyndelsen af 1800-tallet. Det var derfor ikke underligt, at "Der var en ganske ejendommelig, vemodig Duft over denne Præstation, selv om man ikke kunde lade være at trække paa Smilebaandet ad den sporadiske Urenhed og Hvæsen, som den ellers udmærkede Fløjte med sin gammeldags Konstruktion ikke kunde komme bort fra paa enkelte kildne Toner".[46] Til gengæld kunne et foreslået nummer for glastrompet i forbindelse med åbningen ikke realiseres, "da ingen af vore Blæsere mere synes at forstaa Kunsten at "blæse paa Glastrompet""!"[47]

Selv om mange anmeldere var begejstrede, så man dog mere reflekterede udtalelser også blandt almindelige skribenter. Avisen *København* påpegede således, at "Nogen paalidelig Maalestok for Instrumenternes Klang, nogen avtentisk Fortolkning af de gamle Musikstykker faar man dog næppe ved Udførelsen. Man kan nemlig ikke se bort fra, at i al Fald en Del af Instrumenterne har tabt deres oprindelige Charme, at Kendskaben til hin Tids Teknik endnu er mangelfuld".[48]

Situationen i udlandet

Selv om museets historiske koncerter ikke havde konkurrence fra andre lignende arrangementer i København, fandtes der et par bemærkelsesværdige ensembler, som turnerede over det meste af Europa. Pianisten, lærer ved Pariserkonservatoriet Louis Diémer dannede i 1890'erne et rent kommercielt ensemble *Société de Concerts des Instruments Anciens* med cembalo, gambe og violin, viola d'amore, fløjte og drejelire. Gruppen talte senere bl.a. Louis van Waefelghem, hvis kompositioner også kom på de danske historiske koncertprogrammer.

I England interesserede musikeren og instrumentbyggeren Arnold Dolmetsch sig meget for den gamle musik og holdt jævnligt private koncerter med nyfundne ældre instrumentalværker på instrumenter af egen tilvirkning. Det er bemærkelsesværdigt, at der ikke fra Hammerichs side kan spores noget kendskab til eller forbindelse med Dolmetsch's arbejde, men det kan skyldes, at englænderen arbejdede meget lokalt på dette tidspunkt. Dolmetsch repræsenterede ikke en offentlig instrumentsamling, og blev af flere trods sit store engagement anset for at være lidt af en outsider.

I 1901 – tre år efter museets første koncert – dannedes i Paris *Société de Concerts des Instruments Anciens Casadesus* med Casadesus familien som dominerende medlemmer af ensemblet. Instrumenterne var de samme som hos Diémers gruppe. Trods udsagn om autenticitet var en del af den fremførte musik dog enten arrangeret til ensemblets instrumenter eller komponeret af Henri Casadesus selv. Alligevel bestod gruppen til omkring 2. verdenskrig, men der er ingen spor af, at de har været i Danmark, selv om Hammerich havde hørt om dem.[49] På mange måder dyrkede de instrumenterne på moderne præmisser og prioriterede klang højere end autenticitet.

Også det i 1905 grundlagte Deutsche Vereinigung für alte Musik med den kendte gambespiller Christian Döbereiner som medlem spillede 1600- og 1700-tallets musik, men oftest på moderniserede instrumenter med moderne buer. Heller ikke de kom – så vidt vides – til Danmark, selv om de turnerede i Tyskland og bl.a. spillede ved det internationale musikologiske selskabs kongres i Leipzig i 1906, hvor Hammerich godt kan have været til stede. Endelig gav en del pianister historiske koncerter, hvor den tidlige musik dog optog en mindre del.

Det var karakteristisk for disse ensembler, dels at de kun opførte 1600-1700-tallets musik, sjældent ældre, dels at taste- og strygeinstrumenterne var helt dominerende. Generelt falder museets historiske koncerter godt i tråd med disse tendenser, men der er dog forsøg med blæseinstrumenter, og der forekommer også folkemusikinstrumenter på programmerne. Der er den afgørende forskel, at museets koncerter tager udgangspunkt i en samling med præsentationsmulighed for et betydeligt større udvalg af instrumenter end de øvrige ensembler. Den mulighed benytter man og understreger derved det kuriøse fremfor den æstetiske nydelse.

Først i 1920rne hørtes de første forsøg på at opføre tidlig renæssance- og middelaldermusik i Tyskland og i Bruxelles. Samtidig satte et ønske om historisk klang på instrumenterne for alvor ind. Instrumentbyggerne blev mere interesseret i at kopiere de gamle originaler, og f.eks. blokfløjte og cembalo blev oplevet som nye klangmuligheder – også for moderne komponister. I 1920rne kom også de første indspilninger af gammel musik, og radioen kom til at spille en rolle i udbredelsen. Nægtes kan det dog ikke, at man manglede musikernes personlige udstråling og nærvær.

Foredrag og koncerter

Det er et meget typisk træk for mange historiske koncerter i 1800-tallet og det tidlige 1900-tal, at musikken blev ledsaget af introduktioner eller ligefrem foredrag. Instrumentariet og musikstilen var ny for publikum, og ledsagende bemærkninger om programpunkterne fik folk til at lytte mere velvilligt og interesseret til dette ukendte.

Hammerich havde selv en glæde ved formidling og præsenterede derfor gerne museets instrumenter ved koncerter eller foredrag, specielt for musikere. "Hvor ejendommelige er saaledes ikke de javanske Rasleinstrumenter [anklung], fremstillet af tilskaarne Bambusstænger. Professor Hammerich demonstrerede, hvorledes f.eks. Raadhusklokkernes Melodier kunde trylles frem af disse mærkelige Pindegærder".[50] Hans øvrige foredragsvirksomhed, bl.a. på Universitetet var også omfattende, og han inddrog ofte levende musikeksempler. Både Ina Lange og Hortense Panum havde ligeledes en udbredt virksomhed med musikhistoriske foredrag. Temaet var ikke altid instrumentalt, men også i forbindelse med gennemgang af operaens historie flettede de gerne et gammelt tasteinstrument ind som akkompagnement.

Ina Lange optrådte overvejende med foredrag i foreninger på begge sider af Øresund, og vi må formode, at hun selv har leveret hovedparten af eksemplerne på diverse tasteinstrumenter. Hortense Panum begyndte i privat regi – i 1885 på Kirurgisk Akademi.[51] Senere fortsatte hun bl.a. på byens forskellige konservatorier[52] og ved Folkeuniversitetet. "Ved den velvillig tilsagte Assistance ser Frøken Panum sig istand til helt igjennem at kunne illustrere Foredragene med Exempler paa den omhandlede Musik, saavel i Form af Solo- som Ensemblenumre".[53] Hun deltog selv i de praktiske musikeksempler, og vi ved, at hun blandt andet spillede guitar, men programmer fra disse foredrag – ganske vist fra 1887 og 1889[54] – viser helt andre optrædende, end dem vi finder ved museets koncerter. Panum har sandsynligvis til en vis grad anvendt elever fra konservatorierne. Ifølge breve og beretninger var der stor interesse og tilstrømning til alle sådanne arrangementer, og for såvel Angul Hammerich som Ina Lange og Hortense Panum udmøntede deres musikhistoriske interesse sig i flere oversigtsmæssige udgivelser om emnet.

Fig. 4 Ina Lange med et lille italiensk oktavspinet (MMCCS no. Cl 55). I kataloget over Claudius' samling kan man læse, at instrumentet "har været udlaant til Fru Ina Langes musikhistoriske Koncerter i Begyndelsen af det 20. Aarh. i Stockholm, Christiania, København, Berlin, London og flere Steder" (*Carl Claudius' Samling af gamle Musikinstrumenter*. G. Skjerne (red.), København 1931, s. 64). *Ina Lange with a small Italian virginal. According to the catalogue of Claudius' collection the instrument "has been on loan for Mrs. Ina Lange's historical concerts at the beginning of the 20th century in Stockholm, Christiania, Copenhagen, Berlin, London and several other places"* (Carl Claudius' Samling af gamle Musikinstrumenter. G. Skjerne (ed.), København 1931, s. 64).

Scholander-soireen

I april måned 1898 fortsatte Musikhistorisk Samling sin koncertrække med en optræden med den svenske troubadour Sven Scholander. Her slog man to fluer med et smæk: en meget populær kunstner og en præsentation af et guitarinstrument. "I mange menneskers bevidsthed var det finere fingerspil på guitar simpelthen synonymt med denne kunstners virke"[55], og Scholander var yderst interesseret i guitaren som instrument. Han akkompagnerede sig selv på en svensklut af Peder Stochholm, hvilket gjorde, at denne særlige type blev udbredt blandt guitarentusiaster. Repertoiret bestod af franske folkesange og svenske viser (deriblandt Bellman), som var hans særlige kendemærke.

Det er karakteristisk, at Scholander anvendte guitaren som akkompagnementsinstrument og ikke spillede solo på den.[56] Heller ikke Frederik Rung, som var meget fortrolig med guitaren, spillede ved koncerter på den eller på sin specielle harpe-guitar,[57] som nok var en præsentation værd. En grund kunne være, at guitaren blev opfattet som et sentimentalt, romantisk instrument, der ikke var "antikt" nok. Først omkring 1910 kom guitaren med på museets koncertprogrammer.

Koncerterne indtil ca. 1930

Desværre mangler vi kendskab til koncerterne mellem 1898 og 1910. I flere af årene var Hammerich på længere rejser til Syden om vinteren, så det er muligt, at koncertvirkomheden har ligget helt stille i flere sæsoner. Da koncerterne fra 1910 og nogle år frem ikke adskiller sig så meget fra de første koncerter, må man formode, at eventuelle arrangementer i årene op til 1910 har været af lignende art. Det samme gælder koncerter i Carl Claudius' samling, som vi har kendskab til, men meget få konkrete oplysninger om.

Museets koncerter dukkede for alvor op igen i 1910, og hovedparten af de kunstnere, der medvirkede, kom til at danne grundstammen i programmerne helt op til slutningen af 1920rne. Instrumenterne var igen i centrum – som regel blev de nævnt først under de enkelte programpunkter, og i mange tilfælde blev der omhyggeligt angivet byggerens navn og instrumentets alder. Især for tasteinstrumenternes vedkommende kan vi nikke genkendende til en række instrumenter i museets nuværende samling: Hitchcock-spinettet fra ca. 1700 (MMCCS no. A 12), H.A. Hass-cembaloet fra 1723 (MMCCS no. A 48), J.A. Hass' klavichord fra 1755 (MMCCS no. A 19), J.W. Berners hammerflygel fra 1798 (MMCCS no. A 21) samt Richter og Bechmann flygelet fra 1818 (MMCCS no. A 10).

Alle de kvindelige medvirkende i koncerterne betjente tasteinstrumenter, og de spillede på såvel cembalo og spinet som klavichord og hammerklaver. Det drejer sig om Golla Hammerich, Ina Lange, Helga Thiess og Bergliot Schnedler-Petersen (se nedenfor). For disse musikere har især to andre kvindelige kunstnere været en inspiration. Den ene var den engelske cembalist Violet Gordon Woodhouse, elev af Arnold Dolmetsch og den anden den polske pianist og cembalist Wanda Landowska, som fik stor betydning for "genopdagelsen" af cembaloet. Hendes fine teknik, glødende interesse for instrumentet og karismatiske fremtræden vandt mange for instrumentet. Sammen med klaverfirmaet Pleyel designede hun et cembalo til den moderne koncertsal, der gik videre end til blot at kopiere et gammelt instrument, og som bl.a. var forsynet med jernramme. Autenticitet var for hende at fange musikstykkets ånd.

I København spillede man som nævnt på de originale, omend ofte ombyggede instrumenter, primært for at vise samlingens indhold, og det har nok været en generel tendens ved museumskoncerter frem for optræden af private kunstnere.

Solisterne på tasteinstrumenterne var ofte konservatorieuddannede pianistinder med en særlig interesse for de ældre instrumenter. Ina Lange, der var født i Finland, havde studeret i Moskva og Berlin hos bl.a. Rubinstein og Tschaikowsky. Hun turnerede over hele Europa, også som akkompagnatør for sin mand, operasangeren Algot Lange. Hendes musikhistoriske interesse blev dyrket ved siden af, som et af hendes særkender. Helga Thiess var uddannet ved Konservatorierne i Stockholm og Paris. Hun gav koncerter i København og provinsen, men levede ellers som klaverlærerinde. Derudover indtog hendes optrædener på cembalo og klavichord også en mindre plads i hendes virksomhed. Foruden på museet blev hun brugt ved musikhistoriske foredrag bl.a. i foreninger. Hun gik til opgaven med stor alvor og bad i maj 1902 om en gang imellem at måtte spille på f.eks. museets lille tyske clavichord (MMCCS no. X 2). Efter at "mit Livs store Opgave er endt", måtte hun udfylde tiden på anden måde, og "muligvis kunde det dog komme mig til Nytte, at jeg forstod at behandle et sådant Instrument".[58] Hammerich svarede positivt.

Ud over kvinderne gav også Louis Glass en koncert på museets tasteinstrumenter. Han var uddannet i klaver og violoncel og havde bl.a. studeret ved Bruxelles-konservatoriet 1884-85 og muligvis her hørt koncerter på dette museums instrumenter. Han var en fremragende solist, men en lammelse i den ene arm afbrød hans karriere i en periode. Han betegnes som "en decideret Rubato-Spiller, og hans Pedalbrug er meget vidtdrevent",[59] hvilket ikke harmonerer så meget med tidligere tiders musik. Det sidste var måske ikke så malplaceret ved koncerten i april 1910, hvor Glass optrådte med ouverturen til *Jægerbruden* på det Richter og Bechmann-flygel (MMCCS no. A 10), som C. M. v. Weber havde anvendt ved sin koncert i 1820 på Det Kgl. Teater, hvor Kapellet netop spillede samme værk. Flygelet har nemlig indlagt "tyrkisk musik", og dermed ikke mindre end 6 pedaler (2 knæ- og 4 fodpedaler), men de har dog næppe været i brug ved koncerten i 1910.

Glass hørte til gruppen af udøvere, der også komponerede. Heriblandt var også Ludolf Nielsen, som optrådte med viola d'amore og enkelte gange med viola da braccio. Hans forudsætninger var en uddannelse som bratschist og ansættelse som solospiller i bl.a. Tivoli. Både han og cellisten Siegfried Salomon, der til disse koncerter spillede gambe, indlemmede egne kompositioner i forbindelse med deres optræden, ofte af mangel på tilgang til originalt repertoire. Ludolf Nielsen komponerede således i 1913 *Svundne Tider. Stemningsbillede* for viola da braccio og harmonium.

Siegfried Salomon optrådte oftest sammen med Fr. Schnedler-Petersen (se nedenfor). Han var kgl. kapelmusikus, men sås efterhånden sjældent som solist. Ved flere af museets koncerter medvirkede han imidlertid med gambe, "hvilket han har lært sig ved Selvstudium",[60] og her spillede han bl.a. på museets Tielke-gambe (MMCCS no. D 55) fra 1698. På trods af en glæde og ihærdighed i spillet på de gamle instrumenter må man formode, at en stor del af teknikken henhørte til musikernes oprindelige instrument. Det var imidlertid langtfra alle cellister, der i slutningen af 1800-tallet brugte støttepind, og derfor holdt mange af de tidlige gambespillere instrumentet mellem benene – ligesom deres cello. Helt dominerende på Salomons repertoire var gambevirtuosen Louis de Caix d'Hervelois (ca. 1680-1760), der også var populær hos udenlandske gambespillere.

Strygerne blev præsenteret både som solo- og ensembleinstrumenter, mens man for de knipsede strengeinstrumenters vedkommende hovedsageligt spillede flere sammen. De var forholdsvis nemme at præsentere, fordi der eksisterede musikere, der allerede spillede og interesserede sig meget for guitarer, mandoliner, svensklutter etc. I museets regi drejede det sig især om to ensembler, dels guitarklubben *Canto*, dels Achton Friis-trioen. Ved *Cantos* koncerter var der næsten udelukkende ensemblemusik på programmet, ofte for specielle sammensætninger som mandola og teorbe (d.v.s. svensklut) eller 5 guitarer og 2 teorber. Sandsynligvis spillede de oftest på egne instrumenter, men præsenterede dog i 1914 museets Tielke-guitar fra 1687 (MMCCS no. C 83) og lyra-guitaren fra ca. 1810 (MMCCS no. X 54). Repertoiret var blandet med overvægt af musik fra 1600- og 1700-tallet suppleret med folkesange. Blandt de mere spændende sager var tre danske contredanse fra 1700-tallet "Ved S. A. E. Hagen".[61]

Friis-trioen bestod af kyndige amatører: maleren og forfatteren Achton Friis, farmaceuten Johan Tolstrup og bibliotekaren Fr. Birket-Smith på mandolin, mandola og svensklut. De sammensatte selv deres program og spillede på egne instrumenter, bygget af den danske guitarbygger Peder Stochholm i tiåret 1900-1910, og instrumentariet omfattede netop mandolin, mandola, guitar og "theorbe". Friis transskriberede mange romantiske komponisters værker samt folkeviser for besætninger med disse instrumenter.[62] Både instrumenternes alder og repertoirets sammensætning må dog igen opfattes som et ønske om mest at høre instrumenternes klang, gerne i populære værker. "Det fortjener da Paaskønnelse, at Museets Ledelse ikke af misforstaaet "Principfasthed" har afvist denne Musik som sig uvedkommende", skriver *Politiken* da også.[63]

En særlig position indtager Fr. Schnedler-Petersen, violinist og dirigent bl.a. for Tivolis Koncertsals Orkester og Palækoncerterne. Han var af musikerslægt og lærte efter eget udsagn hurtigt at spille et instrument. Han fortæller selv, hvordan Hammerich i 1909 havde præsenteret ham for museets hardangerfele, quinton (en femstrenget violintype) og vielle. "Dette gav Stødet til, at jeg kastede mig over Studiet af de historiske Instrumenter, hvilket blev en Oplevelse uden Lige for mig. De tre Instrumenter var aldrig tidligere spillet offentligt herhjemme, ja, for Viellens Vedkommende fandtes der ikke saa meget som en Anvisning paa, hvordan man skulde spille paa den. Efter nogle Dages grundigt Studium opdagede jeg to smaa Benknapper paa øverste og nederste Side af Lydkassen, og dette gav mig Løsningen paa Gaaden. Naturligvis skulde Instrumentet spændes omkring Livet, for saa kunde jeg bekvemt dreje Svinget med højre Haand og trykke paa Tangenterne med venstre. Da Hammerich nogle Dage senere besøgte mig i mit Hjem for at se, hvad jeg havde faaet ud af mit Studium, kunde jeg til hans store Forbavselse give en hel lille Koncert for ham paa de tre Instrumenter".[64] Det har været kyndigt spil!

Schnedler-Petersen medvirkede bl.a. ved Hammerichs musikhistoriske foredrag på Universitetet i vinteren 1915. Her forsøgte han at demonstrere ikke mindre end 22 forskellige strygeinstrumenter.[65] Ved museets koncerter optrådte han fra 1911 med viellen, suppleret af hardan-

Bergliot og Frederik Schnedler-Petersen præsenterer deres historiske koncerter i museets samlinger på Kunstindustrimuseet i Bredgade. *Bergliot and Frederik Schnedler-Petersen presenting their historical concerts in the collection of the museum at the Museum of Industrial Art in Bredgade.*

gerfele, quinton og nyckelharpe og introducerede således et folkemusikalsk islæt i koncerterne. Imidlertid var det etnologiske i sig selv ikke Schnedler-Petersens ærinde. Han var blot fascineret af instrumenterne. Hans kone, den i Kristiania og Berlin uddannede pianist Bergliot Schnedler-Petersen, var fra Lofoten i Norge. På en tur til Hardanger i 1893 besøgte parret den berømte norske spillemand Møllarguttens elev ude i fjeldet. "Der var i hans Spil en Rytme og en Verve, som ellers kun findes hos Zigeunere, og flere af de »Slaater« (Danse), han spillede, husker jeg saa godt, at jeg spiller dem paa min Hardangerfele den Dag i Dag".[66]

Nyckelharpen havde han derimod et andenhåndskendskab til. Det stammede fra den gamle svenske spillemand Johan Edlund, der bl.a. optrådte på Skansen i Stockholm. Her havde Hammerich hørt ham i 1898 og i 1912 foreslået Schnedler-Petersen at tage noget af hans repertoire op, som derefter blev fast på musikerens program. Til nærmere studium forsynede Hammerich ham med forskellig litteratur,[67] både til brug for hans spil på museets nyckelharpe (MMCCS no. D 32 eller D 33) og vielle (drejelire, MMCCS no. D 103). Senere skaffede Hortense Panum ham en nyckelharpe.[68]

Hans indslag var meget elskede og bestemt ikke ufestlige: "Kapelmesteren spaserede hele Lokalet igennem med sine Instrumenter og drejede og klaprede og filede som en ægte "Spillekant".[69] Interessen for de gamle instrumenter var så stor, at ægteparret Schnedler-Petersen i januar 1928 gav egen koncert i Hornung & Møllers sal med programmet *Toner fra gamle Dage*. Her spillede Bergliot på en kopi af museets Hitchcock spinet (MMCCS no. A 12), som Hornung & Møller havde fremstillet, og Fr. Schnedler-Petersen trakterede bl.a. quinton, hardangerfele og nyckelharpe. Programmet blev en måned senere præsenteret på museet. Også her var succes'en hjemme og "navnlig morede Publikum sig højlydt over Nyckelharpen, »den var rusten og falsk som en gammel Kælling«." Schnedler-Petersen bemærker, at "Efter Koncerten sagde en Dame meget betegnende om Instrumentet: "»Hvis min Dreng spillede saadan paa Violin, som De spiller paa Nyckelharpe, saa fik han Klø«".[70] Et par år efter turnerede ægteparret i Sønderjylland med programmet, og de besøgte også Litauen med flere koncerter.

I perioden 1910-24 var Julius Foss ansat på museet som assistent, senere arkivar og bibliotekar. Han virkede samtidig som organist, var anmelder og havde en omfattende musikhistorisk interesse, der bl.a. talte skrifter om orgler og organister i Danmark. Med stor entusiasme kastede han sig ud i at demonstrere museets instrumenter og repræsenterede gennem sit programvalg både det kuriøse og det mere velfunderede historiske. Det var kuriøst, når han spillede på museets Piano-Quatuor (MMCCS no. A 30) og Adiaphon (MMCCS no. H 17),[71] men han optrådte også på clavichord, spinet og harmonium, bl.a. museets store Alexandre et Fils harmonium (MMCCS no. B 14). Hans historiske interesse ytrede sig, når han d. 16. november 1916 på et "gammelt Kirkeorgel fra Sverige (c. 1725)" (MMCCS no. B 1) optrådte med organisten og komponisten fra Christian IV's hof Melchior Schildts variationsværk *Gleichwie das Feuer* "Efter Manuskript (Kgl. Bibl. København), dechiffreret af Hortense Panum"[72]. Hans musikhistoriske interesse rakte videre, bl.a. til arbejdet med Det Kgl. Cantoris stemmebøger fra Christian III's tid.[73] Dette arbejde satte sig spor i repertoiret hos hans i 1918 dannede Dansk Mensural-Cantori, som netop havde vokalmusik fra 1400-1600-tallet centralt placeret i deres repertoire. Koret optrådte imidlertid ikke på museet – dertil var deres programmer for meget præget af vokalmusik, og Cantoriet brugte kun undtagelsesvis gamle instrumenter ved deres koncerter.

Som sagt var det svært at få præsenteret blæseinstrumenterne, dels fordi museets eksemplarer kunne være vanskelige at få til at klinge efter en inaktiv periode, dels fordi det ligesom i udlandet kneb med musikere, der kunne spille de gamle instrumenttyper på en måde, så det kunne præsenteres for publikum.

Her havde Hammerich imidlertid en kapacitet i Peder Pedersen – i daglig tale "Jyde-Peter". Han var af jysk spillemandsslægt og fra sin barndom vant til at traktere mange forskellige instrumenter. "Jyde-Peter er Museets største Høreværdighed. Denne Musiker kan faa selv de mest genstridige gamle Instrumenter til at give Tone fra sig".[74] Han mente selv ved enkelte af Hammerichs foredrag, hvor han ofte medvirkede, at have blæst på "ca. et Dusin Stykker",[75] og vi kan konstatere, at han ved koncerten den 26. september 1923 spillede på såvel krumhorn som blokfløjte, kinesisk fløjte og ungarsk tarogato.

Hammerich brugte også klarinettisten Carl Skjerne i forbindelse med sine forelæsninger om instrumenternes historie, og det var heller ikke småting, han skulle præstere: "Der skulde blæses paa B Klar. og A Klar., Bassethorn og Bas-Klarinet. C Klar? eller endnu højere. For at vise hele Riget: Ogsaa den arabiske "Arghul". Har De en Saxophon og vilde blæse paa den? De skulde være ene paa Bordet og jeg vilde gerne gøre det festligt for Dem – 100 Tilhørere og megen Interesse!".[76] Imidlertid kan det ikke dokumenteres, at Skjerne optrådte ved egentlige koncerter på museet. Endvidere skrev Hammerich til administrator Frederik Lassen Landorph, der ved museets begyndelse skænkede en række instrumenter fra Sumatra, at han skulle holde et foredrag om "Gamle Fløjter", "hvorved flere af De af Dem skænkede østasiatiske Fløjter vil komme frem og give Tjeneste".[77] Endelig må nævnes, at hoboist i Livgarden, den populære dirigent Chr. Aage Bruun, i 1914 præsenterede nogle messingblæsere (zink og klaphorn) af historisk interesse, og "man tilgav ham let med et Smil, naar det en Gang imellem gik galt for ham med Træfsikkerheden".[78]

En af de nyere opfattelser af afgrænsningen for tidlig musik betinges netop af instrumenternes udvikling. I perioden ca. 1800-1825, hvor mange af nutidens symfoniorkesterinstrumenter fandt deres form, skete der en tilpasning til de større koncertlokaler og kravet om større dynamiske udtryksmuligheder. Messinginstrumenterne fik ventiler, træblæ-

Jyde-Peter demonstrerer en tysk bas-pommer (kopi, MMCCS no. E 120) ved et af Angul Hammerichs foredrag i Kunstindustrimuseet. *Jyde-Peter demonstrating a German bass bombard (copy, MMCCS no. E 120) at one of Angul Hammerich's lectures at the Museum of Industrial Art.*

serne mere fastlagte klapsystemer, violinerne blev ombygget og hammerklaveret fortrængte cembaloet.[79] Omkring 1900 havde man ikke erkendelse af en speciel skillelinie først i 1800-tallet, men indirekte ser man via koncerternes repertoire, at den på mange måder alligevel ligger som en fornemmelse.

"Some of the effects were beautiful as well as curious, while others were only curious", skrev *Musical Times* netop om koncerter med historiske instrumenter i 1885,[80] og det kunne også gælde de københavnske arrangementer. Publikum kunne ikke dømme, men var blot til stadighed forundrede, for arrangementerne adskilte sig bestemt fra, hvad København ellers musikalsk kunne byde på. Koncerter med originale instrumenter fortsatte indtil omkring museets flytning til Bredgade i 1923, afbrudt af 1. verdenskrig, hvor dele af samlingerne var pakket ned. På det tidspunkt måtte Julius Foss udtale, at koncerterne blev sjældnere, fordi instrumenterne skulle skånes, og ca. 10 år efter kunne Godtfred Skjerne kort efter sin tiltrædelse som direktør for museet spørge vedr. instrumenterne, om man skulle "søge at bevare dem i den gamle historiske, men ofte haardt medtagne Tilstand, eller om vi skal restaurere dem: søge at udbedre dem med nye Materialer".[81] Skjerne valgte tit den første mulighed.

Hammerich betegnede i sin tidsalder instrumenterne som "levende Genstande".[82] I et foredragsmanuskript fra ca. 1910 fortæller han engageret om museet, også set i forhold til verdens øvrige instrumentsamlinger. Han fokuserer meget på bevaringsmæssige spørgsmål og advarer mod fugt, varme og støv, ved at give dette gode råd: "Stil Instrum. dér, hvor De selv vilde stille Deres Seng." Han holder fast i holdningen fra museets indbydelsesskrivelse, når han fastslår, at instrumenterne "gennem Toner bringe Bud fra længst forsvundne Tider, deres forunderlige Kultur og aandelige Liv, ja med ét Slag sætte os ligesom midt ind i denne eller hin Tidsalder, vække vore Forestillinger, vor Fantasi, saa Billedet paa éngang bliver levende".

Han slutter med en klog opfordring til den private instrumententusiast: "Spil af og til paa Instrum., lad dem komme til Live igen, det er Livet for dem selv. Instrumenta amant Musicum". Han fulgte selv opfordringen i museets koncertvirksomhed.

English summary
From the first day of its existence the Historical Collection of Instruments (later Musikhistorisk Museum) wished to collect instruments which were to be heard. The director Angul Hammerich found it im-

portant to recreate thus the original sound of early music. In the article this idea is set off by a description of historical concerts and research in 19th century performance practice.

At the opening concerts in the Museum in February 1898 the instruments were in focus, and they were played on by distinguished Danish musicians, several of whom had no profound knowledge of the playing technique applying to the various instruments, however. The intention was largely to present curiosities and listen to their sound rather than making any attempt at authenticity regarding performance practice.

By and large, this was in keeping with foreign practice at the time, still the concerts had to face well-founded criticism from the Danish organologist Hortense Panum. At later Museum concerts up to about 1930 the curious was still in focus, presented by, among others Sven Scholander, Fr. Schnedler-Petersen and several female cembalists, among them Ina Lange.

Litteratur

Fra museets samlinger er anvendt scrapbøger med udklip og programmer, den gamle accessionsprotokol, museets udklipssamlinger og arkiv samt korrespondance.

Af generelle opslagsværker er anvendt *Die Musik in Geschichte und Gegenwart,* Kassel 1949-86, *Die Musik in Geschichte und Gegenwart,* 2. udgave, Sachteil 1-6, Kassel 1994-97, *The New Grove Dictionary of Music and Musicians,* London 1980, *Dansk Biografisk Leksikon,* 2. udgave, København 1933-44 samt *Dansk Biografisk Leksikon,* 3. udgave, København 1979-84.

Dieter Gutknecht:
Studien zur Geschichte der Aufführungspraxis Alter Musik. Ein Überblick vom Beginn des 19. Jahrhunderts bis zum Zweiten Weltkrieg, Köln 1993.

Angul Hammerich:
Musikhistorisk Museum. Beskrivende Illustreret Katalog, København 1909.

Harry Haskel:
The Early Music Revival. A History, London 1988.

Nicholas Kenyon (ed.):
Authenticity and Early Music. A Symposium, Oxford 1989.

Monika Lichtenfeld:
"Zur Geschichte, Idee und Ästhetik des historischen Konzerts", i: *Die Ausbreitung*

des Historismus über die Musik. Aufsätze und Diskussionen herausgegeben von Walter Wiora. (Studien zur Musikgeschichte des 19. Jahrhunderts 14), Regensburg 1969.

Erling Møldrup:
Guitaren. Et eksotisk instrument i den danske musik. Optegnelser om guitarens historie i Danmark indtil 1960, København 1997.

John B. Rutledge:
"Late 19th-century viol revivals", i *Early Music* 19/3, August 1991, s. 409-18.

Fr. Schnedler-Petersen:
Et Liv i Musik, København 1946.

Howard Schott:
"Wanda Landowska. A centenary appraisal", i *Early Music* 7/4, October 1979, s. 467-72.

Carl Thrane:
Cæciliaforeningen og dens Stifter. En Fremstilling i Anledning af Foreningens Halvhundredaarige Bestaaen. København 1901.

Noter

1. Udtalelse af Angul Hammerich på museets åbningsaften. Referat i *Nationaltidende* 1.2.1898 i artiklen "Gamle Musikinstrumenter. En historisk Udstilling". MMCCS, Scrapbog.

2. Paul Daehnes nekrolog i de Wits eget blad *Zeitschrift für Instrumentenbau* 46/7, 1.1.1926, s. 321-25, citat på s. 324.

3. Brev fra Angul Hammerich til Frederik Møller 5.11.1897. MMCCS, Museets korrespondance.

4. Charles Kjerulf: "Et Musæum i Vorden", i *Politiken* 25.10.1897. MMCCS, Scrapbog.

5. "Gamle Musikinstrumenter. En historisk Udstilling", i *Nationaltidende* 1.2.1898. MMCCS, Scrapbog.

6. Brev fra E. A. Weis til Angul Hammerich 11.1.1898. MMCCS, Museets korrespondance. Andreas (1815-1889) og Carl Mettus Weis (1809-1872) var henholdsvis far og farbror til E. A. Weis. De efterfølgende citater er fra dette brev.

7. Gustav Hetsch: "Den historiske Koncert", i *Nationaltidende* 6.2.1898. MMCCS, Scrapbog. Gustav Hetsch var fra 1892 til 1925 musikanmelder ved avisen sideløbende med Hammerich.

8. Jf. Lichtenfeld 1969, s. 47f.

9. Frederik Rungs viola d'amore blev erhvervet til museet i 1938 (MMCCS no. D 161). Om hans interesse for andre instrumenter, se note 57.

10. Jf. Lichtenfeld 1969, s. 47.

11. H. d'Ambl...: "Das historische Concert im königlichen Conservatorium zu Brüssel", i *Zeitschrift für Instrumentenbau* 5/16, 1.3.1885, s. 195-96.

12. Charles Kjerulf: "Et Musæum i Vorden", i *Politiken* 25.10.1897. MMCCS, Scrapbog.

13. Charles Kjerulf: "Musikinstrument-Samlingen", i *Politiken* 1.2.1898. MMCCS, Scrapbog.

14. Brev fra Franz Neruda til Angul Hammerich 30.12.1897. MMCCS, Museets korrespondance.

15. Brev fra Angul Hammerich til H.V. Schytte 4.2.1898. MMCCS, Museets korrespondance.

16. Indlagt programforslag i brev fra Angul Hammerich til Fr. Møller 23.1.1898. MMCCS, Museets korrespondance.

17. Brev fra Joachim Andersen til Angul Hammerich 12.2.1897. MMCCS, Museets korrespondance.

18. Brev fra Joachim Andersen til Angul Hammerich 8.1.1898. MMCCS, Museets korrespondance.

19. Brev fra Algot Lange til Angul Hammerich 27.12.1897. MMCCS, Museets korrespondance.

20. Gustav Hetsch: "Den historiske Koncert", i *Nationaltidende* 6.2.1898. Ifølge Nils Schiørring (S. A. E. Hagen): "August Winding", i *Dansk Biografisk Leksikon*, 2. udgave, bd. 26, København 1944, s. 69, optrådte han "om end sjældnere, offentligt til faa Maaneder før sin pludselige Død" i juni 1899.

21. Brev fra August Winding til Angul Hammerich 27.11.1897. MMCCS, Museets korrespondance.

22. Brev fra August Winding til Angul Hammerich 30.11.1897. MMCCS, Museets korrespondance. Museet erhvervede i 1902 Hartmanns taffelklaver bygget af

Andreas Marschall (MMCCS no. A 22), men der er ikke tale om det samme instrument. Winding har dog ikke haft svært ved at låne flygelet som følge af sine familiære forbindelser med Hartmann. Han var den gamle komponists svigersøn.

23. Charles Kjerulf: "Den historiske Koncert", i *Politiken* 6.2.1898. MMCCS, Scrapbog. Winding havde i 1897 nyudgivet dette værk.

24. "Weyses klaver" var et af de første instrumenter, samlingen erhvervede (MMCCS no. A 6), og med den fornemme proveniens måtte det figurere på dette første koncertprogram. Imidlertid fandt man senere ud af, at Weyse ikke havde ejet instrumentet, og af denne og andre grunde blev taffelklaveret udskilt af samlingerne i 1907.

25. Cembaloet var udlånt af Lensgreve Raben-Levetzau fra Aalholm og blev i 1932 givet til museet (MMCCS no. A 48). Det er i dag et af klenodierne i samlingen.

26. Charles Kjerulf: "Musikinstrument-Samlingen", i *Politiken* 1.2.1898 om den særlige åbningsaften. MMCCS, Scrapbog.

27. I Hammerich 1909 har det nr. J 27, foræret af Angul Hammerich selv. Tabulaturet er også i dag efterspurgt, dog mest i forbindelse med det instrument, det oprindelig er tiltænkt, hakkebrættet. Dele af bogen er i 1974 udgivet af Karl-Heinz Schickhaus: *14 Solostücke aus der Kopenhagener Hackbrett-Tabulatur von 1753*. Preissler, München.

28. Brev fra Angul Hammerich til Fr. Møller 23.1.1898. MMCCS, Museets korrespondance.

29. Brev fra Louis van Waefelghem til Angul Hammerich 5.11.1898, Det kongelige Bibliotek, NKS 4980, 4°. Senere indlemmede Ludolf Nielsen et stykke af Waefelghem på sit repertoire. Ved en lille artikel "Literatur für die Viola d'amour," i *Zeitschrift für Instrumentenbau* 16/2, 11.10.1895, s. 35 kunne Hammerich have fået yderligere titler for instrumentet, men de dér nævnte stykker ser ikke ud til at have figureret på museets koncertprogrammer, hverken hos Fr. Rung eller Ludolf Nielsen.

30. "Gamle Musikinstrumenter. En historisk Udstilling", i *Nationaltidende* 1.2.1898. MMCCS, Scrapbog.

31. "Musæum for gamle Musik-Instrumenter", i *Socialdemokraten* 22.1.1898. MMCCS, Scrapbog.

32. Jf. Gutknecht 1993, s. 184.

33. Jf. Gutknecht 1993, s. 184.

34. *Morgenbladet*, Oslo, 11.2.1898. MMCCS, Scrapbog.

35. *Dannebrog* 13.5.1897. MMCCS, Scrapbog.

36. Hortense Panum: "Historiske og uhistoriske Instrumenter ved en "historisk" Koncert", i *Dannebrog* 9.2.1898. MMCCS, Scrapbog. Citaterne i de to følgende afsnit er ligeledes fra denne artikel.

37. Howard Mayer Brown: "Pedantry or Liberation? A Sketch of the Historical Performance Movement", i *Authenticity and Early Music. A Symposium*, Nicholas Kenyon (ed.), Oxford 1988, s. 34.

38. Hortense Panum: *Opus cit.* (se note 36).

39. Angul Hammerich: "Den historiske Koncert", i *Dannebrog* 11.2.1898. MMCCS, Scrapbog. Alle de følgende citater i dette afsnit stammer herfra.

40. Hortense Panum: "Den historiske Koncert", i *Dannebrog* 14.2.1898. MMCCS, Scrapbog. Alle de følgende citater i dette afsnit stammer herfra.

41. Brev fra Angul Hammerich til H.V. Schytte 16.2.1898. MMCCS, Museets korrespondance.

42. Brev fra Rudolph Bergh, Napoli 13.2.1898 til Hortense Panum. MMCCS, Hortense Panums arkiv.

43. Brev fra Carl Nielsen til Hortense Panum 21.2.1898. MMCCS, Hortense Panums arkiv.

44. Kort fra Ina Lange til Hortense Panum, poststemplet dato 11.2.1898. MMCCS, Hortense Panums arkiv.

45. Brev fra Will. Behrend til Angul Hammerich 3.2.1898. Det kongelige Bibliotek, NKS 4980, 4°. Også det efterfølgende citat er fra dette brev.

46. Charles Kjerulf: "Musikinstrument-Samlingen", i *Politiken* 1.2.1898 om åbningsaftenen. MMCCS, Scrapbog.

47. Ukendt avis 31.1.1898. MMCCS, Scrapbog.

48. Anmelderen Sophus Andersen: "Gamle Instrumenter", i *København* 1.2.1898. MMCCS, Scrapbog.

49. I Hammerichs eksemplar af *Monatshefte für Musik-Geschichte* 37/2, 1905, s. 31 i en notits om deres koncerter (nu på MMCCS) har han rettet en trykfejl.

50. "Musikhistorisk Museum i sin nye Ramme", i *Berlingske Tidende* 12.9.1926. MMCCS, Scrapbog.

51. Hendes far, lægen Peder Ludvig Panum, arbejdede her som professor ved Universitetet.

52. Louis Glass' Musikkonservatorium, C. E. F. Hornemans Musikkonservatorium og det nuværende Kgl. Danske Musikkonservatorium.

53. *Musikbladet* 1891, s. 5-6.

54. Program fra "Historisk Concert. Afslutning på musikhistoriske Foredrag holdte i Vinteren 1887" samt samme tekst fra 1889. Indbunden programsamling fra V. Trier, mærket *Koncertprogrammer m.m. af bl. Indhold 1880-1900*. MMCCS.

55. Jf. Møldrup 1997, s. 213.

56. Se Hans Kaarsbergs udtalelser om guitaren i en anmeldelse af Eggers' guitarudgivelser (*Politiken* 1.10.1898, jf. Møldrup 1997, s. 177), hvor han netop påpeger det manglende solospil i denne periode, som et ordentligt mandfolk let kunne gøre sig latterlig med.

57. Frederik Rung havde en såkaldt Patent-Harpe-Guitar, bygget af den danske instrumentbygger Emilius N. Scheer, som han havde fået af Johanne Luise Heiberg (jf. Thrane 1901, s. 180-81 og Møldrup 1997, s. 97-107, begge med illustration). Instrumentet blev erhvervet til Musikhistorisk Museum i 1938 (MMCCS no. C 133).

58. Brev fra Helga Thiess til Angul Hammerich 15.5.1902. MMCCS, Museets korrespondance.

59. Gerhardt Lynge: *Danske Komponister i det 20. Aarhundredes Begyndelse.* Århus-København-Kristiania 1917, s. 94.

60. Sven Lunn: "Siegfried Salomon", i *Dansk Biografisk Leksikon,* 2. udgave, bd. 20, København 1941, s. 515.

61. Note i programmet fra den historiske koncert 1.12.1911. MMCCS, Scrapbog med programmer. S. A. E. Hagen var en af landets kyndigste musikhistorikere på det ældre danske stof og medunderskriver på opråbet om en musikhistorisk samling.

62. Når man i dag kender den store, interessante Rischel og Birket-Smith samling af guitarmusik på Det Kgl. Bibliotek (se Jytte Torpp Larsson and Peter Danner: *Catalogue of the Rischel and Birket-Smith Collection of Guitar Music in The Royal Library of Copenhagen.* Columbus, OH 1989) undrer man sig over, at trioen ikke spillede værker herfra. Rischel døde imidlertid først i 1939, og de to samlinger var endnu ikke slået sammen. Det er derfor svært nøjagtigt at sige, hvor mange noder Birket-Smith i realiteten havde omkring 1910. Se herom i Jytte Torpp Larsson: "Rischel's og Birket-Smith's nodesamlinger i Det

kongelige Biblioteks Musikafdeling", i *Magasin fra Det kongelige Bibliotek*, 5/1 1990, s. 57-70.

63. Charles Kjerulf: "Koncerter. Musikhistorisk Museum", i *Politiken* 3.3.1912. MMCCS, Scrapbog.

64. Jf. Schnedler-Petersen 1946, s. 152.

65. Jf. Schnedler-Petersen 1946, s. 153.

66. Jf. Schnedler-Petersen 1946, s. 44.

67. Hammerich 1909, s. 87. K. P. Leffler: Om *Nyckelharpospelet på Skansen*, Stockholm 1899 med billeder af Johan Edlund og en nodedel med Edlunds repertoire. Derudover har han nok kunnet få kommentarer fra Carl Claudius, som havde stærke forbindelser til Sverige, og som i 1907 havde udgivet artiklen "Die schwedische Nyckelharpa", i *Bericht der Kongress der Internationalen Musikgesellschaft zu Basel 1906*. Leipzig 1907, s. 242-45.

68. Brev fra svenskeren David Blomqvist til Hortense Panum 21.12.1917: "Tänk att det gick att få någon att traktera nyckelharpan därnere i Köpenhamn. Eders önskan om hjälp med anskaffande av en nyckelharpa åt Schnedler-Petersen skall jag med nöje tillmötesgå och skriver till Bolin att han söker få en i Tierp och sänder den till Eder – kanske detta blir lämpligast.". MMCCS, Hortense Panums arkiv. Schnedler-Petersens instrument erhvervedes af museet i 1938 (MMCCS no. D 162).

69. "Koncerter. Historisk Koncert", i *Politiken* 3.2.1912. MMCCS, Scrapbog.

70. Jf. Schnedler-Petersen 1946, s. 155.

71. *Piano quatuor* er et tasteinstrument, med én streng pr. tone, der sættes i svingning ved hjælp af en roterende træcylinder med papmache, gnedet med harpiks. *Adiaphonen* er ligeledes et tasteinstrument, hvor hamrene anslår en række stemmegafler.

72. Citat fra programmet for "Historisk Koncert" 16.11.1916. MMCCS, Scrapbog med programmer.

73. "Det kgl. Cantoris Stemmebøger A.D. 1541", i *Aarbog for Musik* 1923, s. 24-40.

74. Billedartikel: "Gamle Instrumenter vækkes til Live", i *Radiolytteren* 5.6.1932, s. 11. MMCCS, Scrapbog.

75. "Jydepeters erindringer", udgivet af Sigurd Berg i *Dansk Musik Tidsskrift,* 25/4, 1950, s. 70-76. Citatet fra s. 76. Manuskriptet til erindringerne befinder sig på museet.

76. Brev fra Angul Hammerich til Carl Skjerne 27.10.1908. Det Kgl. Bibliotek, NKS 2491, 2°.

77. Brev fra Angul Hammerich til Fr. Lassen Landorph 4.1.1906. Det Kgl. Bibliotek, NKS 4912, 4°, I.

78. "Koncerter", i *Nationaltidende* 15.3.1914. MMCCS, Scrapbog.

79. Se bl.a. Dieter Gutknecht: "Aufführungspraxis", i *Die Musik in Geschichte und Gegenwart*, 2. udgave, Sachteil Bd. 1, sp. 957.

80. Tidsskriftet *Musical Times* om koncerter med historiske instrumenter fra Bruxelles-konservatoriet, der blev præsenteret ved en stor udstilling i South Kensington i 1885. Jf. Haskel 1988, s. 28.

81. -koh.: "Transmission fra Musikhistorisk Museum", i *Arbejder-Radio* 5.6.1932. MMCCS, Scrapbog.

82. Foredragsmanuskript betegnet *Musikinstrumenter som Museumsgenstande*, 4 s. MMCCS, Hammerichs arkiv, kasse 41. De følgende citater i dette afsnit har samme kilde.

Peter Andreas Kjeldsberg

Med fødselshjelp fra Danmark

Ringve Museum i Trondheim

Da Ringve Museum den 1. januar 1995 ble utpekt av kulturdepartementet til å være Norges nasjonale museum for musikkinstrumenter, var et stort fremtidsrettet mål oppnådd. Det var fremtidsrettet fordi det faktisk i stiftelsens første statutter sto at daværende eier konsul Christian Anker Bachke med samtykke fra sin hustru Victoria gjennom et gavebrev hadde skjenket gården til *Nationalmonument og historisk Museum*.[1] Dette var i 1942, og ti år senere var musikkhistorisk museum på Ringve en realitet. Som førtifem-åring er museet yngst i klassen av nordiske søstre, men allikevel gammelt nok til å se seg tilbake.

Årene omkring etableringen av museet er fylt av episoder som til sammen danner et bilde av den ambisiøse, utålmodige og meget fargesterke Ringve Museums skaper, Victoria Bachke, og en sann hærskare av hjelpere og kontakter som velvillig – men ikke alltid frivillig – noen ganger motvillig – bidro til oppbyggingen av samlingen. I dette bildet sees kontakten med Danmark, danske instrumentforhandlere, instrumentbyggere og organologer knyttet til Musikhistorisk Museum og til Carl Claudius' Samling tydelig. Det var en fødselshjelp til å bringe frem det som skulle bli Norges eneste spesialmuseum for musikkinstrumenter.

Historien forteller at meldingen om Victoria Bachkes ankomst til København alltid gikk som en løpeild på forhånd fra dør til dør hos antikvitetshandlere og instrumenteiere og at hun den dag idag blir husket omtalt som en "*skrap Gimpe*".

Det er lett for en etterkommer, full av etterpåklokskap, formell utdannelse, med bred erfaring og stor kontakt med kolleger fra hele verden og dessuten med et departement i ryggen å trekke overbærende på smilebåndet av Victoria Bachke når hun omtaler de instrumenter hun bringer til samlingen. Hun var eksempel på de personlighetsfenomen historien heldigvis har gitt oss en del av – med en entusiasme og tro på sitt eget arbeide som etterhvert skulle resultere i dannelsen av betydelige samlinger og museer. Idag er det med respekt og beundring dette bildet kan tegnes av Victoria Bachke, en kvinne fylt av de kontraster som sikkert var forutsetningen for det strevsomme arbeidet hun utførte for Norge. *Hvordan får De penger til alt dette?* spør en intervjuer i Morgenbladet. *Jeg tigger,* var svaret. *Jeg er en heks , skal jeg si Dem. Hadde jeg levet for tre hundre år siden, ville jeg blitt brent på bålet.*[2]

Lenge var da også motstanden og misbilligelsen til Victoria Bachkes arbeide ganske sterk. Den kom typisk nok ikke til uttrykk offentlig, men gjennom mange muntlige utsagn og brev, basert på en slags skrekkblandet forundring og misunnelse, kanskje også med litt frykt for denne innvandrete fugl som hun var i et noe snevert etterkrigs-preget Trondhjemsk borgerskap. Hun var født i Russland den 7. juli 1897, men forlot landet allerede i 1914, angivelig for å få medisinsk hjelp for tuberkulose i Sveits. Til Trondheim kom hun første gang i 1917 og ble gift med Christian Anker Bachke tre år senere. Under 2. verdenskrig var Ringve gård okkupert av tyske militære. Korrespondansen mellom Christian og Victoria Bachke og tyske militære myndigheter viser at dette skjedde gjennom forhandlinger og avtaler som ble gjort med utgangspunkt i eiernes store ønske om å redde eiendommen og husene unna for store ødeleggelser. Av brevene fremgår det at også her benyttet Victoria Bachke en overtalelseskraft og ikke liten listighet som gjorde at det bare i mindre grad ble gjort inngrep på hus og omgivelser. Men ryktene i Trondheim gikk hårdnakket, og det er liten tvil om at ekteparet Bachke led under folkesnakket lenge etter krigen.[3]

Det var under krigen at grunnlaget for Ringve Museum ble lagt. Christian Anker Bachke kunngjorde på 70-årsdagen den 1. februar 1942 gjennom sitt testamente at gårdens jordeiendommer og bygninger gjeldfritt skulle tilfalle stiftelsen Ringve Museum. Fra den gang stammer også museets første statutter som ble vedtatt og samtidig overlatelsen av en kontantsum på kr. 50.000 som ble stilt til museets disposisjon. Det skulle forøvrig opprettes to museer, ett til minne om Tordenskiold og ett for musikkhistorie. Ringve gård tilhørte Tordenskiolds foreldre, Maren og Jan Wessel, og den unge Peter tilbragte meget av sin barndom der inntil han som 14-åring i 1704 dro til kongens København og begynte sin karriere.

På en underlig måte skulle begge museene få en tilknytning til Danmark, Tordenskiold naturligvis på grunn av sin karriere og liv som han tilbragte det meste av i Danmark, og det musikkhistoriske museum fordi Danmark og Victoria Bachkes kontakter der var vesentlig for etableringen av samlingen.

I Politiken den 27. april 1953 var det et større intervju med Victoria Bachke i forbindelse med en av hennes mange samlerferder i Købehavn: *Fruen samler baade paa Tordenskjold og Chopin. Norsk dame paa skattejagt i København til sit store privat-museum i Norge.* Det henvises til et intervju med henne i samme avis fra 1951 da hun samlet inn gjenstander til Tordenskioldmuseet, men denne gang forteller hun hovedsaklig om musikkinstrumentene og museet som åpnet 11. oktober 1952. Jakten på instrumenter til samlingen pågår kontinuerlig: *Hun er paa vej hjem fra en maanedlang rejse til Rom og Paris, hvor hun har været paa ivrig jagt efter historiske musikinstrumenter. – Hvad har De fundet i København? – Mange dejlige ting, bl a en norsk Hardanger-cello som laa temmelig upaaagtet i en antikvitetshandel i Mikkel Bryggersgade, en Viola d'amore fra en butik paa Strøget og en sjælden gammel kinesisk citer. I Danmark har jeg ogsaa fundet et saakaldt bibelorgel. Næst efter Paris er København den by, der har bragt mig de bedste fund, og den danske hovedstad er mig altid en vidunderlig inspirationskilde. Jeg er i stor taknemmelighedsgæld til museumsdirektør G. Skjerne, hvis hjælpsomhed og erfaring har været mig til uvurderlig nytte.*[4] Selv er hun avbildet i den nevnte antikvitetshandler i Mikkel Bryggers Gade med en harpe og et ark med koralnoteskrift (fig. 1).

Fig. 1. Victoria Bachke fotografert hos antikvitetshandler Paul Tage Hansen i 1953. *Politiken* 24.4.1953, ukjent fotograf. *Victoria Bachke, photo taken at Paul Tage Hansen's antique shop in 1953.* Politiken *24.4. 1953, unknown photographer.*

Omkring en måned senere kom en artikkel om Victoria Bachke i Aftenbladet: *Paa jagt i København efter musikalske skatte. Sjældne instrumenter hjemføres til museum i Tordenskjolds barndomshjem, der repræsenterer millionværdier. Med mellomrom kan man i den indre by i antikvitetskvarteret træffe en meget interesseret norsk dame, der er på jagt efter sjældne musikinstrumenter. Det er kun de udsøgte ting, hun støver op, og har hun haft en heldig dag, stråler hun som en lille sol over sine fund, der omhyggeligt bliver pakket ned og hjemført til herresædet Ringve ved Trondheim. Her får de deres fremtidige hjemsted i en ramme, der er enestående i Norden.* Artikkelen bygger i stor grad på intervjuet i Politiken, men er illustrert med bilder fra museets utstilling. I tillegg til de nevnte instrumenter nevnes også at ....*der er kommet to instrumenter fra dramatikeren, professor Sven Clausens hjem.* Aftenbladet synes også å være fornøyd med fru Bachkes omdømme om København som dog ....*må nøjes med andenpladsen efter Paris som leverandør* [til museet], *hvad ingen behøver at skamme sig over.*[5]

Hvor henrykt fru Bachkes leverandører i København var over hennes besøk ble en helt annen sak. I arkivene til Ringve Museum og Musikhistorisk Museum og Carl Claudius' Samling er der en ganske fargerik korrespondanse mellom Victoria Bachke og noen av de nevnte danske leverandører.

Den omtalte antikvitetshandler i Mikkel Bryggers Gade er Paul Tage Hansen som allerede våren 1951 ble oppsøkt av fru Bachke. Hun kjøpte den gang åtte instrumenter av ham: cello dekorert i hardingfelstil, signert Erik Johnsen Helland, Bø (Telemark) 186?, RMT 97 (fig. 2); muyu, kinesisk splitt-tromme RMT 378; biwa, japansk lutt, RMT 431; javanesisk gong RMT 430; harpe, Irland (?) 19. årh. RMT 100; pedalharpe signert Cousineau, rue des Pouilles, Paris 2. halvp. 18. årh. RMT 39; dukke m. sekkepipe, Frankrike 19. årh. RMT 571.

Av disse kom resten av korrespondansen til å dreie seg om oppgjør for Cousineau-harpen, hvis signatur, som forøvrig ikke nevnes i korrespondansen, knytter den til en av de fornemste franske harpebygger-dynastier på siste del av 1700-tallet. For disse instrumentene hadde fru Bachke prutet prisen ned fra kr. 1.765 til kr. 1.350, – Cousineau-harpen fra 600 til 450. Imidlertid oppdager hun etterat instrumentene er ankommet Ringve at harpen etter hennes mening er verdiløs for museet da den ikke lar seg reparere, og derfor ikke verdt det han forlangte. Tage Hansen tilbyr den for 50 kroner mindre. Det er fra dette tidspunkt at brevene antar en skarpere – om enn stadig galant – form. Fru Bachke fastholder at harpen ikke har noen interesse for hennes museum og karakteriserer den som et vrak! *Egentlig burde jeg returnere harpen til Dem uten videre. Likevel*

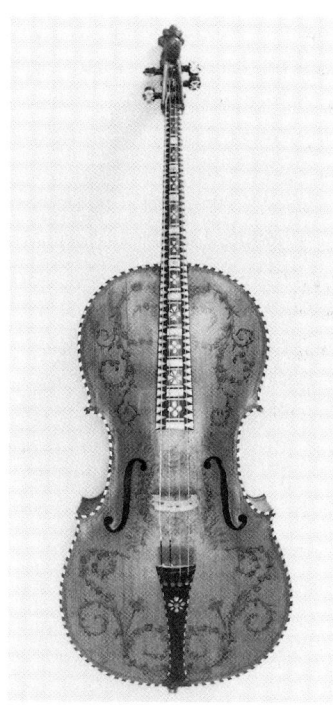

Fig. 2. Cello dekorert i hardingfelestil, signert Erik Johnsen [Helland], Bø i Telemark 186?. Instrumentet tilhører en strykekvartett, dekorert i samme stil, antagelig laget på bestilling (RMT 97). Kjøpt hos Paul Tage Hansen i 1951. *Violoncello decorated in hardingfele style, signed by Erik Johnsen [Helland], Bø in Telemark 186?. The instrument is one of a string quartet, decorated in the same style, probably made to order (RMT no. 97). Bought at Paul Tage Hansen's in 1951. Photo: Ringve Museum.*

tilbyr jeg kr. 200 for den for å bli endelig ferdig med saken......Dersom De ikke godtar dette tilbudet, vil harpen bli returnert. Den har ingen verdi for museet.[6]

Tage Hansen kan ikke akseptere dette tilbudet, og bringer inn nye opplysninger som viser fru Bachkes kontakt direkte med Musikhistorisk Museum: *Naar De skriver at Harpen er værdiløs, saa maa jeg sige, at jeg tror, det vilde bedrøve Herr Museumsdirektør Skjerne at høre, at De har saa ringe Tanker om hans Forstand paa gamle Instrumenter, da han jo som Deres Raadgiver ikke fraraadede Dem at købe den, da han besaa den sammen med Dem, ved hvilken Lejlighed jeg forlangte 600 kr. Herr Skjerne vilde næppe have anbefalet Dem Købet, hvis der havde været saa mørkt i Lokalet, at han ikke havde set Harpen tilstrækkeligt.* Tage Hansen tilføyer også at han har forelagt saken for sin juridiske rådgiver.[7]

Godtfred Skjerne (1880 – 1955) var ved det tidspunkt både direktør for Musikhistorisk Museum og leder for Carl Claudius' musikhistoriske Samling i Carit Etlarsvej der han også bodde sammen med sin hustru Edith.[8] Sistnevnte var en nær venninne av Victoria Bachke, meget nærmere og mer fortrolig enn det forhold hun hadde til Godtfred Skjerne som åpenbart var mer formelt forretningsmessig.

Samme dag, den 8. oktober 1951 som hun i brev til Tage Hansen fastholder sitt siste tilbud på harpen og minner om at det også i Norge finnes advokater, skriver Victoria Bachke til Godtfred Skjerne hvor hun uttrykker forbauselse over at Tage Hansen har trukket inn Skjernes navn i uoverensstemmelsen mellom dem. *Den ene av harpene som jeg har tenkt å kjøpe av ham, viste seg ved nærmere ettersyn å være så defekt at den ikke kan repareres og at den derfor må betegnes som verdiløs......Jeg er takknemlig for å få vite hvordan De ser på denne saken, da De vet at jeg setter stor pris på Deres råd.* Hun håper at det skal lykkes henne å foreta høytidelig åpning av museet til våren *og da håper jeg endelig at det vil passe for dere begge å motta min innbydelse.*⁹

Etter tre ukers betenkningstid og gjennomgang med Tage Hansen svarer Skjerne og minner fru Bachke om at hun jo allerede fikk et *klækkeligt Afslag* fra den opprinnelige prisen. *Forøvrigt var jeg selv ikke begejstret for nogen af Harperne* [det var også en mindre s.k. irsk harpe med i kjøpet] *af hvilke De selv synes at være tilfreds med den ene. Forøvrigt er det alltid en Fare at købe ind en bloc uden meget nøie Undersøgelser av hver enkelt Genstand, ikke mindst da det vrimler med Forfalskninger, som kræver ikke blot stor Sagkundskab (f. eks. Cembalo o. lign) men ogsaa undertiden Undersøgelser med særlige Midler......hvis Rammen er intakt, er Reparation altid mulig. Som Sagen ligger....synes jeg ikke, der er stærke Grunde for en Strid om de 200 kr., da det let kommer til at se ud som endu et Forsøg paa at presse Prisen. Og husk, at De endnu er Begynder — maaske endda en meget egenraadig omend elskværdig Begynder — og paa den Baggrund vil Lærepenge næppe helt kunne undgaaes. Jeg er stadig spændt paa, hvorledes det nye Museum kommer til at se ud. Ikke mindst, fordi det jo ikke er gjort med Penge alene at skabe et nyt Museum i denne Branche....* Noen viktige private kommentarer kommer helt til slutt for å forklare at brevet var forsinket for *....her er vi inde i en hektisk Periode af Museumskonserter og Foranstaltninger af enhver Art, der kræver hvert Minut paa døgnet, og uden Edith vilde jeg næppe kunne overkomme det..... Deres hengivne....*¹⁰

Dette ble nok i sterkeste laget for fru Bachke som følte seg satt unødig på plass: *Det brev jeg nylig har mottatt fra Dem både forbauset meg og såret meg.....Så fristende det kunne være å komme nærmere inn på Deres fornærmende måte å uttrykke Dem på, vil jeg alikevel avstå fra det.* Hun argumenterer kraftig om de avslag som er gjort og at avslaget gjaldt hvert instrument for seg og ikke en slumpsum for det hele. Videre beskriver hun interessant nok det som var et slags program og formål for hennes arbeide med etableringen av et musikkhistorisk museum på Ringve som var *....å bygge opp en samling musikalia både til å vise musikkens og musikkinstrumentenes utvikling gjennem de svundne epoker frem til vår tid, og til å være et stykke le-*

vende musikkliv. Med dette som utgangspunkt skriver hun videre at *....den omskrevne harpe kan ikke tjene noen av disse to formål. Dersom De hadde sett nøye på den, ville De uten tvil ha kommet til det resultat at reparation ikke er mulig for å gjøre den brukbar til koncert-instrument.....Til tross herfor har jeg budt Tage Hansen kr. 200,- som mindelig oppgjør for å få saken ut av verden......Efter dette vil De sikkert forstå når jeg helst ønsker at De i denne saken ikke mer gjør Dem uleilighet og skaffer Dem ubehageligheter med å opptrede som mellemman mellem Tage Hansen og meg.*

Og så et stadig tilbakevendende, men helt relevant hjertesukk til slutt om at *....jeg under Dem av hjertet den støtte og inspiration Deres elskede Edith gir Dem i Deres arbeide. Tenk, om jeg også i MITT arbeide kunne hatt en tilsvarende inspirationskilde og noen til å rådføre meg med. Støtt må jeg treffe mine avgjørelser på egen hånd.*[11]

Fru Bachke hadde altså den overbevisning at så mange som mulig av de instrumenter hun ervervet til sin samling skulle være spillbare eller mulig å gjøre spillbare. Dette er holdninger som vi i dag selvsagt ikke lenger forsvarer. Meget av den måten fru Bachke argumenterer på i sine brever og det som kom til å bli Ringve Museums motto, nemlig "det levende museum" er fundert på den romantiske tanke om en institusjon for folkeopplysning der formidling var det primære og at bevaring skjedde gjennom bruk, mens vitenskapelig arbeide – i alle fall i etableringsfasen – var et sekundært fenomen.

Dette program og disse holdninger skiller seg på den måten ikke vesentlig fra den beskrivelse som gies i pressemeldingen om opprettelsen av en samling musikkinstrumenter i København i mai 1897: *Vor hidtil saa temmelig forsømte Kundskab om Instrumenternes Udvikling vil derved kunne formeres, ved at høre disse Instrumenter ville vi kunne danne os en Forestilling om, hvorledes de gamle Mestres Musik i Virkeligheden har lydt og sætte os ind i svundne Tiders Kultur.* Leserne blir anmodet om å overlate instrumenter som gave eller lån til samlingen. *Vi skulle da sørge for, at Instrumenterne saavidt muligt blive satte i brugelig Stand, saaledes som de oprindelig have været.*[12]

Victoria Bachke kom stadig tilbake til det faktum at hun alltid var alene om alle avgjørelser og unnlater aldri å påpeke dette i ulike sammenheng som også i svaret til Skjerne. Mengder av instrumenter kom som gaver til museet, og hennes overtalelses-talent var det ingen som kunne måle seg med. Når det gjaldt den museale siden av driften, ønsket hun vel egentlig ingen innblanding. Det ble ikke foretatt noen form for registrering eller katalogisering så lenge hun levde, hun hadde sine egne versjoner av historiene omkring ervervelsen av de ulike gjenstander og spant et stadig tettere nett av upresise opplysninger over fakta om instrumentene. Å lage en katalog over samlingen var for prosaisk, ifølge hennes egen karakteristikk. Ble hun konfrontert med en signatur eller årstall i et instrument, mente hun det ikke var noe å ta hensyn til: .....*det er sikkert meget eldre.*

Først etter hennes død i november 1963 begynte et møysommelig arbeide med gjennomgang av brev, notater og dagbøker. I dette materialet avdekkes selvsagt også mange menneskelige aspekter. Den omtalte korrespondansen mellom Victoria Bachke og Tage Hansen stilnet bråtte etter brev-vekslingen med Godtfred Skjerne. Men 4. januar 1952 innså Tage Hansen – med høflig elskverdighet – at slaget var tapt: *Jeg vil nu ikke ærgre mig mere over Deres Urimelighed, men beder Dem sende mig de 200 Kr De foreslaar, hvis De ikke i Mellemtiden er kommet i Tanke om at sende mig mere. Skulde jeg ved Lejlighed se en smuk og velkonserveret Harpe, vil jeg straks tænke paa Dem.*[13]

Et raskt svar med vedlagt sjekk fulgte fra fru Bachke: ....*har jeg den fornøyelse av å sende Dem i dag hermed en chèque på kr. 200 for den omskrevne harpe. Og dermed er vi da endelig ferdig med vårt oppgjør for denne gangen.* Hun takker for hans sluttbemerkning og ber om at ....*De ikke bare tænker på meg, men også vil være snild å underrette meg om den!*[14]

En annen kontakt i Danmark som Victoria Bachke kom til å pleie, i alle fall de første seks – åtte år av museets historie etter åpningen i 1952 var E. Steenstrup Harmoniumfabrik – Klaver & Flygler – Pianola-Magasin i Mynstervej 13, København V. Dette var etterfølger etter den første danske harmoniumfabrikk Petersen & Steenstrup som startet sin virksomhet i 1884.[15]

Den første henvendelse ble sendt fra Steenstrup den 19. april 1952 til *Fru konsulinde Victoria Anker Bachke* [hennes avdøde mann Christian tok Anker som mellomnavn etter sin mor og var belgisk konsul i Trondheim]: *Da jeg erfarer, at De er interesseret i køb af gamle instrumenter, skal jeg herved tilbyde Dem: et gammelt, velholdt bogorgel i eg 3 1/2 oktav (c – f), trykluft.....Man har mage til orgel paa vort Musikhistoriske Museum her i byen. Prisen er d. kr. 200,- fritt pakket og leveret paa bane eller damper excl. fragtomkostninger. Med højagtelse....*[16]

Dette er en av de få ganger fru Bachke aksepterte tilbud uten pruting ....*Det er imidlertid en forutsetning fra min side, – at instrumentet er i spillbar stand......Med det samme må jeg få lov til å nevne noe annet som ligger meg på hjertet. Jeg er interessert i å få tak i, til mitt musikkhistoriske museum – en Cembalo eller spinett, antikke og i spillbar stand. Dersom De kan gi meg tilbud på en sådan snarest mulig (med foto) kan jeg søke lisens herfor samtidig med bokorgelet......P.S. Det interesserer meg å høre hvem som har anbefalt Dem Ringve Musikkhistoriske Museum.*[17] Det tar en måned før Steenstrup svarer, – *jeg har bestræbt mig for at finde et Cembalo og et Spinet, men det er hidtil ikke lykkedes mig......Da min far og senere jeg selv har haft stor tilknytning til vort Musikhistoriske Museum, saa var det her, jeg fik oplyst, at De var interesseret i gamle instrumenter....*[18]

Som ved alle utenlandske kjøp på denne tiden følger så en omstendelig prosess med å få lisens for valuta som skal overføres og først i begynnelsen av juli er kjøpet i orden og instrumentet avsendt fra København. Dette var begynnelsen på en ganske omfattende korrespondanse som i noen tilfeller også resulterer i kjøp. Hele tiden er det nå en diskusjon om prisen, at denne enten må ned eller at den inkluderer emballasje og/eller transport. I de fleste tilfeller har ikke Steenstrup en sjanse. Men også han ser mulighetene, og i et brev av 15. november 1957 tilbyr han et harmonium av J. Jacobsen i Haderslev, et sjeldent instrument *....som jeg aldri har set magen til. Der findes ikke et lignende paa vort musikhistoriske musæum her, og da vi nu er kommet i saa god forretningsforbindelse, vil jeg først tilbyde Dem det, idet jeg forstaar, at De sikkert vil have stor interesse i at erhverve en saadan sjældenhed. Prisen er d kr. 450 incl. pakning i tremmekasse og transport til jernbanen.*[19]

Fru Bachke er tydeligvis litt smigret over et slikt tilbud, men kan ikke gi mer enn kr. 375,- hvilket Steenstrup motvillig aksepterer. Senere i korrespondansen er det bl a diskusjon om i alt 12 bøker som han har sendt henne til gjennomsyn, bl a Mahillon's viktige Catalogue Descriptive & Analytique fra 1893 o. a. som han tilbyr henne tilsammen for kr. 100,- men som hun mener hun ikke kan betale noe for *....da de er sterkt foreldet. Derfor tillater jeg å spørre Dem, kjære Herr Steenstrup, om De kan tenke Dem å forære disse til museet, i håp om fortsatt stor og behagelig handel og samarbeide med Dem fremover....*[20] Steenstrup resignerer med å slå av til halve beløpet, – som han imidlertid ennå etter fire måneder tydeligvis ikke har mottatt. Etter denne hans siste purring datert 31. mai 1958 opphører tydeligvis kontakten, – og også den *store og behagelige handel og samarbeide*. Om noe endelig oppgjør fant sted, vites ikke.

Det var etter hvert en rekke kontakter i København der fru Bachke ervervet gjenstander til museet:

1951
Johs. Møller, Guitar- Mandolinbygger, Studiestrædet 41: gitar tilskrevet Antonio Vinaccia, Napoli omkr. 1790. RMT 326 (pl. IV).

Emil Hjorth & Sønner, Violinbyggere, Frederiksberggade 12:
Viola d'amore RMT 337.
Otto Møller, Gamle Kongevej 135: kinesisk strengeinstrument (ikke identifisert)

1953
Richard Jensen, Aaboulevarden 21: Missale (1706) og div. programmer.
(Etter anbefaling fra Godtfred Skjerne)
Forfatteren Sven Clausen: noen instrumenter (ikke identifiserte)

1954
Julie og Edvard Rosen, Nørre Voldgt. 46: Xylofon RMT 596.

Ved siden av disse alle kontakter var det fra før Ringve Museum ble etablert en langvarig forbindelse mellom Victoria Bachke og Edith Skjerne (1908 – 1967) som var gift med den tidligere omtalte Godtfred Skjerne. Lange og tildels ganske intime brev vitner om at dette var et nært venninne-forhold. Da Skjerne døde den 3. mai 1955, kom Edith som enke i den samme posisjon som Victoria og dette bragte dem tydelig sammen, noe som førte til gjensidige besøk og utveksling av personlige erfaringer. For Edith Skjerne førte hennes manns død åpenbart til en sterk degradering i sosial posisjon, hun mer enn antyder i brevene at både Skjerne før sin død, men også hun er offer for misunnelse og baksnakkelse.[21] Økonomien ble problematisk, noe hun forsøker å avhjelpe med å selge kunstgjenstander og bøker. Hun tilbyr endel musikkinstrumenter til fru Bachke fra den private samling etter Skjerne, ...*jeg vedlægger en Liste, for er det noget for dig, vil jeg hellere sælge til dig – de* [Musikhistorisk Museum] *vil give mig 900 kr. for dem, det er jo ikke meget, jeg har forløbig sagt jeg vilde tænke over det.....Saa er der endelig – mellem os – du husker S paa Loftet. Den har jeg gemt....* Dessverre er den omtalte liste over instrumentene ikke bevart og det har derfor i ettertid ikke vært mulig å identifisere hvilke instrumenter det dreide seg om siden bare svært lite fremgår av den senere korrespondanse. Blant instrumentene var ....*en clarinet (Godtfreds egen) og en kopi av en gammel Violin.*[22] Forøvrig kjenner vi igjen den unnagjemte S på loftet. *Slangeinstrumentet* som fru Bachke kaller det i sitt svarbrev er en serpent som kom til Ringve etterhvert. Det gjorde også de andre gjenstander som det litt motvillig ble betalt kr. 900 for, og som Edith Skjerne selv bragte til Trondheim da hun kom på besøk i september samme år.

De to venninner holder kontakten jevnlig, også etter at de begge i 1959 inngikk nye ekteskap, Edith med den sveitsiske Samuel Porret og Victoria med fylkesmann Ivar Skjånes. Av brevene fremgår det at ekteparet Porret drev mye med kunsthandel og solgte også et par instrumenter samt endel bøker til fru Bachke. Dette var gjenstander innkjøpt fra dødsbo og formidlet videre. Victoria Bachke døde den 19. november 1963, men Edith Porret korresponderte også etter dette sporadisk med Ringve Museum til hun døde i 1967.

Historiene om hvordan Victoria Bachke bygde opp Ringve Museum er like fargerike som utallige. Selv bidro hun vesentlig til å holde dem vedlike ved å gjenta dem i stadig litt nye varianter som gjorde at man ofte ikke helt sikkert forstår hvor sannheten ligger. Med sin unorske, – i alle fall u-trønderske væremåte skapte hun et bilde av seg selv som i ettertid er nærmere en heks enn en seriøs museums-skaper. Etterhvert er bildet blitt langt mer nyansert, også for undertegnede som lærte henne å kjenne i hennes siste leveår. Idag, hundre år etter at hun ble født, ser vi på henne med dyp respekt for det grunnlag hun gjorde gjennom sitt arbeide med å etablere museet. Hun var den typiske privatsamler med entusiasmen og den aldri sviktende tro som de viktigste drivkrefter. I en slik situasjon er ikke selvkritikk og tilbakeholdenhet de mest fremtredende egenskaper, – da skulle man aldri kunnet skape et museum for musikkinstrumenter på en gård utenfor Trondheim i Norge i løpet av de første seks – syv år etter 2. verdenskrig. Det var mange som ikke tok henne på alvor, – noen motarbeidet henne direkte.

Men flertallet var begeistret, kanskje mest for fru Bachkes personlighet som direkte avspeilet seg i måten hun organiserte og formidlet museet på (fig. 3). Det var som om givere, selgere, kolleger og besøkende ikke hadde en sjanse til annet enn å la seg rive med, – på godt og vondt. Etter hvert kom langsomt den profesjonelle anerkjennelsen, bl a gjennom artikler av kjente musikk-skribenter i hovedstaden.[23]

Det var nok lettere å akseptere slike omtaler for Victoria Bachke enn Godtfred Skjernes tidligere nevnte irettesettelse som allikevel må sees som saklige korrektiver til en debutant, og en konstruktiv støtte i museets begynnelse. I kontakten med Danmark synes det også å ligge en profesjonell anerkjennelse i forbindelsen med Musikhistorisk Museum og Godtfred Skjerne i deres anbefalinger. På denne måten var den store søster i København en fødselshjelp for Ringve Museum.

Fig. 3. Victoria Bachke som omviser i sitt eget museum. *Adresseavisen* 1955-60, ukjent fotograf. *Victoria Bachke, as a guide in her own museum.* Adresseavisen *1955-60, unknown photographer.*

English summary
Ringve Museum is Norway's national museum of musical instruments and was established in 1942 through a legacy from Christian Bachke, the last owner of the museum premises. Ten years later, his Russian born wife Victoria inaugurated the museum. In the first years of the museum, mrs. Bachke was often in Copenhagen chasing objects for the collection, and the article deals with the correspondence related to these acquisitions. In this period, Victoria Bachke also made contacts with persons connected with Musikhistorisk Museum and with Carl Claudius' Collection in Copenhagen. The correspondence reflects the attitudes in the early history of Ringve and describes an ambitious, impatient and extremely colourful lady. Mrs. Bachke's methods of purchasing objects were often controversial, but seem to be typical for the launching of many museums.

Noter

1. *Statutter for Ringve Museum*. Trondhjem 28. mai 1948.

2. *Morgenbladet*, Oslo 28.2.1956. Ringve Museum klipparkiv.

3. Jan Voigt / Hans Melien: *Fru Victoria til Ringve*, Oslo 1984.

4. *Politiken*, København 27.4.1953. Ringve Museum klipparkiv.

5. *Aftenbladet*, København 26.5.1953. Ringve Museum klipparkiv.

6. Brev fra V. Bachke 15.9.1951. Ringve Museum opplysningsarkiv RMT 39.

7. Brev fra P.T. Hansen 6.10.1951. Ringve Museum opplysningsarkiv RMT 39.

8. *Dansk Biografisk Leksikon*, 3. udg., bd. 13, København 1983.

9. Brev fra V. Bachke 8.10.1951. Ringve Museum opplysningsarkiv RMT 39.

10. Brev fra G. Skjerne 29.10.1951. Ringve Museum opplysningsarkiv RMT 39.

11. Brev fra V. Bachke 17.11.1951. Ringve Museum opplysningsarkiv RMT 39.

12. Mette Müller: "Musikhistorisk Museum og Carl Cladius' Samling", i *Musikhistorisk Museum og Carl Claudius' Samling* 1980/1981, København 1982, s. 4-22.

13. Brev fra P.T. Hansen 4.1.1952. Ringve Museum opplysningsarkiv RMT 30.

14. Brev fra V. Bachke 19.1.1952. Ringve Museum opplysningsarkiv RMT 30.

15. Anders Rehde Nielsen: "Af harmoniets historie i Danmark", i *Træk & Tryk & Pust & Sug*. Utstillingskatalog Musikhistorisk Museum 1971-72. København.

16. Brev fra E. Steenstrup 19.4.1952. Ringve Museum opplysningsarkiv RMT 414.

17. Brev fra V. Bachke 25.4.1952. Ringve Museum opplysningsarkiv RMT 414.

18. Brev fra E. Steenstrup 21.5.1952. Ringve Museum opplysningsarkiv RMT 414.

19. Brev fra E. Steenstrup 15.11.1957. Ringve Museum opplysningsarkiv RMT 408.

20. Brev fra V. Bachke 19.2.1958. Musikhistorisk Museum og Carl Claudius Samling.

21. Brev fra E. Skjerne 27.7.1955. Ringve Museum opplysningsarkiv RMT 503.

22. Brev fra E. Skjerne 8.8.1955. Ringve Museum opplysningsarkiv RMT 503.

23. Hans Jørgen Hurum: "Ringve Museum – et godt museum". *Aftenposten* 13.3.1956. Ringve Museum klipparkiv.

Laurence Libin

Changing Aspects of Collecting:

Emilius Scherr and Rudolf Olsen in The Metropolitan Museum of Art

The names of the Danish-American musical instrument makers Emilius Nicolai Scherr (b. Copenhagen, May 5, 1794; d. Philadelphia, Pennsylvania, August 14, 1874) and Lars Jørgen Rudolf Olsen (b. Copenhagen, December 11, 1889; d. Teaneck, New Jersey, March 5, 1978) are not widely known today; few publications refer to these men, and most of their work has been lost or forgotten. Although both Scherr and Olsen enjoyed long, active lives, neither craftsman exerted much influence outside a small circle, and neither one trained a successor. Indeed, their reputations are far overshadowed by the fame of their countryman Mathias Peter Møller (b. Bornholm, September 29, 1854; d. Hagerstown, Maryland, April 13, 1937). Møller founded America's largest pipe organ manufacturing firm, which was operated by his family for three generations.

The relatively obscure careers of Scherr and Olsen deserve study because they typify the experience of most instrument makers in America over the past 150 years. Fortunately, both men are represented by instruments and documents in the collection of one of America's great cultural institutions, The Metropolitan Museum of Art in New York City. The story of how this material came into the Metropolitan Museum and the changing purposes it has served there illustrate how persons and things that might easily be overlooked in other circumstances can take on unexpected significance when seen from a museum's sympathetic viewpoint. This story therefore conveys a valuable lesson about the responsibility of museums for preserving, studying, and educating the public about all kinds of music-historical evidence – tasks so successfully carried out by the Musikhistorisk Museum og Carl Claudius' Samling during its first one hundred years.

Instrument Collecting at The Metropolitan Museum of Art
In order to explain the presence of Scherr's and Olsen's work in a museum essentially devoted to visual arts and archaeology, it will be helpful to consider the background of instrument collecting by the

Metropolitan Museum. A manifestation of the international Aesthetic Movement, which sought to elevate taste that had been debased by the Industrial Revolution, the Museum was incorporated in 1870 with the purpose of providing its visitors with popular instruction, civilized – and civilizing – entertainment, and aesthetic inspiration. Among its founders' aims were the encouragement of American arts and crafts, refinement of industrial design, fostering of commerce, and assertion of New York City's and the nation's cultural maturity. Underlying these optimistic goals was the idea that public museums should contribute to social progress and well-being.

To celebrate the rapid cultural accomplishments of the United States of America (in 1870 less than one hundred years old) and also to demonstrate continuity with respected older traditions, the Metropolitan Museum's directors intended from the beginning that works of American origin should be included in the collections alongside fine examples from Europe and elsewhere, ranging in date from antiquity to modern times. European immigrants made up a large proportion of the young nation's most estimable artists and craftsmen, and their products, along with those of Americans trained abroad, naturally formed a stylistic bridge between the Old World and the New.

Especially in its purposeful emphasis on public education, the Metropolitan Museum initially followed the lead of London's South Kensington Museum, itself an outgrowth of the 1851 Great Exhibition of the Works of Industry of All Nations held in Kensington's new Crystal Palace. (Coincidentally, 1851 saw formation of the short-lived Musical Institute of London, which included a museum of instruments among its unrealized goals.) The so-called Crystal Palace exhibition, an initiative of the aptly named Royal Society for the encouragement of Arts, Manufactures and Commerce, celebrated the latest achievements of commercial designers and manufacturers. Because of their economic importance, sophisticated technology, artful forms, and well-appreciated functions, modern musical instruments occupied a prominent place at the Crystal Palace and at an eponymous showplace in New York City, opened in 1853. Like all other products on display, the instruments at both venues underwent critical scrutiny and the best makers won highly touted awards.

New York's Crystal Palace exhibition was reputedly the first world's fair to include a gallery of artistic paintings – in effect, an art gallery within a trade fair. Displaying fine art along with manufactured products in this manner was not considered incongruous in the Victorian era; on the contrary, the juxtaposition was meant to raise design standards and improve viewers' taste, and thereby to alleviate somewhat the harshness of nineteenth-century city life. Combining beauty with utility, musical instruments fit neatly into this scheme, which was adopted by many public museums located, like the Metropolitan Museum, in urban manufacturing centers that were hotbeds of social unrest.

The South Kensington Museum, at first called the Museum of Manufactures and in 1899 renamed the Victoria and Albert Museum, made a special point of incorporating rare and exotic musical instruments – many obtained from Carl Engel in 1881 – into its extensive holdings of decorative art. Such instruments, especially of African, Asiatic, and Latin American origin, although not commercially important, were nevertheless imbued with music's romantic aura; they also carried a political message about Great Britain's wealth and global power.

Following the mid-century Crystal Palace expositions, world's fairs such as those in London (1872), Vienna (1873), and Philadelphia (1876) heightened public awareness of musical instruments as indicators of progress in taste and technology. These expositions sometimes included obsolete and ethnographic instruments, which broadened the chronological and geographical scope of comparison with modern ones and, occasionally, entranced listeners: for example, authentic Indonesian gamelan music captivated the composer Claude Debussy at the Paris world's fair of 1889. Most expositions, however, focused in a self-congratulatory way on recent industrial developments, as in pianoforte manufacture.

London's International Exhibition of 1872, in particular, highlighted the latest improvements to modern instruments. Its focus was complemented by a concurrent exhibition at the South Kensington Museum, of Western instruments made before 1800 together with some ethnographic examples; this display, containing more than 500 pieces from about 130 lenders including Her Majesty the Queen, was the most comprehensive of its kind up to that time. It underscored London's status as a world capital and provided a strong precedent for the Metropolitan Museum to collect and show similar instruments, for similar reasons.

During the late nineteenth century, interest in innovative instruments was particularly strong in New York City, the nation's cultural and mercantile center, where growing middle-class prosperity after the American Civil War (1861-65) fueled support for musical performance, music publishing and teaching, and related businesses. New York employed innumerable workers in music-related trades, and the city counted instrument manufacturers such as the Steinway (Steinweg) family among its most prominent citizens. At the same time, waves of more recent immigrants were enriching the city's musical life with their own distinctive instruments from abroad.

In this invigorating climate, The Metropolitan Museum of Art and its sister institution, the American Museum of Natural History (incorporated in 1869), offered fertile ground for the establishment of permanent public collections of musical instruments. The seeds were planted inconspicuously in 1874, when the Metropolitan Museum acquired its first sound-producing implements – a bell and a rattle – as part of a massive collection of antiquities from Cyprus, and the American Museum of Natural History simultaneously purchased several prehistoric American Indian whistles. These ancient artifacts were not considered "musical" in the usual sense of the term, however, but were regarded as primitive noisemakers or ritual paraphernalia from which "real" instruments evolved.

Recognizable musical instruments made their appearance in 1880, when the Metropolitan Museum moved from temporary galleries to its new, permanent home. Among the decorative objects displayed when the new edifice opened was a French neoclassical lyre-guitar lent to the Museum by the amateur musician, banker, and philanthropist Joseph W. Drexel; this and 43 other instruments owned by Drexel became the property of the Museum after his death in 1888. Meanwhile, another musical showpiece had been purchased by the Museum in 1886: a richly painted but drastically altered harpsichord spuriously ascribed to an Italian baroque maker. More a piece of furniture than a playable instrument, this eye-catching harpsichord was much later revealed to be a fake and removed from display. Still, for many years it had given pleasure to viewers and helped to confirm the legitimate place of musical instruments in an art museum.

While these early acquisitions were generally looked upon as archaeological curiosities or as objets d'art, a radically different approach characterized the Metropolitan Museum's first systematically organized group of musical instruments, 276 mostly non-Western items donated by Mrs. John Crosby (Mary Elizabeth) Brown in 1889. In 1884, Mrs. Brown had begun to acquire instruments more or less haphazardly, to decorate her luxurious home. Fascinated by their forms and mysterious origins, she soon found herself aspiring to build a collection representing the more important instruments and musical traditions of the world. When this assemblage threatened to outgrow the space available in her home, Mrs.

Brown gave her instruments to the Metropolitan Museum so that they could be seen and appreciated by the general public. Unlike most of the Museum's other holdings, these objects were not to be viewed as "fine art" but rather as historical documents. Their visual appeal was a secondary consideration; even unsightly or damaged instruments could have a place in this eclectic collection if they filled gaps in its evolutionary sequence and geographical coverage.

Unlike the previous acquisitions which were to have been absorbed into the Museum's general holdings, Mrs. Brown's gift formed a discrete entity, already documented in an illustrated catalogue, *Musical Instruments and Their Homes,*[1] written by the collector and her eldest son, William Adams Brown. To achieve greater comprehensiveness, the Museum combined Drexel's instruments and the "Zenti" harpsichord with Mrs. Brown's gift, the whole group now constituting a distinct category of objects defined by their musical functions and placed under Mrs. Brown's direct supervision.

Mrs. Brown's pioneering efforts may have been inspired by visits to foreign collections such as those of the South Kensington Museum, the Musée du Conservatoire National de Musique in Brussels, and the Gesellschaft der Musikfreunde in Vienna. She also knew of the much smaller holdings at the United States National Museum in Washington, D.C. and at the New England Conservatory of Music in Boston, which served quite different purposes from her own. Whatever the impulse, the scope and energy of Mrs. Brown's activity was unprecedented in America. By emphasizing the cultural context of her instruments (an idea prefigured in the great world's fairs) while stressing their musical and symbolic functions over their superficial appearances, she anticipated the fundamental role that instrument studies were to play in ethnomusicology, a field not yet named, much less recognized as an academic discipline.

William Adams Brown acknowledged the value, for his own and his mother's research, of Alfred J. Hipkins's slightly earlier publication, *Musical Instruments, Historic, Rare and Unique.*[2] Hipkins's lavish book encompassed mainly European examples that had been displayed in a temporary loan exhibition at London's Royal Albert Hall in 1885. The Browns' volume, however, dealt predominantly with ethnographic material and so owed more to Carl Engel's *A Descriptive Catalogue of the Musical Instruments in the South Kensington Museum.*[3] Published under auspices of the Science and Art Department of that museum's Committee of Council on Education, Engel's catalogue discussed the significance of unfamiliar instruments from many non-Western cultures and explained the scientific rationale for collecting and displaying them.

With the models of Hipkins and Engels before her, Mrs. Brown appreciated the potential value of her own work to future scholars and to the Museum's visitors. Generously aiming to impart her enthusiasm and encourage further study of music's contribution to civilization, Mrs. Brown continued until her death in 1918 to enlarge and refine the "Crosby Brown Collection of Musical Instruments of All Nations", so named by the Metropolitan Museum in honor of her husband, a trustee of the Museum since 1893. By 1904 the Museum had already devoted five galleries to the Crosby Brown Collection, which then numbered nearly 3400 objects dating from prehistoric times to the turn of the new century, thus constituting one of the largest, most encyclopedic instrument repositories in the world.

In keeping with the importance of New York's manufacturing base, early plans for the Metropolitan Museum's permanent building set aside a central space for exhibitions of "industrial art". Although this hall was not finally installed, Mrs. Brown took pains to obtain models, samples, and tools illustrating the process of constructing many kinds of instruments, from pipe organs and pianos to violins, flutes, and trumpets. By showing how these familiar types were made, starting from raw materials, these up-to-date displays served an important educational purpose, not only heightening appreciation for the skills involved but also giving a vivid impression of how instruments work as mechanical systems and how they reveal (or artistically conceal) their functions in their forms.

As already indicated above, Mrs. Brown's deep concern with instruments' forms, functions, and symbolic meanings arose from her plan for exemplifying through the Crosby Brown Collection the entire history of music from a primitive state to the present; it was therefore necessary to show, or at least imply, how instruments had evolved in relation to developments in musical style – developments which presumably mirrored the rise of Western civilization to a peak in her own day. Mrs. Brown was obviously influenced by popular notions of evolutionary progress, encapsulated in Herbert Spencer's phrase "survival of the fittest". Although a firm believer in progress, she came to recognize the intelligence and fine craftsmanship inherent in many obsolete instruments, and found much to admire even in those of "savage" origin.

In a determined effort to obtain as many varied specimens as possible within her means, Mrs. Brown drew upon a far-flung network of relatives and friends, helpful missionaries, and her husband's business associates. Few if any of these associates were connoisseurs of musical instruments, so their collecting from places far afield was to some degree indiscriminate. Mrs. Brown purchased many instruments sight-unseen; those of lesser significance, duplicates, and examples in poor condition were later to be weeded out. The instruments she acquired were not generally expected to be playable; they were not meant to be heard in performance after they entered the collection. Although intrinsic quality was a consideration, Mrs. Brown welcomed ordinary as well as unique examples. Some valuable antiques did enter the Crosby Brown Collection in order to complete its representation of instrument families, but Mrs. Brown never aspired to a repository of masterworks; she declined many opportunities to purchase items and whole collections of extraordinary merit, and disavowed any intention of condemning "a Stradivarius or an Amati . . . to a monastic existence". More important to her was the broadest possible representation of instrument families of all times and places, including evolutionary "dead ends" and unusual forms of familiar types.

Emilius Nicolai Scherr

Mrs. Brown's determination to assemble a comprehensive collection explains the Metropolitan Museum's acquisition of a curious "harp-guitar" invented in Philadelphia by Emilius Nicolai Scherr and constructed either by him or under his direction. Scherr patented its design in 1831, nine years after he arrived in the United States, and he retired from work in 1855, so the guitar probably dates from within this period. Mrs. Brown acquired it sometime between 1889 and 1902 from an unrecorded source, conceivably from Emilius William Scherr, Sr., a drygoods salesman of undetermined relationship who lived in New York City as late as 1909. By this time Scherr's harp-guitar was out of fashion and although some of these instruments no doubt remained in use or were kept as curiosities, his patent had been largely forgotten, at least outside his immediate circle of survivors.

The oddly elongated guitar (accession number 89.4.1519) was meant to be held diagonally across the lap with one edge of its narrow, flat end resting on the floor – hence its tenuous claim of relationship to a harp. The Crosby Brown Collection's example was first described in the Museum's catalogue of 1902. In this brief description, no mention was made of the guitar's pictorial label, which identifies Scherr as a builder of pianofortes and organs and repairer of all kinds of instruments. In fact

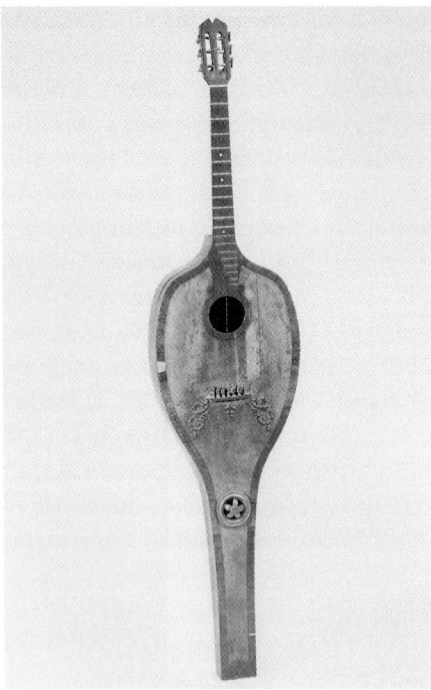

Fig. 1. Harp-guitar by Emilius N. Scherr, Philadelphia, after 1831. The Metropolitan Museum of Art, Crosby Brown Collection of Musical Instruments, 1889 (89.4.1519).
Harpeguitar, bygget af Emilius N. Scherr, Philadelphia, efter 1831. The Metropolitan Museum of Art, Crosby Brown samlingen af musikinstrumenter, 1889 (89.4.1519).

keyboard instrument manufacture had been the core of his business, as it had been of his father's (Johan Nicolai Scherr, ca. 1751 – 1804). Philadelphia newspaper advertisements from about 1835 claim that Scherr also produced ordinary "Spanish" guitars and harmonicas, the latter perhaps meaning musical glasses; no such instruments made by him are known to survive although a harmonica of his was commended for "most splendid workmanship" at the seventh exhibition of Philadelphia's Franklin Institute in 1832. The harp-guitar was certainly Scherr's most distinctive product; even though nothing was new about its tuning or playing technique, one was judged "so good and sweet" as to merit a premium at the same Franklin Institute exhibition.

The Museum's example was received in poor condition, but its curious shape was surely eye-catching. Viewers would have recognized it as a mutant version of the traditional European parlor guitar, popularized in this country by such outstanding makers as Christian Frederick Martin. It is noteworthy that the screw device Scherr used to adjust the angle of his harp-guitar's neck had appeared earlier in Martin's guitars and in instruments made by his former employer in Vienna, Johann Georg Staufer. Perhaps the same vogue that motivated Staufer in 1823 to invent the *arpeggione*, a Viennese type of bowed guitar, also inspired Scherr's Philadelphia design.

In 1955 the Metropolitan Museum received a second, better-preserved Scherr harp-guitar (55.48). This one had been owned and played professionally about 1950 by a folk singer, Edith Allaire Smith, whose mother donated it to the Museum in memory of her recently deceased daughter; its earlier provenance is unknown. Although its bridge was altered, this example retains its original head and tuning mechanism and so more truly represents Scherr's original design. By 1955, however, Mrs. Brown's determination to refine the collection by removing inferior items was no longer in force, so the previous example was kept. Both were held in storage, however, because during World War Two most of the Museum's holdings had been removed from the building for safekeeping, and after the war the instruments were not returned to display due to space reallocations.

Fig. 2. Edith Allaire Smith tuning her Scherr harp-guitar, now in The Metropolitan Museum of Art. Gift of Grace Halleck Smith in memory of her daughter, Edith Allaire Smith, 1955 (55.48). *Edith Allaire Smith stemmer sin Scherr harpe-guitar, nu i The Metropolitan Museum of Art. Gave fra Grace Halleck Smith til minde om hendes datter, Edith Allaire Smith, 1955 (55.48).*

Only in 1971, thanks to the interest of Mrs. André Mertens, widow of the noted concert impresario, did the Museum provide permanent galleries exclusively for a concentrated exhibition of more than 800 selected instruments. During roughly the previous thirty years, therefore, Scherr's work served virtually no useful purpose as far as the Museum's visitors were concerned. But at least the guitars remained together and available for study, although no record exists of anyone coming to examine them between 1955 and the early 1970s.

Once the André Mertens Galleries for Musical Instruments opened in 1971 and it became clear that little additional space would become available for future growth, the next phase in the collection's development began with renewed attention to cataloguing and refinement. It was necessary now to justify the retention of each instrument held in storage, and this effort had to start with a complete review of the collection for the first time since Mrs. Brown's day. The beginning of this process coincided with preparations for the American bicentennial celebration in 1976, so as a high priority the Museum's American instruments were studied intensively over a period of several years.

During the course of this research the harp-guitars took on fresh significance as an outline of Scherr's career emerged from scattered facts: His most important single work, a twelve-stop organ contracted in 1825 for Philadelphia's First Moravian Church, had been lost in 1858. In 1828 he had joined Philadelphia's Musical Fund Society, where he doubtless had contact with important local musicians and patrons. He had published several letters in 1833 supporting another Philadelphia pianoforte manufacturer in a dispute over the merits of metal framing. An iron-framed square piano by Scherr had been purchased in 1841 for the White House, the President's residence, in Washington, D.C.; although it cannot be traced, other pianos of his were located and they confirm the comments of judges at the 1832 Franklin Institute exhibition regarding "useless, but splendid, heavy exterior cabinet work". Street directories and advertisements gave addresses of the various premises Scherr occupied. Census records of 1850 valued Scherr's real estate at $40,000, a substantial sum. The personal esteem Scherr earned was indicated by Abraham Ritter's hymn setting of Psalm 54, entitled "Scherr" in homage to his friend, and further expressed in an encomium addressed to Scherr when he retired in 1855. His pianoforte manufacturing operation was then bought by the firm of Birgfeld & Ramm.

Letters revealing Scherr's friendship with the famous Norwegian violinist Ole Bull were uncovered along with other letters of the 1840s and 1850s and an autograph book linking Scherr to prominent touring musicians such as Alfred Jaell, Leopold de Meyer and Henriette Sontag, for whom he occasionally provided pianos. Scherr was shown to have sponsored the naturalization of a Prussian immigrant, William Beschke, in 1836; Beschke had been employed by Scherr about 1832, and thanks to Scherr's further patronage, Beschke invented a breech-loading cannon and a steam-powered warship with submerged propellers that Scherr helped to design.

Facts multiplied in 1979 when Dorthe Falcon Møller helpfully illuminated Scherr's youth and training, beginning with his apprenticeship under the leading pianoforte manufacturer A. Marschall in Copenhagen before 1819, continuing with further study under an organ builder in Mainz, Germany, and ending with his emigration in 1822; Møller also identified Scherr's father.[4] Surviving descendants of Scherr's were also located, whose possessions included old family portraits (pl. V), genealogical documents relating to his wife, Catharina Dorothea Haasz (1799 – 1884) and their eight children, a copy of the couple's certificate of marriage in 1824, Scherr's published obituary, and even a lock of his wife's hair; most of these items were given to the Metropolitan Museum, which consequently holds a major portion of the existing primary sources relating to Scherr's family.

This material and discovery of other harp-guitars and pianos of Scherr's clarified his role in Philadelphia's musical life. It became possible finally to link together several generations of Scherrs who were involved with musical instruments, from his father, Johan Nicolai, to Emilius William Scherr, Jr. (1858 – 1931), a New York patent attorney who obtained his own patent in 1918 for a means of illuminating player-piano rolls (coincidentally, the attorney's widow, who died in 1959, had lived a few minutes' walk from the Metropolitan Museum).

Thus, the Museum's harp-guitars unexpectedly proved to be keys unlocking a cabinet of previously overlooked information. With this background in hand the better-preserved of the two instruments was placed on display in the André Mertens Galleries. Now, inquiring visitors intrigued by its shape and curious about its maker can be given some solid facts.

Rudolf Olsen

Like Emilius Scherr, Rudolf Olsen could not have foreseen the Museum's interest in his legacy. An industrious but uninspired luthier who spent most of his days repairing and selling old violins and bows rather than making new ones, he seldom dealt with prestigious clients or famous instruments. It might therefore be said that he failed to realize the promise of his youth, but in fact Olsen accomplished more than many people born into similar circumstances; he was one of seven children whose father, Hendrik Christian Olsen, a saddler and upholsterer, struggled to support his family. Faced with fierce and well-established competition in New York City, Olsen won the respect of musicians, and over the decades his good work brought him many loyal customers. In his spare time, in addition to enjoying music, he occasionally visited the Metropolitan Museum and admired the Stradivari violins displayed there.

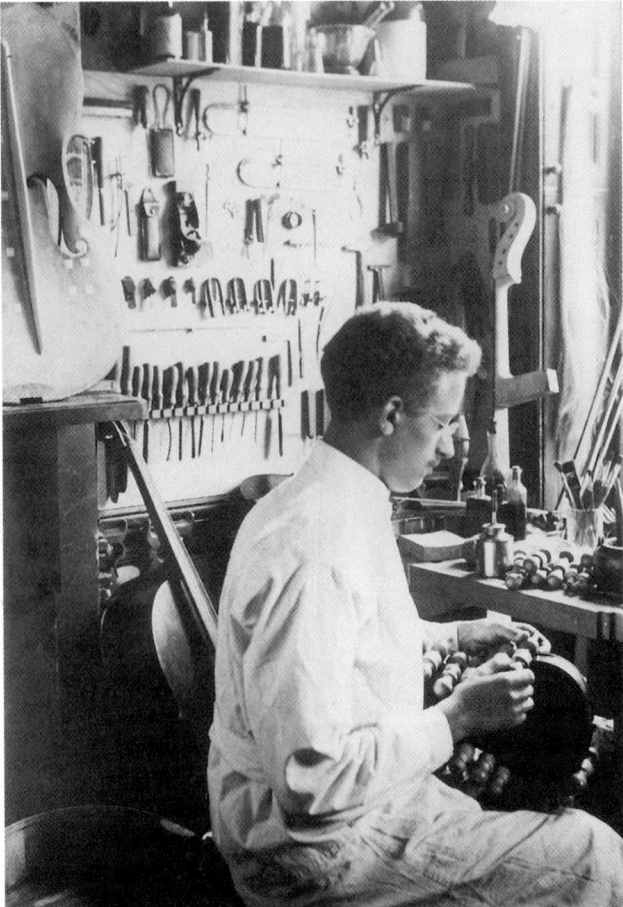

Fig. 3. Lars Jørgen Rudolf Olsen in his Third Avenue workshop, New York, about 1914. *Lars Jørgen Rudolf Olsen i sit værksted på Third Avenue, New York, omkring 1914.*

After Olsen died in 1978, a childless widower, his heirs thought to commemorate him by offering the Museum a violin from his own hands that had remained unsold in his workshop; perhaps it was the one he had formerly played in amateur orchestras and chamber music ensembles, to which he was devoted. It is a decently crafted and well-preserved violin dated 1915, the fruit of five years' apprenticeship with Emil Hjorth & Sønner beginning in 1904, followed by further study from 1909 to 1912 in the shops of Otto Möckel in Dresden and Berlin, and the summer of 1913 spent in Amsterdam working for Karel van der Meer and Max Möller, all distinguished masters. In 1914 the recent immigrant opened his own business in a New York City tenement building; his workshop remained in that same location for 43 years. This violin (1978.217) must be one of the first, maybe the very first, that he produced independently. His total output probably numbered fewer than 100 instruments and bows, now widely dispersed (pl. VI).

Because the Metropolitan Museum has a special responsibility for preserving instruments made in New York, Olsen's violin was gratefully accepted. At the same time, inquiry was pursued concerning the disposition of any tools or fine wood that Olsen might have kept; such things could be useful in the Museum's restoration laboratories. Surprisingly, it was learned that Olsen's entire workshop was still intact; he had never stopped working but continued nearly until his death, operating from a hidden back room in the small house in New Jersey where he and his wife had moved in 1957. (Commercial work in his suburban home violated local zoning rules, so Olsen did not advertise his activity for fear of complaints; already in 1933, he had been warned to stop making new instruments because "manufacturing" was prohibited in his New York City tenement.) His tools, workbench, supplies, and miscellaneous equipment were about to be sold for pennies, but instead of dispersing Olsen's property in this undignified way, his heirs were pleased to offer the workshop's entire furnishings to the Metropolitan Museum and claim an income tax deduction for a charitable contribution.

Quickly, as much as could be loaded onto a small truck was removed from the house. Upon unpacking at the Museum, it was found that Olsen's long career was documented in detail with photographs, notebooks, drawings, templates, varnish test panels, business records, and personal memorabilia kept since his apprenticeship days (the objects were assigned accession number Inst.1978.6). Nearly the whole of a traditional North European violin-maker's atelier was preserved in a manner that revealed much about Olsen's personality and working methods.

One interesting discovery was Olsen's practice of copying labels of famous luthiers on paper cut from old books; another was his accumulation of good-luck charms. Taken together with his finished violin, this treasure gave unique insight to Olsen's life and craft.

Consequently, from 1980 to 1988 a large and intricate display of Olsen's workshop material, illustrating his process of constructing a violin, was mounted in the André Mertens Galleries; later, portions of this display were incorporated in temporary exhibitions elsewhere. While space constraints do not allow a permanent installation of Olsen's workshop, such occasional displays adequately serve the purposes envisioned by Mrs. John Crosby Brown and the Museum's founders. Good fortune and fast action thus preserved for the future an important educational resource that had very nearly disappeared.

Fig. 4. Materials from Rudolf Olsen's workshop, displayed in the André Mertens Galleries for Musical Instruments. The Metropolitan Museum of Art. Gift of Mrs. John H. Lufbery and Shirley Sammis Foulds, 1978 (Inst.1978.6). *Materialer fra Rudolf Olsens værksted, udstillet i André Mertens Galleries for Musical Instruments. The Metropolitan Museum of Art. Gave fra Mrs. John H. Lufbery og Shirley Sammis Foulds, 1978 (Inst.1978.6).*

Conclusion

Although less is known about the details of Scherr's career, it is tempting to suppose that he and Olsen shared similar values and craft traditions which they learned as young men in Denmark. Certainly, both men loved music. Important differences, though, readily appear: Scherr fathered a large family, introduced innovations in several fields, was not afraid of controversy, and was an energetic and successful businessman and employer, while Olsen was relatively isolated at least in later years, worked alone within a narrow range of activities, struggled against seemingly senseless obstacles, and in general resisted change. Scherr capitalized on Americans' love of new things; Olsen doggedly maintained the status quo, and his clientele was correspondingly limited. Much remains to be learned about these men and their work, but it is already clear that their contributions to music in America, if perhaps ephemeral and certainly idiosyncratic, are not negligible.

This essay has not attempted to describe and analyze Olsen's and Scherr's materials at The Metropolitan Museum of Art, but simply aims to show how objects of modest value in themselves can add up to a fuller, more realistic picture of the past.[5] The experiences and skills represented here are in danger of being forgotten in our fast-changing world, where museums have an increasingly vital educational function.

Dansk resumé

The Metropolitan Museum of Art i New York City ejer flere musikinstrumenter, der er bygget af de dansk-amerikanske instrumentmagere Emilius Nicolai Scherr og Lars Jørgen Rudolf Olsen. Disse instrumenter og det materiale, der dokumenterer deres virksomhed, giver en førstehåndsviden om de to mænds dunkle karriere og kaster lys over instrumentbyggervirksomhed i USA gennem de sidste 150 år. Selvom Olsens og Scherrs instrumenter tjener ikke længere musikalske formål, er de i dag ikke uden betydning som museumsgenstande.

The Metropolitan Museum's interesse i at anskaffe sådanne instrumenter er i alt væsentligt pædagogisk snarere end æstetisk og genspejler grundlæggernes interesse i at forbedre den sociale velfærd ved at fremme handelsvirksomhed og god design. I den henseende står museet i gæld til forrige århundredes industrielle udstillinger, hvor alle mulige slags musikinstrumenter blev fremvist som eksempler på det kulturelle og teknologiske fremskridt.

Museets instrumenter stammer imidlertid fra privatsamlinger og er blevet anskaffet primært som legetøj og dekoration. Samlingen blev gradvist forbedret og systematisk udviklet på museet for at belyse musikhistorien med håndgribelige eksempler fra alle tider og steder. I denne kontekst får Olsens og Scherrs virksomhed en ny betydning.

Noter

1. Mary Elisabeth Brown and William Adams Brown: *Musical Instruments and Their Homes*, New York: Dodd, Mead and Company, 1888.

2. Alfred J. Hipkins: *Musical Instruments, Historic, Rare and Unique*, Adam and Charles Black, Edinburgh 1888.

3. Carl Engel: *A Descriptive Catalogue of the Musical Instruments in the South Kensington Museum*, Her Majesty's Stationery Office, 2nd ed., London 1874.

4. Dorthe Falcon Møller: *Danske Instrumentbyggere* 1770-1850, Copenhagen 1983, 259-261.

5. For a more complete discussion of Olsen's and Scherr's work mentioned above, see the present author's *American Musical Instruments in The Metropolitan Museum of Art*, The Metropolitan Museum of Art and W. W. Norton, New York 1985.

Mogens Andersen

Electrophonica – gadgets or instruments?

When in 1956, as a newly appointed amanuensis at the Musikhistorisk Museum in Copenhagen, I visited the instrument collections in Brussels and The Hague, with the purpose of comparing exhibition practices, I met two different principles of classification. In Brussels, the sound production was the guiding principle for the ordering, the result being an impressive but for a great part monotonous lining up of only gradually varying objects. I can still see the regiment of serpents hanging under the ceiling, easy to compare as to form, size, and outfit. In The Hague I found instruments arranged in groups belonging together in music performance, unregarding their differing acoustical nature. Compared in such a context, kinships in craft and style of manufacture added to the impression of the cultural identity of the instruments.

On my way back I also paid visit to the newly established studio for electronic music in Cologne, in my capacity of a radio producer. At that time, I did not think about the technical apparatus used for this novel, almost immaterial method of music sound production as a category of instruments. This perspective became relevant only when some years later I wrote a handbook of music instruments.[1]

The classical classification

Whereas for exhibition purposes I would prefer grouping instruments after the model from The Hague, I did not hesitate applying the sound production principle as the basis for the disposition of the book.

For the traditional instruments I used the Sachs/Hornbostel classification[2] in broad outline, defining them by the bases of their sounds: *Idiophones* (solid bodies) and *membranophones* (stretched skins) were subdivided according to playing techniques, *chordophones* (strings) and *aerophones* (air columns) by form and composition. As for the *electrophones*, I did not find Sachs' treatment satisfying; instead, I divided them in two groups, the "fully electric" instruments, the sound production of which is initiated by the electric current and then modulated by various methods, in distinction to the "semi-electric" ones, amplifying or modifying mechanically produced sound.

In those times, thirty-five years ago, the Hammond organ was the only example of a fully electric instrument of more than historical interest, the electric guitar and the Wurlitzer organ were the only semi-electric examples.

In the last paragraph of the presentation, under the heading "tape music", turntable and tape recorder were mentioned as tools for the production of concrete and electronic music, respectively, but these devices were not labeled as musical instruments proper. Instead, they were grouped together with pin barrel programmed carillons and organs, and with pianos played by perforated paper rolls, in the chapter "music automats". It would of course have been more consistent to classify the latter as automatized subcategories of idiophones, aerophones, and chordophones, respectively. Pursuing the same degree of systematism might have lead to the definition of the phonograph and the pre-electric gramophone as membranophones, excitated by the vibrations of a needle brought in touch with a passing-by groove with varying cross section – but at that time I felt no need for such subtlety.

In the succeeding years, however, I became involved, as a producer and presenter of contemporary music, in the development of electronically produced sound, as a music form both in its own right and in interplay with vocal and instrumental performance. This made me feel a growing need for a systematic categorization of the technicalities which have played an increasingly important role during the later decades, as media for artistically advanced creation and as part of everyday music making as well, and not least since computerization set in. I shall discuss here two different approaches to the subject.

Instruments and the Electronic Age
In spite of this title, Tellef Kvifte's book devotes only the last twenty of its two hundred pages to electronic instruments.[3] The first sixty present a penetrating analysis of methods of classification since Mahillon (1893), concentrating on the Sachs/Hornbostel system. Kvifte unveils the inconsistencies inherent in all methods, objecting particularly to the neglect of playing technique as a criterion for the classification of string instruments. The main part of the book is a presentation of Kvifte's detailed and thoroughly considered typology of playing techniques, understood as the performers' means of producing the desired pitches, dynamics, and tone colours. In this connection, Kvifte accounts for the verbal, visual, kinesthetic, and auditive representations related to performing practice.

The chapter dealing with electronic and computer equipment mentions the three basic types of electronic sound production: *Subtractive synthesis* where a composite sound is modified by filtering out selections of frequencies, *additive synthesis* based on combinations of partial tones, and *sampling*, viz. digitizing recorded sounds. An exhaustive description of the functions of an advanced synthesizer, the *Roland JX-8P*, serves to exemplify the technical possibilities. The conclusion is that the synthesizer differs from traditional instruments not only in its ability to predetermine timbres and expressive tone qualities, and to regulate the sensivity of keys to control modifications of pitch or reverberation, but also in the possibilities of totally remodeling the effects of playing action.

As an addendum follows a presentation of a rhythm machine and a short chapter about synthesizers connected with a computer as "integrated instruments".

Compared to the meticulous considerations on the nature of traditional instruments, the representation of the newcomers is rather cursory, leaving the more intricate questions of classification open.

Demystifying and Classifying Electronic Music Instruments

The declared ambition to demystify the electronic sound devices is pursued by the *Games system* (Generators And Modifiers of Electronic Sound) by accommodating them in the Sachs/Hornbostel complex, adapted by a few partitions and annexes.[4]

The first step is taken by naturalizing the instruments labeled "semi-electric" above, as variants among their traditional fellows, distinguishing between the *amplified* ones whose sound is simply transmitted to a loudspeaker, and those called *electric*, the sounds of which are modified by built-in electric devices. Thus both the amplified guitar and its electric cousin are identified as chordophones.

In consequence, the class of *electronophones* (the added infix supports the quasi Greek terminology) is reserved for tools of primary electronic sound production, excluding however components for performance purpose as well as for acoustical and musical processing. These are categorized as *controllers* and *modifiers*, respectively, the latter including also devices used in connection with non-electric instruments.

The lowest level of division is between specimens wholly or partially polyphonic or only monophonic. The uppermost division distinguishes between *synthesizers* and *samplers*, each subdivided in analog and digital types, and the digital *hybrids*.

Fig. 1. Electrophonic environment 1962: Radio engineer Villy Bak and composer Else Marie Pade in the sound technical laboratory of Danmarks Radio. Left from above coupling device and connection to acoustical echo room, oscillograph and valve voltmeter, sine tone generator and vertical tape recorder, two-speed horizontal tape recorder; sine tone generator 20 Hz - 20 kHz with sweeping and wobbling device being adjusted by the composer. The laboratory included cross, ring, and square generators, filters etc. *Elektrofonisk arbejdsplads 1962: Radiofonimester Villy Bak og komponisten Else Marie Pade i Statsradiofoniens lydtekniske laboratorium. Til venstre fra oven koblingsfelt og krydsfelt til akustisk ekkorum, oscillograf og rørvoltmeter, sinustonegenerator og lodret båndoptager, båndoptager med to hastigheder; komponisten regulerer 20 Hz -20 kHz sinustonegenerator med sweep- og woblegenerator. Også kryds-, ring- og firkantgenerator og filtre m.m. forefandtes.*

Fig. 2. Electrophonic environment 1997: Composer Birgitte Alsted in DIEM, Danish Institute for Electroacoustic Music, Aarhus. The selected sound repertoire stored as data files is controlled by manipulating icons on the computer screen (the system used here is the Pro-Tools work station). *Elektrofonisk arbejdsplads 1997: Komponisten Birgitte Alsted i DIEM, Dansk Institut for Elektroakustisk Musik, Aarhus. Det udvalgte lydrepertoire i form af arkiverede dataoplysninger styres ved hjælp af dataskærmens ikoner (det her benyttede lydredigerings- og -bearbejdningsprogram hedder Pro-Tools).*

There are niches in the system furnished mainly with museum pieces. The place for analog synthesizers is inhabited by the *Hammond organ*, the tone wheels of which are defined as electromechanical generators in distinction to the oscillators of the *Theremin* and the *Minimoog*, and the magnetophone represents the analog sampler. I shall leave further exemplification to users who are familiar with the code numbers and letters attributed to the *Yamahas*, the *Rolands*, and the other black box families, and to locate them on the basis of the distinctive features given in the following simplified outline of the Games system:

Synthesizers
    Analog
        with electromechanical tone generators
            tone wheel
            photoelectric
        with oscillators
            without micro-processors
            with micro-processors
    Digital
        computer synthesis
            with micro-processors
            direct synthesis
            with voltage control attenuators
        self-contained central processing units
            additive
            digital controlled oscillators
            frequency modulation
            phase distortion
            vector synthesis
Samplers
    Analog
        magnetic tape
            manual
            automatic
    Digital
Hybrids
        wavetable synthesis
        cross-table sampling
        structured adaptive synthesis
        linear arithmetic
        combination hybrids

I am not competent to decide whether the listing of properties is exhaustive, but I do not doubt they are relevant and necessary for distinguishing the sound generating processes of the devices. I also find the hierarchization convincing. As for the demystifying, however, I do not personally feel satisfied with this part of the system.

In this respect, the presentations of controllers and modifiers are easier to follow. The controllers are simply defined by their appearances as keyboard, percussion, wind or string instruments or by the actions by which they are influenced, e.g. breath controller. Similarly, the modifiers are described by their functions regarding dynamics, pitch, time, timbre or playback procedures. These components are not defined as much in technical detail as the sound generating units.

An evaluation of the system of course depends on its purpose. Presented as an extension of the Sachs/Hornbostel classification, it should be measured by the criteria of that systematism.

From instruments to sound production systems

With sound production as the basic criterion of classification, the crucial question is whether electronic sound generation is equivalent to the different ways of triggering the sounds of traditional instruments.

My answer is no. Whereas in all traditional instruments sound is produced by the vibrations of a material entity generated by mechanical action, in electronic instruments the vibration is determined by an electric current and transmitted to the air by a loudspeaker, the membrane of which has virtually no individual resonance.

The same conclusion is drawn by Peter Simon[5] after a tentative classification of the electronic vibrators as idiophones (metal or crystal units), membranophones (foil) and free aerophones (ionophones) which he rejects as entirely unpractical.

To me the problem is neither a formalist nor a practical one. The term *musical* indicates that the instrument is defined as a musical entity, identified not just as a source of discrete sounds, but as a coherent sound model. The perception of instrumental timbres is connected with elementary experiences of acoustical causality, including observations of colour changes in coupling with variations of pitch or loudness. The repertory of kinesthetic perception is important for the identification of instruments, with the exception of the electronic devices, whose very advantage is that their sound production does not depend on mechanical processes.

In consequence, instruments with electronic sound production could be considered as a category separated from the traditional categories:

- Musical instruments with mechanical sound generation:
    idiophones
    membranophones
    chordophones
    aerophones.
- Musical instruments with other kinds of sound generation:
    electrophones
    ...

The liberation from mechanical processes gives the latter the flexibility to emulate the sounds of traditional instruments, to modify them in the form of samples, or to create "nie erhörte Klänge" as Stockhausen put it.

Accordingly it seems more relevant to classify the processes than the components used, as long as the latter are not determinant for the audible output: The use of microprocessors instead of frequency modulation may not be more important than the choice between metal or gut strings. As Kvifte refers a keyboard performer to say, "...it is not just the sound you want as a kind of *object*, but one must also recreate the *process* of how the sound is made on the instrument" [6]

It may even be argued that the electronic devices are not musical instruments in the same sense as those with mechanical sound production, as it is in fact already possible to substitute them all by digital sound generation. Once a sound object has been digitally defined and stored on a harddisk, it can be released directly as a particle of a musical context (fig. 2); whether the object was originally generated by or modelled after one or the other of the procedures listed in the *Games* overview, may have aesthetic bearings similar to the differences between the timbres of an oboe, a clarinet, and a saxophone; but it does not seem reasonable to classify the varying origins of sound objects on the same level as the distinctions between single or double reed and cylindrical or conical tube. As Barry Schrader stated already fifteen years ago "Perhaps the term "synthesizer" has outlived its usefulness and might better be replaced by the words "electronic music system". [7]

An electroacoustic museum

Nevertheless, from the performer's point of view, all keyboard controlled electronic music systems are musical instruments belonging to a type of their own, unregarding how the sounds are programmed, generated, and processed; the same is the case with the more recent systems handled like wind, string, or percussion instruments. Their indisputable importance in the history of music already entitles them to the same rank among musical instruments as any other more or less classifiable types.

They are, by the way, much easier to exhibit in a museum than many of their acoustically operating ancestors. Of course, they should be accompanied by a more detailed explanation of their modes of operation than is customary for traditional instruments. But as they are generally more robust, the understanding could be aided by allowing visitors to have a try.

A more complicated question is how to secure the conservation of the less playable and less popular tools of sound creation: tone and noise generators, filters, modulators, etc. At present, I am under way with the rearrangement of concrete and electronic music produced and commissioned by Danmarks Radio since the fifties, and have realized in this connection how important it is for the musical evaluation to have an idea about the by now obsolete processes which gave them birth.[8]

It is obvious that the preservation or restoration of these types of works requires the understanding of how sounds were originally generated and put together, even if almost the same sounds can be produced with contemporary equipment. But also for the listener's evaluation of loudspeaker dependent music, basic knowledge about the production processes is important, in much the same way as it is necessary to have a general idea of the playing techniques of a traditional instrument, in order to perceive the unavoidable minor inaccuracies of timbre and pitch as part of the instrument's expressive character.

For the purpose of making such knowledge available to both music lovers and professionals, collections of earlier types of equipment used for the generation of musical sounds are no less indispensable than the presentation of their more organomorphous counterparts mentioned before. This of course necessitates the accessability of good listening facilities and an audiotheque, comprising informative examples as well as accomplished works, from Schaeffer and Stockhausen to the present.

It may be too early to include in this discussion also the problematics of how to classify sensors and other devices for vocal and instrumental performance which have been taken into use in later years for interaction with music generating computer programmes.[9] But it should be noticed that the interaction between man and computer has paved the way for a

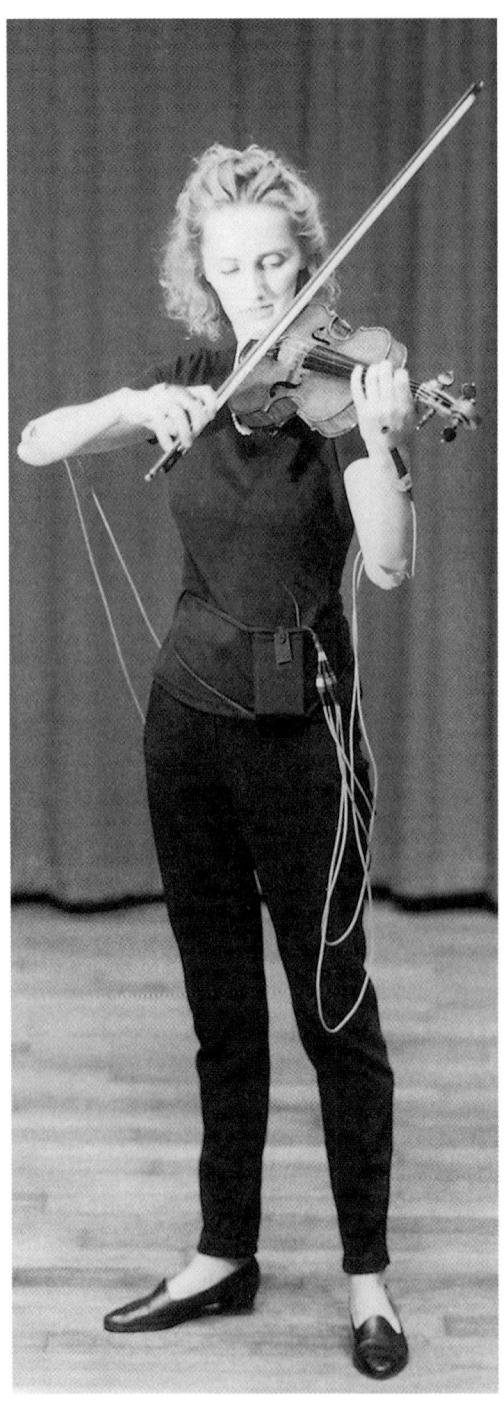

Fig. 3. Real and virtual instrument interacting: Violinist Bodil Rørbech performing *Songlines* by Ivar Frounberg, manager of the electroacoustic studio of the Royal Danish Conservatory of Copenhagen. Movements of the performer's arms and hands are influencing adhering sensors, translated into radio transmitted Midi messages, a device constructed at the Danish Institute for Electroacoustic Music; Frounberg adds a retranslation of these messages into a virtual model of the playing techniques deployed; this model keeps influencing the playback of prerecorded sound progressions, and at the same time controls transformations of the sound from a contact microphone on the violin. Virkeligt og virtuelt instrument i sammenspil: *Violinisten Bodil Rørbech spiller* Drømmespor *af Ivar Frounberg, leder af studiet for elektroakustisk musik på Det kgl. danske Musikkonservatorium i København. Bevægelser af solistens arme og hænder registreres af påhæftede sensorer og overføres pr. radiobølger som Midi meddelelser, en indretning udviklet af DIEM; hertil føjer Frounberg en genoversættelse af disse meddelelser til en virtuel model af solistens spillemåder; denne model påvirker løbende afspilningen af forud registrerede lydforløb og styrer desuden omformninger af lyden fra en kontaktmikrofon på violinen.*

merging of composition and improvisation which is likely to prove the most important contribution to the development of music art since the appearance of serialism and electronic music (fig. 3).

So, classificatory scruples apart, the presentation of new tools for music making is as important as exposing traditional instruments. It may call for methods closer to those of an experimentarium, but explaining how electronic sounds are generated and transformed transcends the mere demonstration of hearing abilities; it contributes to the understanding of music perception in general and of the universe of vocal and instrumental sounds in particular. Therefore the presentation of acoustical instruments could benefit of such methods too, at the same time as electronic sound needs the perspective of traditional instruments to be musically appreciated.[10]

Dansk resumé

Den omfattende udvikling af elektronisk lydfrembringelse siden midten af det tyvende århundrede har gjort det nødvendigt at revidere den traditionelle klassifikation af musikinstrumenter. Der refereres to forslag hertil, og spørgsmålet om en afgrænsning af selve begrebet musikinstrument rejses: genstand eller proces?

Uanset dette påpeges vigtigheden af, at nye redskaber til musikfrembringelse præsenteres i sammenhæng med traditionelle musikinstrumenter med henblik på at understøtte oplevelse og forståelse af de dertil knyttede kunstneriske udtryksmåder som en videreførelse af den musikkulturelle udvikling.

Noter

1. Mogens Andersen: "Musikinstrumenter", in *Musikkens hvem-hvad-hvor. Instrumenter og ordbog*. Politikens Forlag, København 1962 (2. ed. 1969).

2. Curt Sachs: *The History of Musical Instruments*, Norton, New York 1940.

3. Tellef Kvifte: *Instruments and the Electronic Age*, Solum Forlag, Oslo 1989.

4. Michael B. Bakan, Wanda Bryant, Guangming Li, David Martinelli, Kathryn Vaughn: "Demystifying and Classifying Electronic Music Instruments", in *Selected Reports in Ethnomusicology vol. VIII, Issues in Organology*, University of California, Los Angeles 1990, p. 37-64.

5. "denkbar unpraktisch"; Peter Simon: "Die Hornbostel/Sachssche Systematik und ihre Logik", in *Instrumentenbau-Zeitschrift* vol. XLVI/7-8, 1992, p. 64-66.

6. Author's italizing, cf. Kvifte: *Opus cit.* p. 176, see note 3.

7. Barry Schrader: *Introduction to Electro-Acoustic Music*, Prentice-Hall Inc., New Jersey 1982, p. 147.

8. Mogens Andersen: "Considering the Updating of a Masterwork", in *Festskrift Bengt Hambræus* (in print).

9. Robert Rowe: *Interactive Music Systems*, The MIT Press, Cambridge (USA) 1993.

10. After having written this, I was made aware of the remarkable collection of electronic music instruments owned by the recently established Musée de la Musique in Paris, including a number of standard instruments from the first half of the twentieth century. Ms. Marie France Calas, curator of the museum, kindly informed me that the methods of exhibition are as yet under consideration.

Pl. I. Carl Claudius. Portræt, olie på lærred, udført af Bernhard Österman 1902. Vi takker den nuværende ledelse af Claudius' virksomhed i Malmö, A. Svensson & Co. for tilladelse til at bringe dette billede. *Carl Claudius painted by Bernhard Österman in 1902, oil on canvas. Courtesy of the present management of Claudius' enterprise in Malmö, A. Svensson & Co.*

Pl. II. Portræt af Angul Hammerich udført af Magdalene Hammerich i 1930.
Portrait of Angul Hammerich made by Magdalene Hammerich in 1930 (MMCCS OB no. 29).

Pl. III. Portræt af Godtfred Skjerne udført af Sigurd Swane i 1933. *Portrait of Godtfred Skjerne made by Sigurd Swane in 1933 (MMCCS OB no. 60).*

Pl. IV. Gitar, italiensk, muligens slutten av 18. årh. (RMT 326). Kjøpt hos Johannes Møller i 1951. *Guitar, Italian, probably the end of 18th century (RMT no. 326). Bought at Johannes Møller's in 1951. Photo: Ringve Museum.*

Pl. V. Emilius Nicolai Scherr og familie i hjemmet i Pine Street, Philadelphia. Ukendt kunstner, omkring 1830. Med velvillig tilladelse fra Pierce familien, New Haven, Connecticut. *Emilius Nicolai Scherr and family in their Pine Street home, Philadelphia. Unknown artist, about 1830. Courtesy of the Pierce family, New Haven, Connecticut.*

Pl. VI. Violin, bygget af Rudolf Olsen, New York, 1915. The Metropolitan Museum of Art. Gave fra Mrs. John H. Lufbery og Shirley Sammis Foulds, 1978 (1978.217).
Violin by Rudolf Olsen, New York, 1915. The Metropolitan Museum of Art. Gift of Mrs. John H. Lufbery and Shirley Sammis Foulds, 1978 (1978.217).

Pl. VII. Flygel signeret af Conrad Graf i Wien o. 1825. (MMCCS no.73). *Grand signed by Conrad Graf in Vienna, ca. 1825.*

Pl. VIII. Farvebillede af Pörschmann-fløjten. *Colour picture of the Pörschmann recorder.*

Pl. IX. Trompe l'oeil af Cornelis Norbertus Gijsbrechts: Christian V's udstyr til falkejagt, olie på lærred, København 1671 (Rosenborg nr. 33-28). *Trompe l'oeil by Cornelis Norbertus Gijsbrechts: King Christian V's falconry equipment, oil on canvas, Copenhagen 1671 (Rosenborg Castle no. 33-28). Photo: Lennart Larsen.*

Pl. X. Trompe l'oeil af Cornelis Norbertus Gijsbrechts: musikinstrumenter, olie på lærred, København 1672 (169 × 115 cm, Statens Museum for Kunst, deponeret 1898 på Musikhistorisk Museum som nr. OB 6). *Trompe l'oeil by Cornelis Norbertus Gijsbrechts: musical instruments, oil on canvas, Copenhagen 1672 (169 × 115 cm, deposit in 1898 from Denmark's national gallery, deposit no. OB 6)*

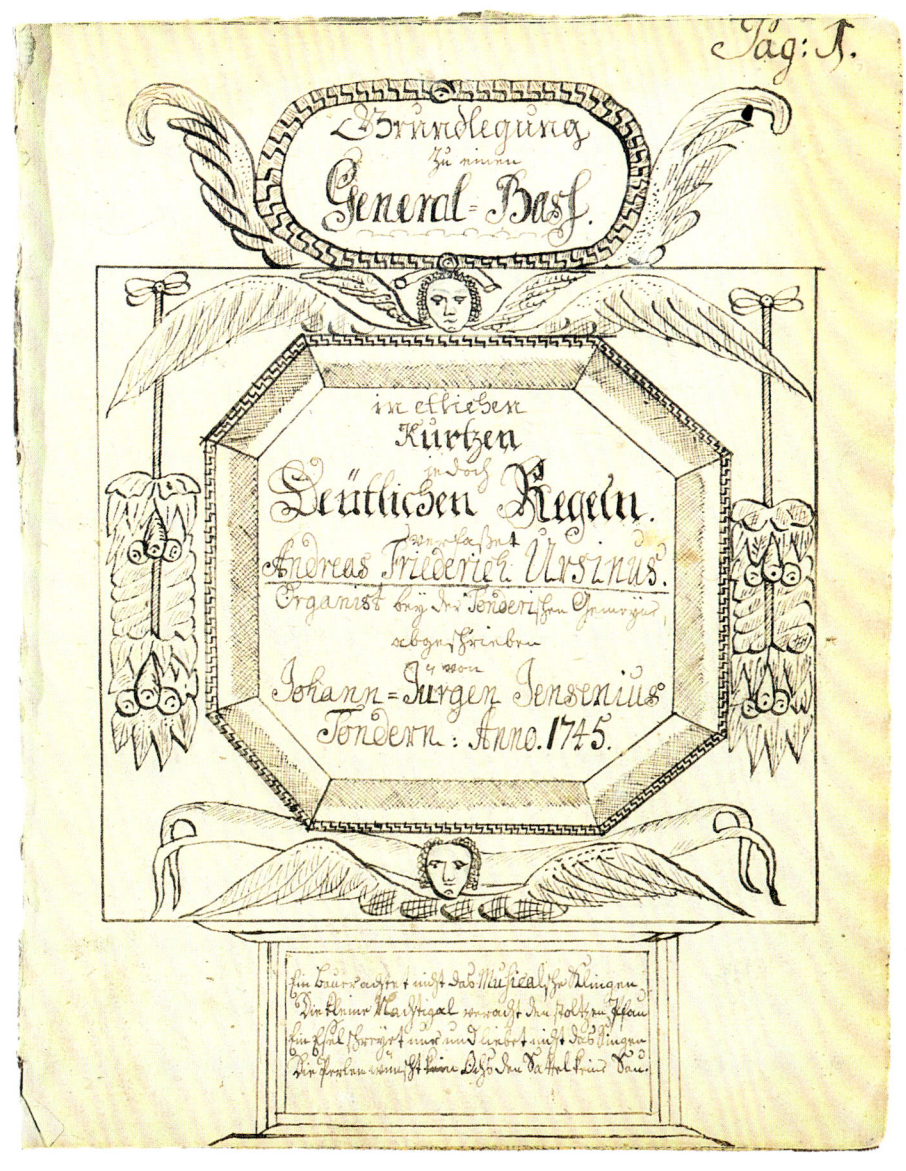

Pl. XI. Titelblad fra lærebog i generalbas af A. F. Ursinus (kopieret af J. J. Jensenius, Tønder 1745). *Title page of a manual on figured bass by A. F. Ursinus (copied by J. J. Jensenius, Tønder 1745).*

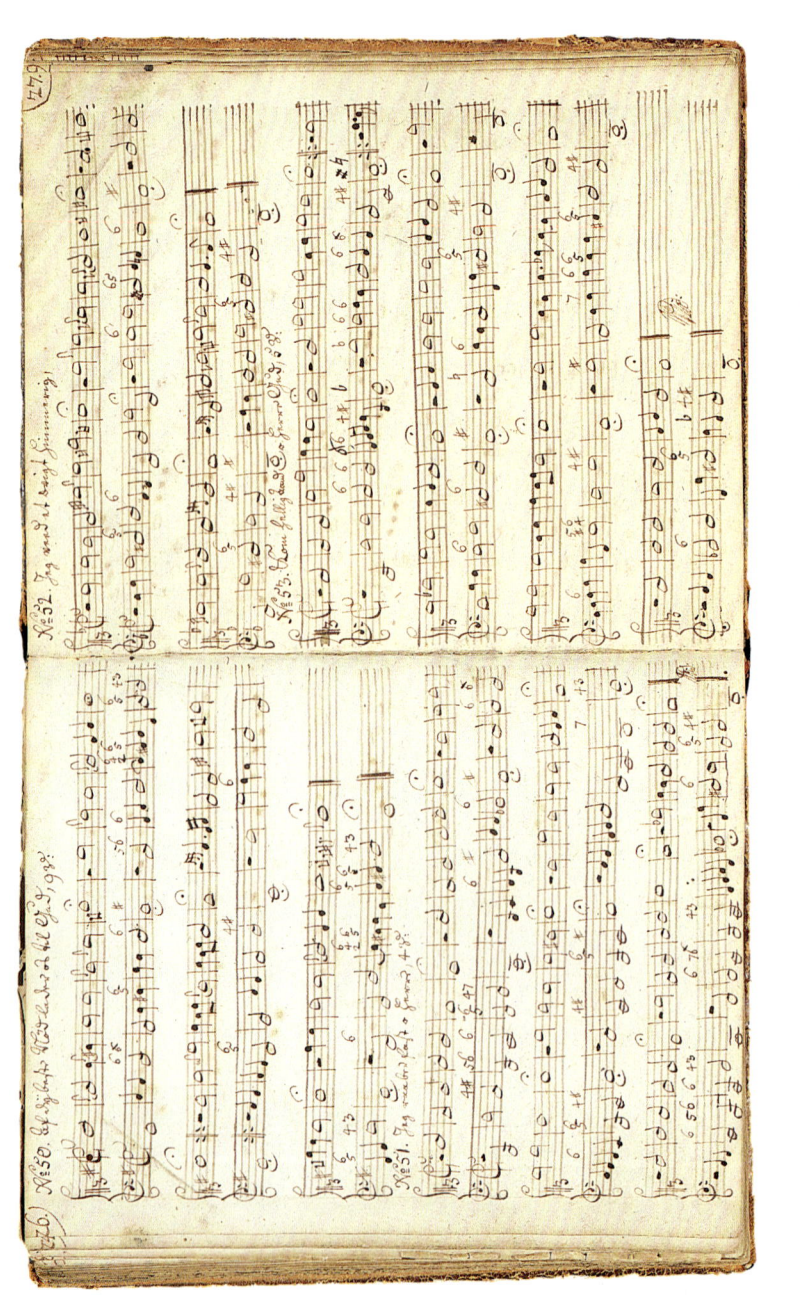

Pl. XII. To sider fra A. F. Ursinus' koralsamling, indeholdende fire koraler, som alle stadig forekommer i den danske salmebog. *Two pages from A. F. Ursinus' chorale collection containing four chorales, all still represented in Danish hymn books.*

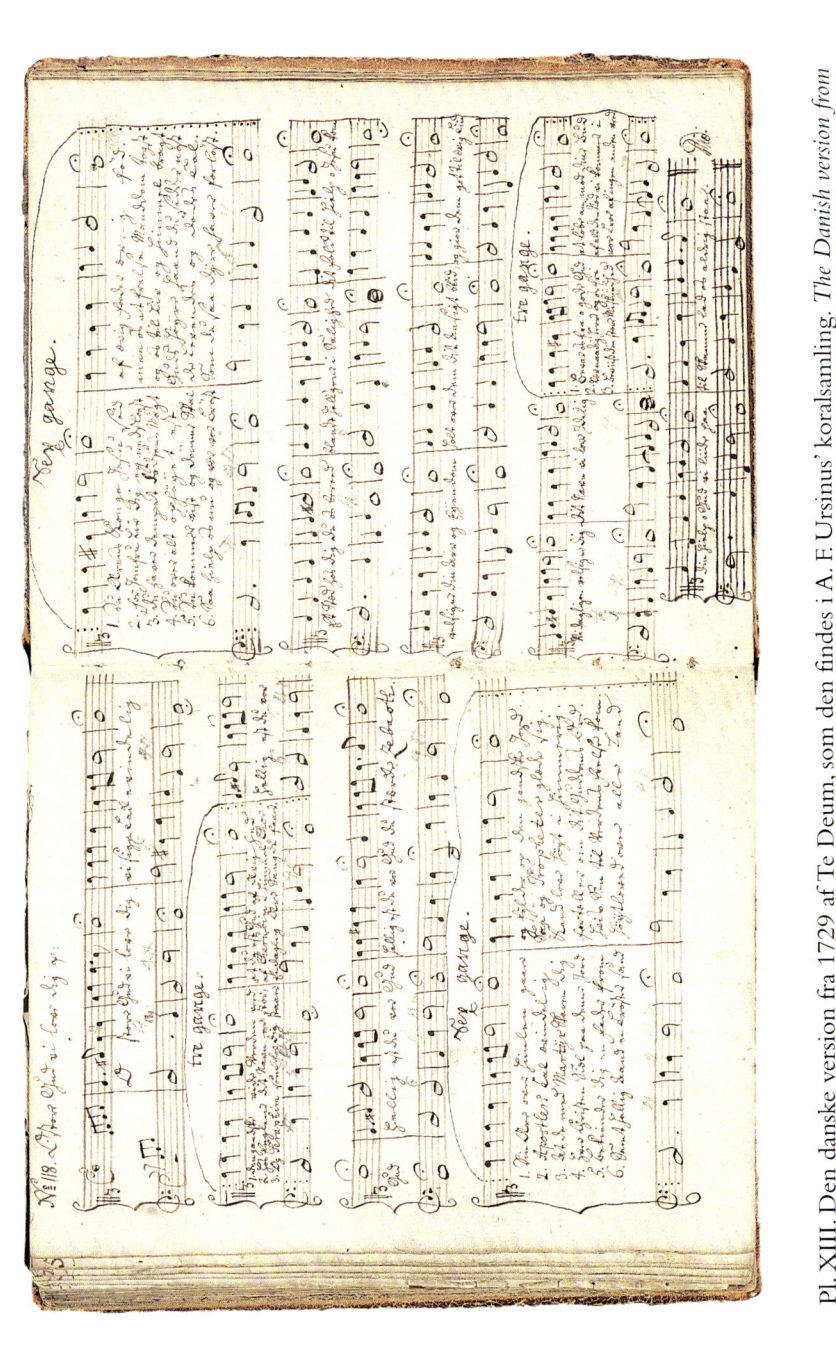

Pl. XIII. Den danske version fra 1729 af Te Deum, som den findes i A. F. Ursinus' koralsamling. *The Danish version from 1729 of Te Deum as presented in A. F. Ursinus' chorale collection.*

Pl. XIV. Til venstre instrumentbyggerens harmonika (MMCCS no. B 22). Til højre organistens harmonika (MMCCS no. 1970-16). *To the left the instrument builder's accordion (MMCCS no. B 22). To the right the organist's accordion (MMCCS no. 1970-16).*

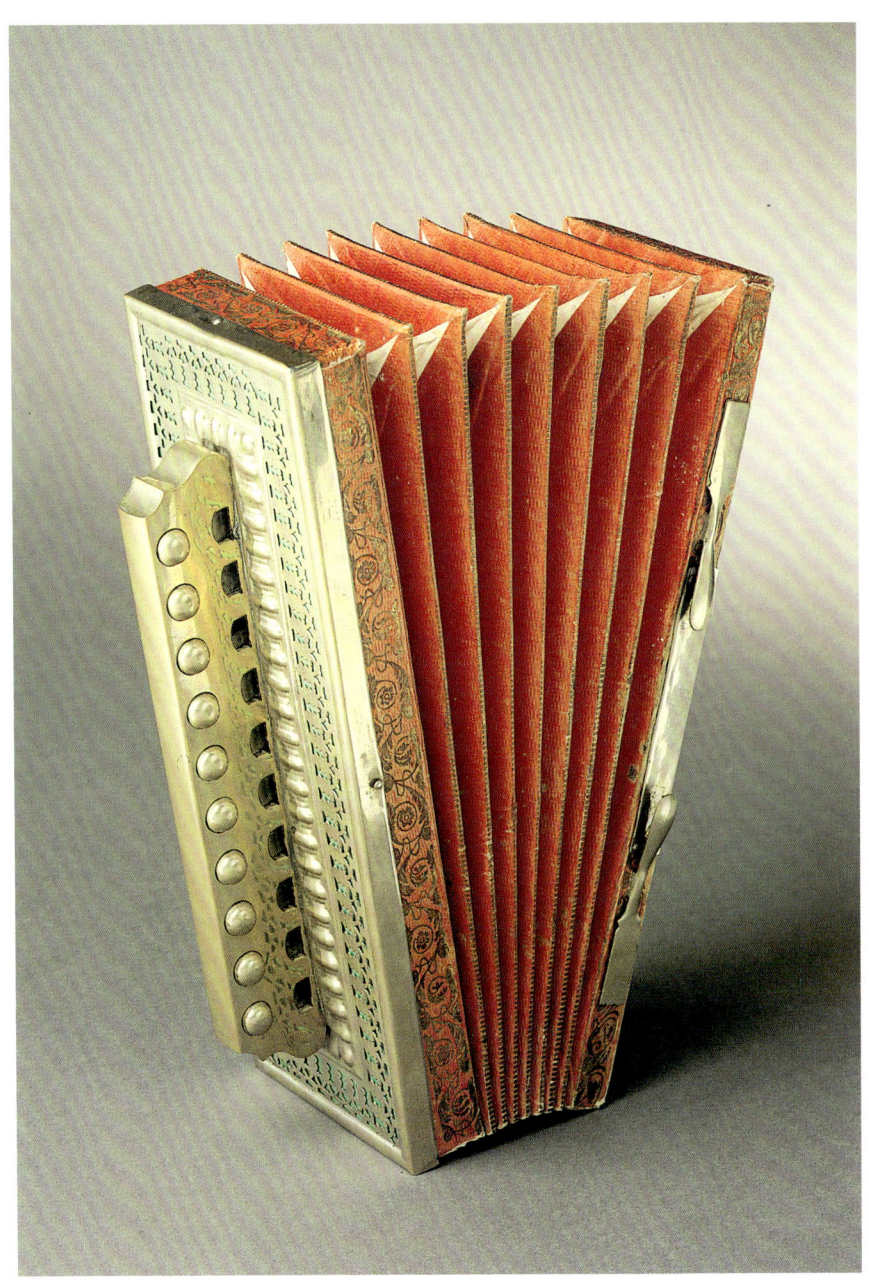

Pl. XV. Kongens harmonika (Jægerspris Slot no. 70). *The King's accordion (the collection at Jægerspris Castle no. 70).*

Pl. XVI. Bouzouki-stederne er populære i det græske natteliv, og de gamle musikere og sangere fra '30rne og '40rne er i høj kurs.
The bouzouki-places are popular in the Athenian night-life, and the old performers from the '30s and '40s are highly estimated. Photo: Lisbet Torp, Athens 1994.

Pl. XVII. Luren kalder sønderjyderne til stemmeurnerne i 1920. Budskabet er tydeligt: valget står mellem en lys og lovende fremtid i Danmark (og Norden) på den ene side, og en truende og uforudsigelig skæbne i Tyskland, på den anden. *The lur calls the people of South Jutland to the ballot boxes in 1920. The message is clear: the choice lies between a bright and promising future in Denmark (and Scandinavia), on one hand, and an ominous and unpredictable destiny in Germany, on the other. Photo: The Museum at Sønderborg Castle.*

Pl. XVIII. 2. klasse elever og omviser omkring den "hvilende klokke", hvor klokkens svingninger kan mærkes gennem håndfladen. *Second class school children and their guide around the "resting bell", the vibrations of which can be sensed through the palm of the hand. Photo: Lisbet Torp.*

Pl. XIX. To 2. klasse elever afprøver et af børnerummets membraninstrumenter.
Two second class school children test one of the membrane instruments in the childrens' room. Photo: Lisbet Torp.

Pl. XX. Inger Hansen fortæller en gruppe gymnasieelever om Rvckers-cembaloet fra 1648 (MMCCS no. 1968-54). *Inger Hansen tells a group of grammar-school pupils about the cembalo by Rvckers from 1648. Photo: Lisbet Torp.*

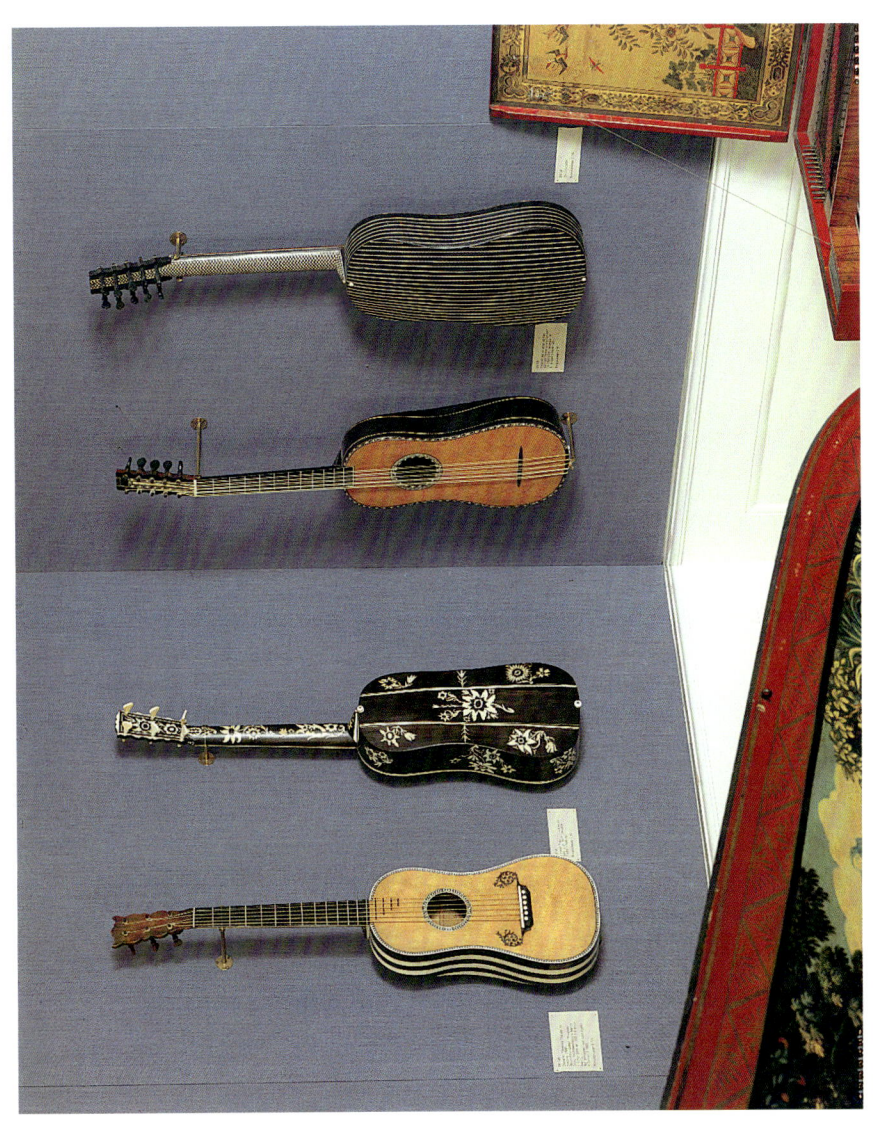

Pl. XXI. "Guitarhjørnet", et godt udgangspunkt for diskussioner om instrumentbygning, kvalitet og værdi. The "guitar corner" a good point of departure for dicussions about instrument making, quality, and value.

Pl. XXII. "Det første jazzorkester", første gang *Illustreret Tidende*, 11.5.1862, s. 137, her dog med overskriften: "Naar Katten er ude …". "The first jazz band", *Illustreret Tidende*, 11.5.1862, p. 137, here, however, with headline "When the cat's away …".

Det første jazzorkester – var slet ikke noget orkester – og spillede ikke jazz.

HISTORISK SAMLING AF MUSIKINSTRUMENTER

Øverst: Pl. XXIII. Brevhoved benyttet ved takkeskrivelser i museets første år. Bygningen ligger på H.C. Andersens Boulevard 22 i København og rummer i dag Tivoli Museum. Nederst: Pl. XXIV. Musikhistorisk Museum og Carl Claudius' Samling, Åbenrå 26-34 i København efter genåbningen af museet 1979. Arkitekt Bos tegnestue o. 1978.

Top: Pl. XXIII. Letterhead used for acknowledgements during the first years of the museum. The building is situated at H.C. Andersens Boulevard no. 22 in Copenhagen, today housing the Tivoli Museum. Bottom: Pl. XXIV. Musikhistorisk Museum og Carl Claudius' Samling, Åbenrå 26-34 in Copenhagen after the re-opening of the museum in 1979. Architect Bo's drawing office ab. 1978.

Pl. XXV. I brev af 16.3. 1899 sendte pianofabrikant Frederik Møller dette forslag til museets bomærke. Angul Hammerich accepterede begejstret ideen. Meningen var blandt andet at udstyre alle instrumenter med dette mærke, enten som stempel eller påsømmet messingskive(!). Ideen blev aldrig udført, men kataloget fra 1909 og den tyske udgave fra 1911 bringer motivet på omslag og titelblad. *In a letter of 16.3. 1899 the piano builder Frederik Møller proposed this logo for the museum. Angul Hammerich accepted the idea with enthusiasm. The purpose was also to equip all instruments with the logo, either stamped or on a mounted brass disk(!). The idea was never carried out, but the catalogue from 1909 and the German version bring the motive on the cover and the title page.*

Henrik Bøggild og Merete Westergaard

Omkring et flygel

Carl Claudius' Samling no. 73

Instrumentet, byggeren og samtiden *(Henrik Bøggild)*
I udstillingens rum 28 står et stort flygel, der uden overdrivelse kan betegnes som et af museets klenodier (pl.VII). Instrumentet er bygget ca. 1825. På navnepladen over tangenterne og på sangbunden står henholdsvis

> CONRAD GRAF
> *kaiserl: kön: Hof-Fortepianomacher*
> *Wien*
> *nächst der Carls Kirche im Mondschein No. 102*

> og

> Opus 1245 A
> *Wien*
> *Conr: Graf*

Conrad Graf (1782 – 1851) blev født i Riedlingen, Württemberg, og stod i lære som møbelsnedker. I 1799 flyttede han til Wien og fik her arbejde hos klaverbyggeren Jakob Schelkle. Da denne døde i 1804, giftede Graf sig med enken og etablerede sit eget værksted. I 1824 blev han Kgl. Hof-leverandør og vandt i 1835 guldmedalje på Wiens første industriudstilling.

Når Graf må betegnes som en af de vigtigste instrumentmagere i klaverbygningens historie, er det egentlig ikke fordi han tilføjede noget videre nyt, men fordi hans instrumenter er udtryk for en enestående håndværksmæssig kunnen og finesse. At vi idag kan glæde os over den fine klang og letløbende teknik i de forholdsvis mange instrumenter, der er bevaret fra hans værksted, hænger i høj grad sammen med, at instrumenterne er så velkonstruerede og velbyggede, at de har kunnet klare strengetrækket og tidens tand uden at slå revner og deformere. Mange,

mange andre klaverer blev i tidens løb så vinde og skæve, at strengene ikke mere havde kontakt med sangbunden.

Konstruktionsmæssige detaljer

Længde: 243 cm   Bredde: 121 cm   Omfang: 6 1/2 oktav CC – f^4

Strengelængde (cm)		Anslagspunkt (cm)
CC	192,5	18,5
C	157,0	15,5
c	110,5	13,0
c^1	55,7	7,5
c^2	27,3	4,0
c^3	13,8	2,0
c^4	7,0	0,8
f^4	5,4	0,5

Strenge: CC – EE overspundet, to strenge per tone. FF -As messing, A – f^4 jern, tre strenge per tone

Steget   på sangbunden to-delt.
          CC – As, på det ene, resten på det andet

Pedaler   4 stk. (fra venstre mod højre):
          1. Due corde (kan muligvis reguleres til også at give una corda)
          2. Moderator, to lag filt mellem hammer og streng
          3. Moderator, et lag filt mellem hammer og streng
          4. Løfter samtlige dæmpere (almindelig "forte" pedal)

Mekanik: Wiener-mekanik med læderbetrukne hamre

Da Graf-flyglet blev restaureret i 1988 af Bernhard von Tucher (Tyskland), valgte man at fremstille nye hammerhoveder for at kunne bevare de gamle hoveders originale læderbelægning. Det var noget af en overraskelse at høre instrumentet med ny belægning. Klangen var blevet mørkere, blødere og knap så brillant som før. Førstehåndsindtrykket virkede måske endda lidt skuffende, men læder slides tyndere og bliver hårdere med tiden, og et instrument med 150 år på bagen lyder ikke, som da det var nyt. Ved nærmere lytning var den nye klang bestemt ikke ringere. Ovenikøbet muliggjorde den blødere belægning større nuancerig-

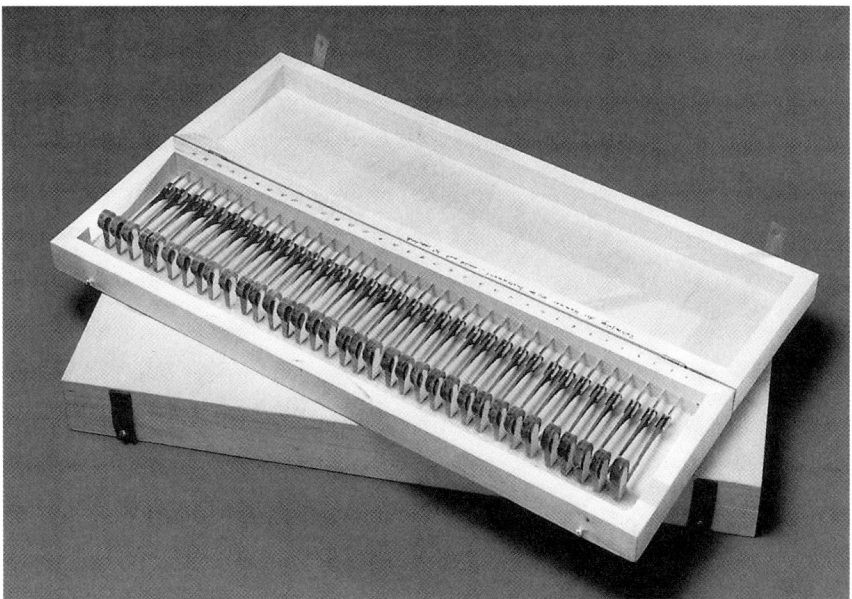

Fig. 1. De originale hamre fra Conrad Graf-flyglet i deres nuværende omgivelser.
The original hammers of the Conrad Graf grand in their present environment.

dom, særligt i piano-området. Og den nye klang er uden tvivl også mere autentisk.

Der har nok været en tendens til, at byggere og restauratorer af historiske instrumenter har taget udgangspunkt i de med tiden for hårde hamre. Derved har de sammen med de udøvende musikere skabt en forestilling om en lidt lysere og spidsere klang, end der strengt taget er belæg for. At pianoforterne fra 1800-tallets første halvdel i det hele taget har en lysere, spidsere, hurtigere og mere overtonerig klang end det moderne klaver, er naturligvis en helt anden sag.

Opførelsespraksis i relation til tidens klaverinstrumenter

D.G.Türk: *Clavierschule,* Leipzig 1789:

"Når man spiller noder på den almindelige måde, d.v.s. hverken staccato eller legato, skal fingeren løftes fra tangenten en smule tidligere end nodeværdien kræver. Hvis enkelte noder skal holdes deres fulde værdi, vil et "ten." eller "tenuto" være skrevet over noden."

M. Clementi: *Introduction to the Art of Playing on the Piano Forte,* London 1801:

"Den bedste generelle regel er at holde tasterne på instrumentet nede den fulde længde af alle noder ...... Når komponisten overlader legato og staccato til den udøvendes smag, er den bedste regel først og fremmest at holde sig til legato, reserverende staccato til lejlighedsvis at give karakter [spirit] til særlige passager, og for at modsvare legatos ophøjede skønhed."

De to citater illustrerer godt den forskel, der karakteriserer de to hovedstrømninger i klaveræstetikken fra klassikken og frem gennem romantikken: Den tysk-østrigske (og danske) med en gennemartikuleret og "talende" spillemåde, og den engelsk-franske med en båret og "syngende" spillemåde. Dette modsvares tydeligt i konstruktionen og dermed klangkarakteristikken i de to stilretningers klaverinstrumenter.

Wiener-instrumenterne (Stein, Walter, Streicher, Graf): Omgående og præcist anslag, forholdsvis hurtig hendøen af tonen, omgående dæmpning og ikke så fyldig, men gennemtrængende klang. Opnået ved: Tynde strenge og dermed mindre strengetræk, tynd sangbund og lettere bygning, små og lette hamre med tynd læderbelægning samt virkelig effektive dæmpere.

London-instrumenterne (Broadwood, Clementi): Tonen når først sin fulde klang efter anslaget, langsom hendøen af tonen, blød dæmpning og kraftig, men ikke så gennemtrængende klang. Opnået ved: Kraftigere strenge, større strengetræk, kraftigere sangbund og tungere bygning, større og tungere hamre med flere lag læder samt blide, forsigtige dæmpere.

London-skolen vandt til sidst, idet det var herudfra det moderne klaver blev udviklet. Der er dog klare konstruktionsmæssige forskelle mellem de gamle instrumenter og klaveret, som vi kender det idag, først og fremmest den (af Steinway ca. 1860 opfundne) nu enerådende krydsstrengning, der giver en kraftfuld og fyldig bas, som dog let bliver noget mudret og uklar. Store akkorder i dybt leje lyder f. eks. fint på et Broadwood (eller Graf), men bliver på et moderne flygel noget grødet, ligesom mange originale pedalangivelser fra 1700- og 1800-tallet ikke fungerer så godt på et Steinway.

Pedalanvendelsen i Wien og London var heller ikke ens. Selve måden, hvorpå man aktiverede dæmperne (og andre mekaniske forandringer), giver også et fingerpeg om stilistiske forskelle i spillemåde. Broadwood-flyglerne havde helt fra 1780erne "fod-pedaler", mens wienerne først anvendte håndtræk, siden "knæ-pedaler" (man kan se, at Mozarts Walterflygel er lavet om fra hånd til knæ) og først fra ca. 1810 begyndte at anvende fod-pedalerne. Man sagde om Dussek, som var en klar eksponent for den engelske skole, at han trådte pedalen ned ved koncertens begyndelse og slap den igen, når koncerten var forbi. At man tilhørte den ene eller den anden "skole", forhindrede naturligvis ikke musikeren på rejse i at spille på de forhåndenværende instrumenter. Haydn benyttede gerne de engelske instrumenter i London. Liszt og Chopin priste Graf i Wien. Det her viste eksempel af John Field giver et godt indtryk af musik tænkt for den fyldige tone i f. eks. et Broadwood, og med masser af pedal for at få klangen så stor som muligt (eks. 1).

Eks. 1. John Field: koncert for klaver i As-dur, slutningen. *John Field: concerto for piano in A-flat major, the end.*

I Wien var artikulation måske stilens vigtigste grundelement. Fra Mozart til – ja faktisk helt frem til Brahms – ses på så godt som alle nodesider de mange buer, der viser stilens levende artikulation, og som skiller det ene motiv, eller et udsnit af motivet, fra det næste. Rent teknisk set er det vanskeligt at gøre rede for disse buer på et flygel af i dag, hvorimod de let lader sig udføre med et Wiener-flygels lynhurtige anslag og præcise dæmpning (eks. 2 – 5).

Eks. 2. W. A. Mozart: klaversonate i C-dur, KV 279, 3. sats t. 11-14. *Piano sonata in C major, KV 279, 3rd movement, bar 11-14.*

Eks. 3. Ludwig v. Beethoven: 33 Veränderungen über ein Waltz von Diabelli i C-dur, op. 120, var. 4. *C major, op. 120, 4th variation.*

Eks. 4. Franz Schubert: Moments musicaux, op. 94, Deutsch-Verz. 780, no. 2 i As-dur, t. 18-23. *A flat major, bar 18-23.*

Eks. 5. Robert Schumann: klaversonate no. 1 i fis-mol, op. 11, finale t. 134 - 137. *Piano sonata in F sharp minor, op. 11, last movement, bar 134-137.*

Conrad Graf bibeholdt sin klassiske klavermodel med træramme, lette læderhamre, tynd sangbund o.s.v., til han trak sig tilbage i 1840. Kravene om større og kraftigere klangvolumen, mere fundament og færre overtoner blev dog uomgængelige også i Wien. Jernrammer, tunge filthamre og kraftige strenge holdt deres indtog. Wiener-mekanikken havde svært ved at levere energi nok til tunge hamre, og man klagede blandt andet over repetitionen. Efter 1909 fremstillede Bösendorfer kun flygler med Wiener-mekanik på bestilling, og i løbet af et par årtier var det slut. Men på museet kan vi da heldigvis stadig glæde os over vores Graf-flygel: Et instrument af en type i så perfekt balance med sin tid og sin musik, at den ikke kunne forbedres – kun forandres.

★★★★★

At spille på Conrad Graf *(Merete Westergaard)*
Mit første møde med historiske instrumenter daterer sig helt tilbage til 1969, hvor jeg medvirkede ved en koncert i Kunstindustrimuseets festsal, en koncert som var arrangeret af Musikhistorisk Museum. Ved den lejlighed spillede jeg på museets Pleyel-flygel fra 1855, og programmet bestod af tidlig romantisk musik (Mendelssohn, Schumann og Chopin). Det var for mig en helt ny fornemmelse: At opleve musikken på datidens instrumentale præmisser! Opvokset med de store, kraftfulde, moderne flygler, nærmest uden begrænsninger i lyd og volumen, var det en meget revolutionerende opdagelse og oplevelse at gengive komponistens intentioner på et af den tids instrumenter (Pleyel var Chopin's foretrukne instrument). Denne koncert "fik følger", og allerede året efter begyndte jeg at arbejde på Conrad-Graf flygel, som dengang befandt sig i *Carl Claudius' Samling af gamle Musikinstrumenter* på Frederiksberg, med henblik på en grammofonindspilning af værker for klaver og for fløjte og klaver af vore danske komponister Weyse og Kuhlau. Fløjtenisten ved denne indspilning var professor Poul Birkelund.

Når jeg skal forsøge at beskrive, hvad der føltes så anderledes og fascinerende ved at spille på originalinstrumenter, tror jeg, at det første, der slog mig, var: Forskellen på anslaget og klangen! Det kan vist beskrives meget enkelt ved at fortælle om de erfaringer jeg gjorde, når jeg kom direkte fra et moderne flygel ud på Carit Etlarsvej til Graf: Jeg brugte alt for mange kræfter på anslaget, og tonen blev derved skinger og klangen grim, pågående og meget kort. Når jeg derimod kom fra Graf til det moderne instrument, sagde det slet ikke noget, af og til helt bogstaveligt: Der kom ikke en lyd!

Heraf ser man tydeligt, at anslaget og artikulationen er *meget* forskellig på de to typer af instrumenter. At spille på Graf er vel nærmest at ligne med at spille på en mellemting mellem et cembalo og et moderne flygel, populært sagt! Man opdager, at der kræves et meget præcist anslag og ikke de store armbevægelser; alt registreres, og der skal økonomiseres med virkemidlerne. En anden væsentlig forskel er, at hammerklaveret har en meget slankere og mere overtonerig bas end det moderne flygel, og det afstedkommer, at diskanten, som godt kan føles noget spinkel og volumenfattig, får tilføjet nogle overtoner og klanglige nuancer fra den også spinkle, men klangfulde bas. For at fremhæve det øvre leje må man derfor spille fyldigt i bassen og svagt og distinkt i diskanten – så får man den til "at synge". Hammerklaveret er så helt afgjort et yderst følsomt og delikat instrument, som ikke tåler overdrivelser. Effekterne skal bruges behersket.

Det at være blevet bekendt med lyden og spillemåden på de originale instrumenter fra tiden har også fået mine øjne op for betydningen af komponisternes angivelser set i relation til netop deres instrumenttype. En ting som pedalsætning tages der ofte meget let på i vore dage, men i den her omtalte periode var pedalen klart en speciel effekt, der skulle bruges med stil og omtanke og ikke bare binde tonerne sammen, eller – værre – skjule noget. Når vi for eksempel ser på Beethovens pedalsætninger, så forstår vi, hvilket virkemiddel han har følt sig i besiddelse af, og det har en utrolig effekt, når man laver en gennemført pedalsætning på et flygel som Graf. Først da forstår man den klanglige vision, som komponisten har haft (eks. 6-7).

Rent teknisk er det herligt at spille på Graf. I kraft af det lette uanstrengte anslag er det muligt at opnå stor rapiditet med få midler. Det kræver "bare", at man har en letløbende og egal teknik, og at man, som før nævnt, økonomiserer med kræfterne. Nervøsitet høres og mærkes også tydeligere her på grund af mekanikkens lynhurtige reaktion efter anslaget.

Et andet aspekt er den klanglige balance i kammermusik og ved akkompagnementsfunktionen. Graf-instrumentets klang og volumen passer på smukkeste vis til de kammermusikalske kompositioner fra tiden, idet der her bliver en naturlig balance og ligevægt instrumenterne imellem. Det er en stor behagelighed for øret, at ingen af musikerne føler sig nødsaget til at overeksponere eller nedtone klangen af balancemæssige årsager, og det giver en stor musikalsk tilfredsstillelse, at instrumenterne er i et indbyrdes ligevægtsforhold, som umiddelbart giver plads for alle medvirkende. Det er naturligvis væsentligt at gøre sig klart, at denne historiske instrumentbesætning ikke vil være velegnet i vore dages store volumenkrævende koncertsale, men er tænkt i mere intime lokaliteter; det klang-

Eks. 6. Ludwig v. Beethoven: koncert for klaver og orkester no. 4 i G-dur, op. 58, 3. sats. *Concerto for piano and orchestra no. 4 in G major, op. 58, 3rd movement.*

Eks. 7. Ludwig v. Beethoven: kvintet for klaver, obo, klarinet, horn og fagot, i Es-dur, op. 16, 1. sats. *Quintet for piano, oboe, clarinet, horn and bassoon in E flat major, op. 16, 1st movement.*

lige ideal må dog stadig være de udøvende for øje (øre) ved udførelse på vore nutidige instrumenter.

Ovenfor har jeg i koncentreret form søgt at give læseren et indtryk af de udfordringer, der møder pianisten, som giver sig i kast med det tidlige hammerflygel. Jeg har desuden understreget de værdier, som knytter sig til at fremføre tidens repertoire på et autentisk instrument, og som rigeligt vil være al umagen værd. Men der gemmer sig en dobbelt pointe ved at beskæftige sig med dette arbejde: Gennem de mange år, hvor jeg med mellemrum har medvirket på Graf-flyglet ved museets koncerter, har både jeg selv og mine forskellige medspillere gjort brug af de her indhøstede erfaringer – *også* når det drejer sig om vores virke på moder-

Fig. 2. Graf-flyglets 4 pedaler. *The 4 pedals of the Graf grand.*

ne instrumenter. Det ville være i høj grad ønskeligt, dersom det at stifte bekendtskab med de historiske flygler, deres muligheder og – naturligvis – deres begrænsninger, kunne blive en del af en professionel klaverstuderendes udrustning. Det ville givet bibringe en større forståelse for de pågældende epokers stilistiske og musikalske intentioner og for datidens muligheder for at realisere dem instrumentalt. Og det ville skærpe sansen for, i hvilken udstrækning man kan bruge denne indsigt under *nutidens* vilkår.

Oplevelsen ved at spille på især Graf har været – og er til stadighed – en stor musikalsk og klanglig inspiration, som har beriget min tilværelse som musiker.

English summary
The article presents the Viennese grand of the museum, built by Conrad Graf ca. 1825. Henrik Bøggild, instrument builder and musicologist, describes the instrument and characterizes its musical qualities. The Viennese instruments and English pianos of that time are perceived as representatives of two different schools, each with its individual conception of the aesthetics of piano music. The pianist Merete Westergaard, who has worked with the Conrad Graf piano of the museum for many years, describes a modern musician's confrontation with the challenges that are connected with performing practice on the hammerklavier, such as touch, articulation and pedalling. The exceptional values of sound and phrasing which are added to the repertoire by the early hammerklavier are also of importance to the musician who uses a modern instrument; if the professional music education included training on the early hammerklavier, it would give the student a more subtle comprehension of the composer's intention.

Lance Whitehead

The triple-strung Hass clavichord of 1761

Preamble
During the last decade the clavichord has come under increased scrutiny from enthusiasts of the historical performance movement: many modern 'copies' have been built, National Clavichord Societies have been founded and an International Clavichord Symposium, instigated and masterminded by Bernard Brauchli and Christopher Hogwood, has been held biennially in Magnano, Italy, since 1993.

Although much of this interest has been fostered by makers, they have, until relatively recently, preferred to base their 'copies' simply on published drawings available from museums and private owners, rather than following an analysis of the original maker's working methods. I hope to show in this paper, however, that scientific investigation can shed light on historical construction methods and enable us to enter into the minds of the historical makers in a way that is impossible from studying a technical drawing.

The standard design of Hass clavichords
There are some twenty-five surviving clavichords from the workshops of the eighteenth-century Hamburg builders Hieronymus and Johann Hass (father and son) ranging in date from 1728 to 1767 (see Appendix 1). Since these instruments are of a high quality and are always signed and dated, it is possible to outline the usual design of their instruments.

Most Hass clavichords are either unfretted (with each tangent striking a single course of strings) FF to f^3 instruments, or are fretted (with some of the courses of strings being struck by more than one tangent) instruments with the compass C to d^3. Both types are normally designed for triple stringing in the bass, with one 4ft or octave string positioned between each pair of 8ft strings, and double 8ft stringing for the rest of the compass. In order for the bass strings, in particular, to be as long as possible the entire string band is positioned diagonally within the instrument.

Cases of Hass clavichords are built to withstand the forces brought to bear on them by the diagonal placement of the strings. The relatively thick case sides of Scots pine (*Pinus sylvestris*) are dovetailed together to form a rectangular frame, with extra rigidity and strength provided by two transverse keywell braces jointed into the front and back of the instrument. In addition to the keywell braces five-octave FF to f^3 models have either a diagonal brace, a central brace or a combination of the two, situated between the two keywell braces. This rigid framework is glued and dowelled to the upper surface of a heavy pine baseboard.

A sturdy block of walnut (*Juglans regia*) or beech (*Fagus sylvatica*) is glued along the left-hand end of the case and serves as the hitchpin rail for the bass 8ft hitchpins and as a wrestplank for the 4ft tuning pins. The rack, glued to the spine between the treble keywell brace and the left-hand case end, consists of a tapered block of beech (*Fagus sylvatica*). It has a dual function: the series of vertical slots cut into the near face of the rack guide the tails of the keylevers, and the rear part of the rack serves as a hitchpin rail for the majority of the 8ft hitchpins.

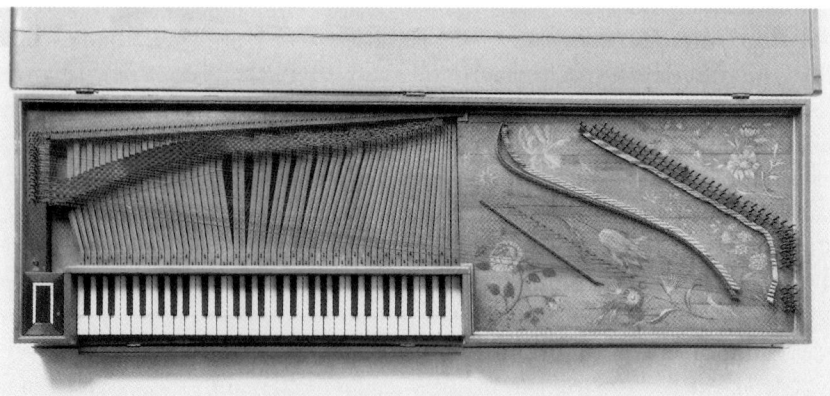

Fig. 1. Plan view of the Hass-clavichord (MMCCS no. A 40). *Hass-clavichordet set fra oven.*

Keyboards of Hass clavichords are carved from a jointed plank of lime (*Tilia sp.*) and are of a particularly high standard. Natural plate coverings are usually of ivory or tortoise-shell, whilst the keyfronts are decorated with small rectangular blocks of ebony, in which a semicircular moulding has been cut. Accidental blocks normally consist of ebonised blocks of lime capped with a veneer of ebony. The tails of the keylevers are guided by small slips of whale bone, a material which is both strong and flexible, riding in the vertical slots of the rack.

The soundboard, which is positioned in the right-hand section of the instrument, is constructed from spruce (*Picea sp.*) and has various elements attached to its upper and lower surface. Two bridges of beech are glued and nailed to the upper surface of the soundboard: a large 's'-shaped bridge for the 8ft strings and a small straight bridge for the 4ft strings. Two coniferous soundbars are glued to the underside of the soundboard and are positioned approximately parallel to the 4ft bridge: a cut-off bar between the 4ft bridge and the case front, and a 4ft hitchpin rail between the 4ft and 8ft bridges.

The triple-strung clavichord of 1761

Of the four surviving Hass clavichords dating from 1761 two are standard models: a normal unfretted FF to f^3 instrument belonging to Christopher Hogwood, and a typical fretted C to d^3 instrument preserved at the Musikhistorisk Museum og Carl Claudius' Samling (MMCCS no. Cl 50). There is also a five-octave clavichord in private ownership in Germany which was apparently restored by Johann Hass in 1761. The fourth instrument surviving from 1761 (hereafter referred to as the 1761a JH) is unique (fig. 2). For a table of measurements and basic data see Appendix 2.

Firstly, this is the only surviving Hass clavichord which is triple-strung throughout the entire compass, all other Hass clavichords being triple-strung in the bass register up to d, c, or B. Typical of many clavichords from Hamburg, Copenhagen and Stockholm, each course of strings from FF to B consists of one 4ft and two 8ft strings. From c to f^3, however, each course consists of three rather than two 8ft strings. Triple 8ft stringing is rare in both clavichord and harpsichord building traditions and it is perhaps a reflection of the Hass family's ingenuity that there are also two surviving Hass harpsichords with three sets of 8ft strings.[1] As regards surviving clavichords with triple 8ft stringing, the writer knows of only one other eighteenth-century example: the fretted clavichord (preserved at the Smithsonian Institute, Washington, inventory number 303,540) built in 1751 by the organ builder J. Kiedolps of Schweinfurth, Germany. However, the clavichord referred to by Douwes in his *Grondig Ondersoek van de Toonen der Musijk,* published in 1699 in Franeker, is also believed to have been designed for triple 8ft stringing,[2] and as such indicates that Hass, although an experimenter, was not without precedent.

Fig. 2. Clavichord signed by Johann Adolph Hass in Hamburg 1761 (MMCCS no. A 40). *Clavichord signeret af Johann Adolph Hass i Hamburg 1761.*

Secondly, this triple-strung instrument is designed for somewhat heavier stringing than standard Hass clavichords, as indicated by the wire gauge numbers written beside each pair of 8ft tuning pins.[3] Although there are minor discrepancies between standard instruments and the instrument presently under review in the tenor region, the main differences occur in the region c^1 to c^3 (see Table 1 below). Whereas on standard five-octave models ranging in date from 1743 to 1767 gauge 5 is marked from c^1 to h^1, on the 1761a JH gauge 5 is marked from c^1 to $f^{\#2}$.

Table 1
A comparison of the gauge markings of standard Hass clavichords
with the triple-strung instrument of 1761

Gauge markings of standard models		Gauge markings of the unique 1761a JH	
d$^{\#3}$ to f^3	7	d$^{\#3}$ to f^3	7
c^2 to d^3	6	g^2 to d^3	6
c^1 to h^1	5	c^1 to f$^{\#2}$	5
f to h	4	e to h	4
H to e	3	A$^\#$ to d$^\#$	3
F$^\#$ to A$^\#$	2	F$^\#$ to A	2
D$^\#$ to F	1	D$^\#$ to F	1
HH to D	0	AA$^\#$ to D	0
GG$^\#$ to AA$^\#$	00	GG$^\#$ to AA	00
FF to GG	000	FF to GG	000

Thirdly, this is the only surviving fretted five-octave clavichord by Hass. Since the instrument is designed for triple stringing throughout the entire compass, Hass needed to reduce the number of strings to ensure that the treble keylevers were not excessively long and unplayable. Hass retained his standard stringband width and standard key lengths by fretting some of the notes together, such that from f-f$^\#$ upwards each course of strings is struck by two adjacent keys, except for the top note (f^3) and all the *d*s and *a*s, which are free. This fretting pattern is identical to the normal fretted C to d^3 clavichord design of Johann Hass. Without fretting some of the notes together the instrument would have had a very wide stringband of one hundred and sixty four 8ft strings, and treble keylevers so long that they would have been almost impossible to control and prevent from bouncing off the strings.

Fourthly, the splaying pattern of the keys is unique. The splaying pattern of the keys is an important factor in the design of a clavichord since, together with the shape of the bridge, the positioning of the bridge and the placement of the bridge pins, it determines the length of the strings. Not surprisingly, Hass was most particular with regard to the keylever splaying pattern, and I have determined that Hass clavichords of the same model and period have exactly the same splaying pattern. Since the 1761a JH is the only five-octave fretted Hass clavichord in existence, the rackslot spacing pattern must also be unique. Indeed, a comparison of rackslot spacings, made by analysing rubbings taken using a cobbler's heelball on drafting film, has revealed that the distance between the guide slots of notes fretted together is wider on this instrument than on unfretted five-octave Hass clavichords of the 1760s.

Fifthly, the arrangement of the bridge pins on the 8ft bridge and the arrangement of the 8ft tuning pins on the soundboard is non-standard. Bridge pins for the 8ft strings of standard Hass clavichords are clearly arranged in pairs so that each tangent strikes only a single course of strings. Furthermore, the distance between the two pins of a pair and the distance between each separate pair of pins narrow towards the treble. On the 1761a JH the 8ft bridge pins are arranged in pairs from FF to B, but from c to f^3 the pins are arranged in groups of three (fig. 3). Similarly, the 8ft tuning pins are grouped in threes from the note c upwards. During the course of my research into the clavichords of the Hass family, I have determined that the positions of the bridge pins were marked onto the crest of the bridge using a calibrated stick held at

Fig. 3. Bass end of the 8ft bridge showing the double and triple bridge pinning (stringing incomplete, MMCCS no. A 40). *Hass-clavichordets 8'steg set fra bassiden med stifter til dobbel- og trippelkor (bestrengning ukomplet)*.

right-angles to the spine of the instrument. Furthermore, a number of surviving Hass clavichords were clearly marked out with the same stick, or with a stick of similar calibration.[4] Since the 1761a JH has a unique arrangement of bridge pins and of tuning pins Hass must have constructed a number of specially calibrated sticks for the purpose of marking out the pin positions of this instrument. As such, the layout of the pins underlines the uniqueness of this instrument.

It is important to stress, however, that much of the basic construction work of this instrument is typical of Hass. The case is made in the same manner as all other signed and dated Hass clavichords, with similar case dimensions, case joints and soundboard design. The string lengths are also standard and, as usual, are based on a c^2 length of twelve Hamburg Zolle or inches, which is close to 286 mm. It is the parts of the clavichord which determine the correct functioning of the instrument, such as the rack and the bridge pinning, which are unique, and not the general construction of the instrument or the layout of the various elements.

Theories regarding the instrument's origin

With an instrument displaying such unique elements as the 1761a JH it is inevitable that organologists should pose the question: 'Why was such an instrument built?' There is, of course, no easy answer to such a question for there are, unfortunately, no surviving note books or technical drawings from the Hass workshops. It is likely, however, that the clavichord was provided with three choirs of 8ft strings in order to increase the potential volume of the treble register, in particular, which would in turn help balance the treble and bass registers. Music consisting of melody and accompaniment or continuo realizations are well-suited to instruments weighted in favour of the bass, but pieces of a more contrapuntal nature require instruments with more equally-matched registers.

When a keylever is depressed, momentum (mass × velocity) is transferred from the player's fingers to the string via the tangent. Since momentum is the product of mass and velocity, the velocity of the tangent is an important factor in determining the volume of sound produced. It is easy to play loudly in the bass because the strings are thickest in this part of the compass and the keylevers have a relatively high mechanical advantage (see Formula 1), but the treble tends to be weak. In order to try and balance the strength of the bass and treble tone it is necessary for the treble tangents to be moving as fast as possible. Historical clavichord design ensures that this is the case by having the treble strings positioned further from the player than the bass strings and therefore the tangents positioned further along the keylevers, which in turn ensures a higher tangent velocity (see Formula 2) in the treble than in the bass.

Formula 1
The mechanical advantage of the keylever

$$\text{Mechanical advantage} = \frac{a}{b}$$

Where   a = distance from the balance point to the front of the key
        b = distance from the balance point to the tangent

Formula 2
The tangent velocity

$$\text{Tangent velocity} = A \cdot \frac{a}{b}$$

Where   a = distance from the balance point to the front of the key
        b = distance from the balance point to the tangent
        A = keyfront velocity

As Table 2 shows, the mechanical advantage of the treble keys of Hass clavichords is approximately half that of the bass keys. Furthermore, since the bass register of Hass clavichords is designed for triple stringing the treble register is relatively weaker than those clavichords which are not provided with 4ft strings. Providing three 8ft strings for the treble must, therefore, help in balancing the tone of the different tessituras since three strings radiate slightly more sound than two strings. As the stringing of part of the treble register is also heavier than normal it is theoretically possible to strike the strings at a faster rate and therefore produce a louder sound, since heavy strings offer more resistance to the player's fingers than light strings.

Table 2
Keylever measurements (in millimetres) and mechanical advantage
of the two five-octave Hass clavichords from 1761

Instrument	Note	Keylever length	Balance point to front of natural	Balance point to tangent	Mechanical advantage
1761a JH	f^3	462	160	297	0.539
	FF	408	148	128	1.156
1761c JH	f^3	477	165	309	0.534
	FF	422	154	137	1.124

Postamble

Any study of Hass clavichords cannot be complete without some reference to this important instrument. The idea of triple 8ft stringing does not appear to have been used in areas such as Scandinavia, where the clavichord continued to be made and played long after it had fallen from fashion in Germany. Although Swedish makers did make use of triple-stringing in the bass, they produced potentially louder instruments not by using three sets of brass strings throughout the compass, but by using much longer treble strings of iron.

Acknowledgements

I would like to thank Mette Müller and her curatorial staff for allowing me unlimited access to this and other Hass instruments in their care, also Frances Nex for proof reading and Jenny Nex for helping me both measure and record the data of this very special instrument.

Appendix 1:
Index of Surviving Hass Clavichords

In the following index specific instruments are referred to by their date of construction and maker's initials. Where more than one instrument from a single year survives a lower case letter is also given to help identification. Where the date of an instrument is uncertain it is given in parentheses.

Clavichords of Hieronymus Hass

Instrument	Compass	Location	Inventory number
(1725) HH	C to d^3	Köpings Museum, Köping	00.538
1728 HH	C to d^3, later extended to f^3	Musikinstrumentenmuseum, Berlin	0344
1732 HH	FF to d^3, later extended to f^3	Museum für Kunst und Gewerbe, Hamburg	1903.754
1740a HH	C to d^3	Stiftelsen Musikkulturens Främjande, Stockholm	KL47
1740b HH	C to d^3	Private ownership, Lyngby, Copenhagen	----
1742a HH	FF to f^3	Museum für Hamburgische Geschichte, Hamburg	1898.95
1742b HH	FF to f^3	Museum für Bergedorf und die Vierlände, Hamburg	1954.2
1743a HH	FF to f^3	Bate Collection, Oxford	----
1743b HH	FF to f^3	Musikhistorisk Museum, Copenhagen	MMCCS Cl no. 49
1744a HH	FF to f^3	BMMI, Brussels	2518
1744b HH	FF to f^3	Stiftelsen Musikkulturens Främjande, Stockholm	KL48

Clavichords of Johann Hass

Instrument	Compass	Location	Inventory number
1746 JH	C to d³	Koldinghus Museum, Kolding	292
1747 JH	FF to f³	Norsk Folkemuseet, Oslo	950-97
1748 JH	GG to d³	Grassi Museum, Leipzig	26
1755 JH	FF to f³	Musikhistorisk Museum, Copenhagen	MMCCS no. A 19
1756 JH	C to d³	Smithsonian Institute, Washington	1980.0020.01
1760 JH	FF to f³	Museum für Kunst und Gewerbe, Hamburg	1904.708
1761a JH	FF to f³	Musikhistorisk Museum, Copenhagen	MMCCS no. A 40
1761b JH	C to d³	Musikhistorisk Museum, Copenhagen	MMCCS no. Cl 50
1761c JH	FF to f³	Christopher Hogwood, Cambridge	----
1762 JH	FF to f³	Forsyth Collection, Manchester	----
1763a JH	FF to f³	Russell Collection, University of Edinburgh	22
1763b JH	FF to f³	Private ownership, Venice	----
1767 JH	FF to f³	Private ownership, London	----

Appendix 2
Measurements (in millimetres) and data of the triple-strung Hass clavichord of 1761

Johann Adolph Hass, 1761 fretted clavichord
Musikhistorisk Museum, Copenhagen
inventory number MMCCS no. A 40

Signature: J A Hass / Hambg Anno 1761

Case
dimensions: Length 1729½, with mouldings 1748, inside length 1694
Width 522, with mouldings 530, inside width 489
Right-hand soundboard front length 754
Soundboard to top of case 34½
Height of case sides 137½, with baseboard 168
Keywell length 846

Keyboard: Compass FF to f^3, 61 notes
Three-octave span 492
Total width of keys at keyfronts 843
Naturals of ivory
Accidental blocks of black-stained lime capped with ebony
Arcades of ebony

String scalings:

8ft string lengths		4ft string lengths	
Note	Length	Note	Length
f^3	105		
c^3	141		
f^2	216		
c^2	284		
f^1	425		
c^1	564		
f	807		
c	1001	H	664
F	1210	F	813
C	1328	C	944
FF	1471½	FF	1138

Fretting:	Unfretted FF to e, then fretted in pairs from f-f$^\#$ upwards apart from f^3 and all the ds and as which are free
Gauge numbers:	FF to GG 000, GG$^\#$ to AA$^\#$ 00, HH to D 0, D$^\#$ to F 1, F$^\#$ to A 2, A$^\#$ to d$^\#$ 3, e to h 4, c^1 to f$^{\#2}$ 5, g^2 to d^3 6, d$^{\#3}$ to f^3 7
Decoration:	The present outer case decoration obscures the original paintwork. The stand, too, is not original, and the soundboard painting has been retouched at some point in the instrument's history.
Previous owners:	The instrument is thought to have belonged to the Danish composer C.E.F. Weyse (1774-1842), who was born in Altona, now a suburb of Hamburg. It was later owned by the Danish singer Albert Meyer (1839-1892) whose heirs gave it to the Musikhistorisk Museum in 1926.

Dansk resumé

Hass-familien i Hamborg er sin generations mest betydningsfulde clavicord-byggere på grund af høj håndværksmæssig kvalitet og et relativt stort antal bevarede instrumenter. De fleste af deres clavicorder var enten ubundne FF til f^3 modeller eller bundne C til d^3 modeller konstrueret tre-koret i bassen og dobbelt-koret i resten af toneomfanget. Et af de bevarede instrumenter fra 1761 (ref.: 1761a JH) er enestående ved at være et bundet clavicord med fem oktaver konstrueret tre-koret i hele toneomfanget. Artiklen foretager en indgående undersøgelse af clavicordet og giver en forklaring på instrumentets konstruktion.

Noter

1. The harpsichord built in 1721 by Hieronymus Hass and presently preserved at the City Museum, Gothenburg, is believed by the present writer to have originally been disposed 3 × 8ft, 2 × 4ft. The harpsichord built in 1723 by Hieronymus Hass and now held at the Musikhistorisk Museum, Copenhagen, is disposed 3 × 8ft, 1 × 4ft.

2. For further information regarding this instrument see John Barnes: "Reconstruction of Douwes' clavichord", in *De Clavicordio. Proceedings of the International Clavichord Symposium / Atti del congresso internazionale sul clavicordo. Magnano, 9-11 September 1993*, Bernard and Susan Brauchli and Alberto Galazzo (eds.), Istituto per i Beni Musicali in Piemonte, Turin 1994, pp. 75-79.

3. The letter names and gauge numbers are normally written in black ink, and I have chosen to retain the note letter names used by Hass, that is H rather than B♮, and A# rather than B♭.

4. For further information regarding the marking-out of Hass clavichords see my paper: "The Laying-out of Hass Clavichords", *Opus cit*. pp. 111-21, see note 2.

Ture Bergstrøm

Pörschmann-blokfløjten på Musikhistorisk Museum

Beretning om en teknisk undersøgelse

På Musikhistorisk Museum findes en altblokfløjte med signaturen *I POERSCHMAN*, inv. nr. Cl 417. Instrumentet indbyder umiddelbart til et nærmere bekendtskab, da der er tale om et meget smukt, velbevaret og tidstypisk instrument fra den første halvdel af 1700-tallet, bygget af en af tidens anerkendte instrumentbyggere (pl.VIII).

I begyndelsen af 1997 havde jeg lejlighed til at gennemføre en omfattende undersøgelse af fløjten, herunder en fuldstændig opmåling, en CT-scanning af udvalgte detaljer samt en måling af fløjtens stemning. Undersøgelsen resulterede i et puslespil af oplysninger, som jeg vil forsøge at samle i nærværende artikel. Udover en beskrivelse af de anvendte undersøgelses- og målemetoder og deres resultater, vil jeg opridse nogle af de generelle betragtninger, der ligger til grund for arbejdet med opmåling af træblæseinstrumenter.

I forbindelse med opmålingen er der udfærdiget en tegning, der gengives i nærværende artikel i formindsket form, med nogle udeladelser (fig. 13). Den fuldstændige tegning i målestok 1:1, som er den første i en planlagt serie tegninger af museets blæseinstrumenter, forhandles på museet.

Fig. 1. Nærbillede af signaturen. *Close-up of signature.*

Instrumentbyggeren Johann Pörschmann

Udfra signaturen på blokfløjtens hovedstykke (fig. 2, bogstavet I er nærmest ulæseligt) kan instrumentbyggeren identificeres som *Johann Pörschmann*, der fødtes omkring 1680 i Wittenberg og døde i Leipzig 1757[1]. Fra 1708 var han aktiv som instrument- og pibemager i Leipzig, og han nævnes i 1743 som fagottist og oboist i "Großes Konzert", det senere Gewandhausorkester. Blandt hans elever var de senere meget berømte instrumentbyggere K. A. Grenser og J. F. Grundmann, og blandt gudfædrene til hans børn var instrumentbyggeren J. H. Eichentopf. Der er ikke bevaret mange instrumenter fra Johann Pörschmanns hånd, nemlig – udover altblokfløjten i København – 3 tværfløjter, en obo, en obo d'amore og en fagot[2]. Med andre ord er denne altblokfløjte den eneste kendte, bevarede Pörschmann-blokfløjte.

Pörschmann-fløjten kom til Musikhistorisk Museum fra Carl Claudius' Samling, da de to samlinger blev sammenlagt i 1977. Eftersom Carl Claudius døde i 1931, er fløjten naturligvis indgået i hans samling inden da, men herudover foreligger der ingen oplysninger om, hvornår og hvorfra den er erhvervet, endsige om dens opholdssted i de ca. 200 år siden den blev bygget.

Undersøgelse af museumsinstrumenter

Blandt alle overleverede genstande fra vores fortid indtager musikinstrumenterne en særstilling derved, at en nøje opmåling af de fysiske dimensioner er væsentlig for forståelsen af genstandens egenskaber; dels er dimensionerne bestemmende for de akustiske egenskaber, der igen kan give væsentlige oplysninger om instrumentets benyttelse i en musikalsk sammenhæng, dels kan dimensionerne alene være vigtige for bestemmelsen af instrumentets historiske indplacering. De originale, historiske musikinstrumenter er desuden genstand for en stor interesse fra de mange udøvende musikere, der dyrker den historiske musik, og som ønsker at berige deres egen og tilhørernes oplevelse af denne musik ved at inddrage alle de musikalske erfaringer, der kan høstes fra originalinstrumenterne. Som resultat af denne interesse er der opstået en efterspørgsel efter nybyggede "kopi"-instrumenter, der svarer mest muligt til originalinstrumenterne, og som derfor forudsætter meget nøjagtige opmålinger.

Ved enhver undersøgelse af et historisk musikinstrument vil der – ligesom ved blot at udstille instrumentet – være en risiko for skader, der i sidste ende kan føre til tab af det, man ønskede at dokumentere eller udstille. Det kan derfor være fristende for et museum at vælge en meget restriktiv politik med hensyn til adgangen til de instrumenter, der er i dets varetægt. I løbet af 80erne blev adgangen til musikinstrumenterne på de fleste museer kraftigt indskrænket, ironisk nok netop på grund af tidens voksende interesse for den historiske musik, da alene *antallet* af instrumentbyggere og andre interesserede, som ønskede at opmåle instrumenterne, var begrundelse nok for at begrænse adgangen hertil.

Hvis imidlertid adgangen til instrumenterne helt afskæres af bevaringshensyn, er der i realiteten også sket et tab af historisk materiale, idet det jo (for en nulevende person) kan være uden betydning, om et instrument eksisterer eller ej, hvis det er lukket inde i en forseglet kasse. Det er derfor nødvendigt at finde en middelvej, hvor så mange oplysninger som muligt om instrumentets mål og egenskaber kan stilles til rådighed for interesserede, uden at der tages nogen unødig risiko med hensyn til bevaringen af instrumentet.

Min opmåling af Pörschmann-fløjten er et resultat af en sådan "middelvej", hvor jeg har søgt at opmåle fløjten så skånsomt som muligt, samtidig med at måleresultaterne stilles til rådighed for alle.

Opmåling og formidling af måleresultater

Udstrækningen af en fysisk, rumlig genstand, som f.eks. et musikinstrument, kan mest entydigt beskrives udfra et 3-dimensionalt koordinatsystem, der anbringes fast i forhold til genstanden. Ideelt set ville instrumentet kunne beskrives fuldstændigt ved for ethvert punkt i koordinatsystemet at angive, om punktet hører med til instrumentet eller ej (evt. med en angivelse af, hvilken del af instrumentet punktet hører til). Da der her vil være tale om en uendelig datamængde, vil en sådan beskrivelse naturligvis aldrig kunne udføres i praksis – selv med anvendelse af store computere, men en tilnærmelse til dette ideal kan i fremtiden blive mulig, f.eks. ved at beskrive et instrument ved et antal tætliggende snit, der hver for sig rummer et endeligt antal data. Disse data vil kunne lagres og bearbejdes i et computerprogram (i lighed med nuværende programmer til 3-dimensional Computer Aided Design), således at man kan hente oplysninger om mål imellem vilkårlige punkter på instrumentet og få optegnet og udmålt vilkårlige snit gennem instrumentet både på skærm og på papir.

Selv om jeg anser ovenstående betragtningsmåde for rationel og hensigtsmæssig ved forståelsen af et instruments geometri, vil jeg ikke forfølge denne idé videre, da opmålingen af et instrument, foretaget i tre dimensioner – inklusive krumning, ovalitet, skævheder osv., indtil videre volder uoverstigelige problemer. Derimod vil jeg søge at beskrive nogle af de overvejelser, der knytter sig til en traditionel opmåling af træblæseinstrumenter.

Træ er et levende materiale, hvis dimensioner til stadighed ændrer sig, især på grund af ændringer i træets fugtighedsindhold, der for et museumsinstrument stort set kun afhænger af den omgivende lufts fugtighed. En metode til opmåling skal derfor så vidt muligt kunne tage højde for denne ovalitet, og man skal være bevidst om, at måleresultaterne kun beskriver instrumentet i dets øjeblikkelige tilstand. Det er også vigtigt at mærke sig, at målenøjagtigheden ved mekanisk opmåling af træ er mindre end ved opmåling af f.eks. metal. Dette hænger sammen med træets noget udefinerede overflade (ruhed, uregelmæssighed fra bearbejdningen m.m.) og med, at overfladen let sammentrykkes af måleinstrumentet. Lægges hertil fugtighedsvariationerne, er det klart, at det ikke har nogen mening at arbejde med de samme snævre måletolerancer, som det kendes fra metalindustrien, og det er klart, at man skal arbejde med måleværktøj, der udøver mindst muligt tryk på objektet – dette sidste er naturligvis også meget vigtigt for at forebygge skader på det instrument, der opmåles.

Optegnelsen af måledata og den senere ordning og formidling af disse kræver mindst lige så mange overvejelser som selve opmålingen. Et af problemerne er beskrivelsen af skader og deformationer, der tydeligvis er sket *efter* at byggeren færdiggjorde instrumentet. Disse kan have interesse for instrumenthistorikeren, mens instrumentbyggeren, der vil lave en kopi, vil være bedre tjent med en kvalificeret vurdering af de originale dimensioner. Et andet problem er, hvorvidt forefundne skævheder, uregelmæssige krumninger, buler og lignende afvigelser fra enkle geometriske former, der kan være opstået *under bygningen*, repræsenterer instrumentbyggerens intentioner eller er opstået tilfældigt. Her må hvert tilfælde vurderes særskilt, og der påhviler opmåleren et stort ansvar for ikke at overse detaljer, der ved første blik ser tilfældige ud, men som senere kan vise sig at være af betydning for instrumentets funktion.

Måleresultaterne kan gengives i forskellig form: i tabeller, som sproglige kommentarer og i form af tegninger. En tabel, f.eks. over en borings forløb, er præsentation af rå data uden nogen fortolkning, hvorimod sprogligt formulerede kommentarer (f.eks. "buer let indad", "kraftigt underskåret") dels er mindre præcise og dels kan indeholde opmålerens fortolkning. Tegninger kan virke objektive, men selv en nok så præcis og detaljeret tegning kan ikke laves uden et meget stort antal vurderinger og fortolkninger af måleresultaterne. En tegning baseret på en opmåling skal jo omsætte et endeligt antal måledata til et – i teorien – uendeligt antal punkter på tegningen. Anbringelsen af målepunkterne på tegningen er objektiv nok, men det er for overskuelighedens skyld nødvendigt at forbinde punkterne med "passende" geometriske kurver, der ikke baserer sig på de fundne data, men på hvad man fornemmer ser "rigtigt" ud. Denne forbindelse af målepunkterne kan enten gøres på fri hånd eller på en computer med et teknisk tegneprogram; begge metoder indeholder lige store elementer af personlig vurdering, men computertegning har den fordel, at tegneren tvinges til at definere kurverne éntydigt, og at det hele tiden kan dokumenteres, hvilke kurver der rent faktisk er anvendt på tegningen. Da det er vigtigt at erindre sig, at det er *tallene* på tegningen, der repræsenterer de egentlige måledata, er det – både ved frihånds- og computertegning – naturligvis væsentligt, at der ikke på tegningen (f.eks. midt på en blød kurve, der forbinder målepunkter) angives andre *tal* end dem, der er fundet ved selve opmålingen, selv om dette kunne være fristende.

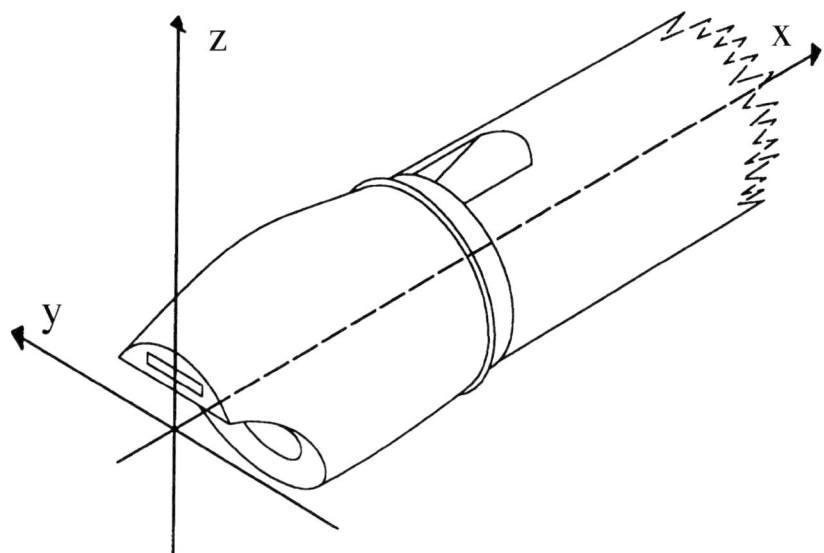

Fig. 2. Fløjtens retninger. *Directions of recorder.*

Definition af fløjtens retninger

I overensstemmelse med ovenstående betragtninger har jeg tænkt mig fløjten anbragt i et 3-dimensionalt koordinatsystem med sit begyndelsespunkt i det punkt, hvor fløjtens midterakse skærer den normalplan hertil, som indeholder fløjtens øverste ende med indgangen af vindkanalen (fig. 2). x-aksen udgør da fløjtens længdeakse med positive værdier ned gennem fløjten. y-aksen repræsenterer fløjtens "bredde" målt fra side til side, og den tænkes at have sine positive værdier på fløjtens venstre side, forstået som den side, der vender mod spillerens venstre hånd. z-aksen beskriver retningen frem/tilbage, mellem for- og bagsiden på fløjten, og den tænkes at have sine positive værdier foran på fløjten (f.eks. ved labiet). Ved denne definition kan totalbilledet af fløjten på den tekniske tegning (fig. 13) fortolkes som et snit gennem fløjten i den plan, der beskrives af x- og y-aksen, og hvor z har værdien 0. I anden litteratur beskrives disse retninger forskelligt, John Martin[3] anvender *top/bottom (up/down), left/right, front/back,* mens Bob Marvin[4], der også følges af Thomas Lerch[5], anvender *length (top/bottom), horizontal axis, vertical axis.* Det fører let til forvirring, at man har en retning betegnet op/ned (= længderetningen), når man også betegner en retning vinkelret herpå som *vertical,* og jeg vil derfor mest støtte mig til John Martin med betegnelserne *op/ned, side/side og frem/tilbage,* i nogle tilfælde præciseret udfra det nævnte koordinatsystem som henholdsvis *x-aksens, y-aksens og z-aksens retning.*

UNDERSØGELSEN AF FLØJTEN

Materiale og tilstand

Fløjten er, i overensstemmelse med tidens tradition, bygget af buksbom i tre dele, som jeg i det følgende vil betegne hoved, midterstykke og fod. I hovedet er indsat en blok af en træsort, der ikke lod sig bestemme ved min undersøgelse. Fløjten er ikke bejdset eller lakeret, men formodentlig behandlet med linolie. Selv om kun hovedet bærer signaturen *I POERSCHMAN,* er der ikke tvivl om, at fløjtens midterstykke og fod også er originale, da alle delene entydigt har samme farve, overflade og bearbejdning. Det kan ikke fastslås helt så sikkert, om blokken også er original, men jeg vurderer det som overvejende sandsynligt, at også den er det.

Der er to ting, der tyder på, at fløjten har været brugt flittigt, formodentlig da den endnu var ny. For det første er kanten af oktavhullet bag på fløjten tydeligt mere afrundet og også mere uregelmæssig end kanten af de øvrige gribehuller; dette er en typisk form for slid forårsaget af spillerens tommelfingernegl. For det andet viste den gennemførte CT-scanning af blokken en deformation, der kun kan skyldes en kraftig påvirkning af fugtighed fra spil på fløjten, efterfulgt af en for hurtig udtørring. Herom berettes mere detaljeret nedenfor.

Når der ses bort fra blokken, er fløjten i usædvanlig god stand. Opmålingen viste næsten ingen ovalitet i tværsnittene af fløjten, hverken i boringen eller i de ydre dimensioner, hvilket tyder på at byggeren ved fremstillingen har anvendt tørt og lagret træ af højeste kvalitet, og at fløjten under sin opbevaring har været forskånet for påvirkninger af pludselig fugtighed og følgende udtørring. Der synes at være to små revner i fløjteoverfladen, men da de sidder helt utypisk på steder, der ikke er udsat for trækpåvirkninger, tror jeg, der kun er tale om overfladiske ridser.

Også fløjtens tapsamlinger mellem hoved og midterstykke og mellem dette og foden er usædvanlig velbevarede. Her er det almindeligt at finde revner i det udvendige træ udenom taphullet og deformationer i tappene, hvilket skyldes forskellige former for mekanisk overbelastning af fløjten, som f.eks. knæk og vrid eller en for kraftig bevikling af tappen, kombineret med indvirkningen af fugt fra spillet, der netop giver de største deformationer, dér hvor træet er tyndt. På Pörschmann-fløjten er der ingen synlige revner omkring samlingerne, og der er ingen tegn på sammentrykning eller anden deformation af tappene.

Ydre dimensioner

Fløjtens ydre dimensioner blev målt med lineal og skydelære; jeg skønner målenøjagtigheden i fløjtens længderetning til at være bedre end $\pm 0{,}5$ mm og i tværmålene (diametrene) bedre end $\pm 0{,}1$ mm. For at fastslå en eventuel ovalitet blev mange af tværmålene taget både i retningen side/side og frem/tilbage; detaljerne blev dog kun målt side/side. Alle steder var diameteren side/side[6] større end eller lig med diameteren frem/tilbage, og den største ovalitet på 1,3%[7] blev målt på hovedet lige over labiet; de fleste steder er ovaliteten under målenøjagtigheden. Det er ikke forbavsende, at man finder den største ovalitet i nærheden af vindkanalen, hvor træet til stadighed har været udsat for skiftende fugtpåvirkninger; ligeledes er det også normalt, at en blokfløjtes tværmål er størst i retningen side/side i forhold til retningen frem/tilbage, da man ved udskæring af labium og fingerhuller normalt sørger for at vende træet, så at årringene går i retningen frem/tilbage, og marvstrålerne går i retningen side/side. En udtørring af træet bevirker en større skrumpning i årringenes retning end i marvstrålernes retning (men kun en forsvindende ændring i træets længderetning). Det er muligt inden for visse grænser at anslå instrumentets originale diameter ud fra den fundne ovalitet[8], men jeg mener, at ovaliteten i dette tilfælde er for lille til, at beregningen giver mening, og at fløjten er tæt på at have sine originale dimensioner.

I samlet tilstand er fløjtens længde 492 mm, fordelt med 191, 200 og 101 mm til henholdsvis hoved, midterstykke og fod. Længden træffer hermed netop gennemsnitsværdien for de af Thomas Lerch undersøgte altblokfløjter[9]. Også proportionerne mellem delene falder inden for, hvad der er normalt for tidens altblokfløjter med fordelingen 38,8%, 40,7% og 20,5% (Lerchs gennemsnitsværdier er 38,9%, 40,0% og 21,1%).

Der eksisterer ikke mig bekendt sammenlignende undersøgelser af de drejede ornamenter, som baroktidens træblæseinstrumenter er så rigeligt forsynet med, men det er min vurdering, at Pörschmann-fløjten heller ikke i denne henseende adskiller sig fra det tidstypiske.

Fingerhuller

Hul nr.[10]	0	1	2	3	4	5	6	7
Afstand fra top til hullets centrum	207	225,5	255	287	325	357	383	409,5
Ø side/side	5,7	5,7	5,7	5,7	5,7	5,7	4,9	4,8
Ø op/ned	5,9	5,9	5,9	5,8	5,8	5,8	5,0	5,1

Fig. 3. Fingerhullernes placering og størrelse. *Placing and dimension of finger holes.*

Hullernes placering og størrelse er anført i tabellen fig. 3. De 7 huller på midterstykket går vinkelret ind på fløjtens længdeakse, mens hullet på fodstykket peger nedad, afvigende ca. 20° fra vinkelret. Udover disse mål har det interesse at fastslå karakteren og omfanget af underskæringen af hullerne, dvs. udvidelsen af hullerne ind mod boringen. En underskæring har til formål at fjerne eventuelle trevler, der dannedes i instrumentets indre, da hullet blev boret, men den har desuden akustisk betydning både ved at udjævne overgangen mellem instrumentets boring og fingerhullet og som del af instrumentets samlede volumen. Da fingerhullerne således typisk udvider sig *ind imod* boringen, er denne opmåling meget vanskelig, og oftest må man nøjes med en beskrivelse eller skitse af hullernes form. Den gennemførte CT-scanning af instrumentet (herom mere detaljeret nedenfor) viste sig at være en stor hjælp til denne beskrivelse. På fig. 4 ses et tværsnit af fløjten (plan bestemt ved $x = 255$) lige igennem 2. fingerhul. Her ses tydeligt, hvorledes hullet er udvidet konisk indadtil med en lille afrunding ved overgangen til boringen. Der foretoges scanning af to fingerhuller, der begge viste samme form, men jeg mener ikke, at opmålingen af underskæringen er så vigtig, at den kan retfærdiggøre de omkostninger, der er forbundne med en fuldstændig scanning, som naturligvis også skulle indeholde snit i fløjtens længderetning (i planen bestemt ved $y = 0$).

Fig. 4. Tværsnit af et fingerhul.
Cross section of finger hole.

Boringen

Opmålingen af en blokfløjtes indre boring har to hovedproblemer, som en opmålingsmetode skal tage højde for: ovalitet og konicitet. Af hensyn til ovaliteten skal det være muligt at måle boringsdiameteren ved måling i forskellige retninger,[11] altså f.eks. både i retning side/side og frem/tilbage. En blokfløjtes boring har et såkaldt omvendt konisk forløb, forstået på den måde, at boringsdiameteren er størst øverst på fløjten, og mindre nedefter. Da det oftest ikke er forsvarligt, af hensyn til bevaringen af en museumsfløjte, at fjerne blokken øverst i boringen, skal det anvendte måleredskab kunne føres ind i gennem det forholdsvis lille hul nederst i fløjten og kunne måle større diametre længere oppe i boringen. På en barokblokfløjte, som kan adskilles i tre dele, ligger vanskeligheden især i opmålingen af hovedet, samt i opmålingen af eventuelle irregulære steder, hvor boringen f.eks. er udvidet "bobleformet".

Min intensive beskæftigelse med renæssanceblokfløjter, som er lavet i et stykke træ, gjorde det nødvendigt for mig at få udviklet et måleredskab, der kunne føres ind i boringen nedefra. På basis af en idé fra Rod Cameron, USA, blev dette instrument bygget i 1982 af akademiingeniør Jesper Evald, København. Måleinstrumentet består af et 6 mm tykt messingrør, der i standardudførelsen er ca. 70 cm langt (men kan forlænges til at måle op til 2 meters længde), og hvorpå der er monteret en fast nederste føler i forlængelse af røret samt en bevægelig øvre føler, der er fjederbelastet således, at følerne holdes fra hinanden (fig. 5). På fjederen (en bladfjeder af fosforbronze) er fastlimet såkaldte *strain gauges*, der ændrer elektrisk modstand ved deformation. Ved løbende at måle den elektriske modstand i disse kan deformationen af fjederen og hermed afstanden mellem følerne bestemmes, og den vises på et digitalt viserinstrument i mm med to decimaler.[12] Under målingen anbringes fløjten vandret på et par bukke, og måleinstrumentet føres vandret ind i fløjten fra dennes nederste ende. For at sikre, at der ikke kan opstå spor efter målingen i fløjten, er der på følerne anbragt polerede buksbomknopper, således at intet metal kommer i kontakt med boringen. Følernes trykpåvirkning af boringsvæggen er i størrelsesordenen 70 g for den nederste, faste føler, og 20 g for den øverste, bevægelige føler, hvilket kun er en brøkdel af det tryk, der udøves med traditionelle, fast indstillede følere.

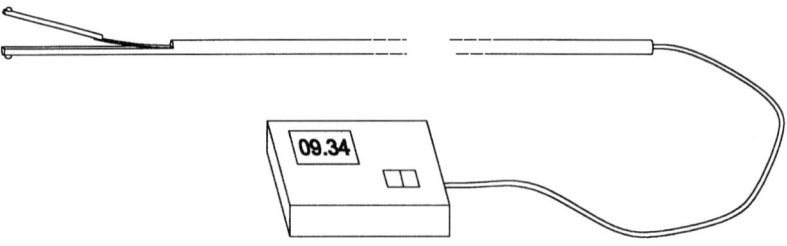

Fig. 5. Skematisk tegning af måleinstrument til den indvendige boring. *Diagram of measuring instrument for inside bore.*

Måleinstrumentets kalibrering kontrolleres før hver opmåling, og gentagne opmålinger har vist en målenøjagtighed bedre end ±0,05 mm. For ikke at give et falsk indtryk af nøjagtigheden, har jeg i videregivelsen af måleresultaterne afrundet til nærmeste 0,1 mm.

Forløbet af Pörschmann-fløjtens boring er anskueliggjort på fig. 6. På den vandrette akse aflæses afstanden fra fløjtens øverste punkt, og på den

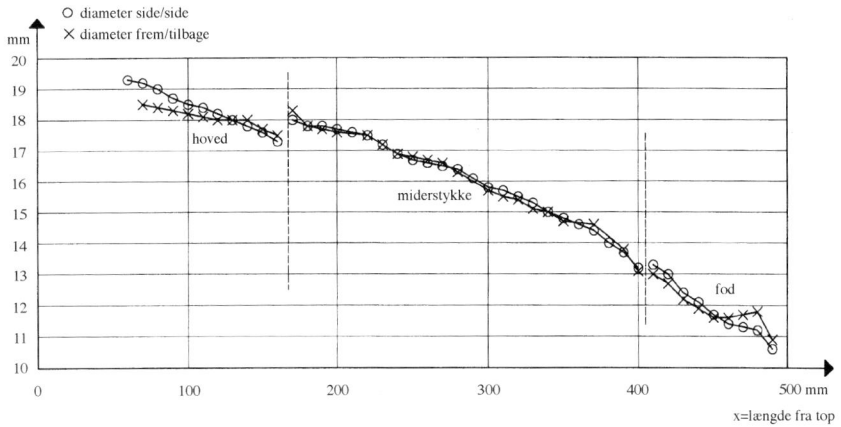

Fig. 6. Boringens forløb. *Course of bore.*

lodrette akse er diameteren angivet. Største diameter er 19,3 mm øverst i boringen og mindste diameter er 10,6 mm nederst. Alle fløjtens tre dele har et tydeligt konisk indsnævrende ("omvendt konisk") forløb. Boringen må generelt betegnes som regelmæssig og glat; heller ikke ved at se ned gennem boringen af fløjtens midterstykke kan der konstateres uregelmæssigheder.

Betragtes hovedet alene, bemærker man, udover det koniske forløb, en tydelig ovalitet i området nær vindkanal og blok. Ovaliteten er sædvanlig for instrumenttypen og skyldes, som nævnt, efter al sandsynlighed de gentagne påvirkninger af fugtighed og efterfølgende udtørring, der netop findes dette sted på fløjten. Til gengæld er koniciteten bemærkelsesværdig, da en konicitet af denne type kun findes på få barokblokfløjter, heriblandt blokfløjter af J. C. Denner[13] og blokfløjten af J. H. Eichentopf på Germanisches Nationalmuseum i Nürnberg.[14]

Midterstykkets boring er ganske lidt hvælvet eller konveks[15] med to antydninger af indsnævring ved længden $x = 240$ og 300. Denne boringstype er ikke ualmindelig, men det er til gengæld overgangen mellem hoved og midterstykke, hvor der findes et tydeligt trin *udad* fra hovedets boring på 17,3/17,5 mm til midterstykkets 18,0/18,3 mm. Dette træk findes kun på to af de over 50 af Lerch undersøgte instrumenter[16] og slet ikke på de 16 af Kirnbauer og Krickeberg undersøgte.

Ved overgangen mellem midterstykke og fod er der intet nævneværdigt trin. Foden er i øvrigt karakteriseret ved, at den ganske nøjagtigt fortsætter den konicitet, der angives af den nederste del af midterstykket, bortset fra en lille uregelmæssighed 10-20 mm fra enden af fløjten. Boringen er ikke udvidet nedefra, som det oftest sker ved stemningen af fløjtens nederste tone.

Vindkanal og labium

Lidt forenklet kan man sige, at en fløjtes boring og fingerhuller er bestemmende for musikalske egenskaber som stemning og tonestabilitet, men det er først og fremmest vindkanalens og labiets udformning, der er ansvarlig for fløjtens klanglige egenskaber. Så meget mere frusterende er det, at netop denne del af opmålingen er forbundet med næsten uoverstigelige vanskeligheder. Dels er det et problem overhovedet at måle og beskrive instrumentets nuværende geometri i det område, dels er det vanskeligt – selv hvis opmålingerne var gode – at slutte tilbage til de originale dimensioner, da fløjten på grund af fugtighedspåvirkninger her har ændret sig allermest.

Et af problemerne ved opmålingen er, at det ikke er forsvarligt at tage blokken ud af en historisk blokfløjte. Den sidder ofte så fast, at den ikke kan bankes ud uden risiko, og hvis man får den ud, kan det være vanskeligt at få den på plads igen, ja eventuelt vil den sætte sig i en ny position i forhold til fløjten, hvad der vil ændre vindkanalens form. Det ville være af stor betydning at udvikle en måleteknik, hvorved blokken kunne blive i fløjten, men hvor man alligevel f.eks. kunne fastslå, hvilken form vindkanal og labium har i længdesnit[17] og tværsnit,[18] og hvordan labiet er placeret i forhold til vindkanalens nederste udmunding.[19]

Et stort skridt i denne retning er opfindelsen af CT-scanning omkring 1972 (computertomografi), der nu bruges på de fleste sygehuse til diagnosticering af et stort antal sygdomme. Det er en røntgenteknik, hvor strålekilden roterer i en cirkelformet bevægelse omkring patienten, samtidig med at et antal sensorer registrerer udtyndingen af røntgenstrålen i de forskellige retninger. En computer omsætter disse oplysninger til et billede, der kan ses på en skærm og overføres til fotografisk film. Ved denne teknik kan man få et billede af organernes placering i forhold til hinanden, der er langt mere oplysende end et traditionelt røntgenbillede, hvor organerne overlejrer hinanden. Med CT-scanning kan der ikke alene fremstilles forskellige tværsnit af patienten, men et antal tværsnit kan af computeren samles til et tredimensionalt billede, og man kan få tegnet snit i alle retninger.

Der har lejlighedsvis været foretaget røntgenundersøgelser af musikinstrumenter, f.eks. for at fastslå indre deles placering i instrumentet, men også for at få oplysninger om boringen i træblæseinstrumenter. På et traditionelt røntgenfoto er kanten af boringen for utydelig til, at det er muligt at opnå tilstrækkeligt nøjagtige målinger. CT-scanning af musikinstrumenter har mig bekendt kun været brugt på forsøgsbasis af Germanisches Nationalmuseum i Nürnberg,[20] og det var derfor spændende, at jeg fik muligheden for at få gennemført en scanning af Pörschmannfløjten på Amtssygehuset i Herlev, ved overlægerne Sven Dorph og Lise Ingemann Jensen.

Det viste sig muligt at få lavet nogle meget fine tværsnit af vindkanal og labium; fig. 7 viser tre snit af vindkanalen og et af labiet så tæt ved dettes kant som muligt (tværsnit hhv. $x =$ ca. 11, $x =$ ca. 32, $x =$ ca. 51 og $x =$ ca. 63). Her kan vindkanalens højde[21] og dens tværgående krumning vurderes med rimelig sikkerhed. Jeg fandt en højde på hhv. 2,3, 2,0 og 0,9 mm, samt ved optisk sammenligning en tydeligt aftagende krumning (svarende til en voksende krumningsradius) af vindkanalen med en krumningsradius i det øverste snit på ca. 22 mm aftagende til labiets krumningsradius på ca. 55 mm. Endda årringenes forløb i træet kan følges på snittene (se især snit 2), og det kan ses, at den buksbomstamme, der er anvendt til hovedet, må have haft en diameter på over 140 mm.

En overraskende opdagelse ved scanningen var, at nogle huller i blokken, som jeg umiddelbart tydede som udfyldte gamle ormehuller, ifølge røntgenlægerne viste sig at indeholde *metal* af en eller anden art. Nogle af disse udfyldte huller er synlige i blokkens overside og har en grålighvid overflade, og andre ses på undersiden af blokken, desværre også netop på kanten af vindkanalen, hvor den akustiske effekt er størst. Disse metalklumper vanskeliggjorde scanningen af vindkanalen, da forekomsten af metal giver anledning til såkaldte *artefacta* på billederne, der kan beskrives som falske skygger/refleksvirkninger udgående fra metaldelene. På grund af disse artefacta blev det af computeren udfra tværsnittene beregnede længdesnit temmelig uskarpt, men heldigvis viste det sig muligt ved at lægge fløjten i en ny stilling at lave en bedre enkeltoptagelse af et længdesnit (gengivet på fig. 8). På dette ses placeringen af metal-

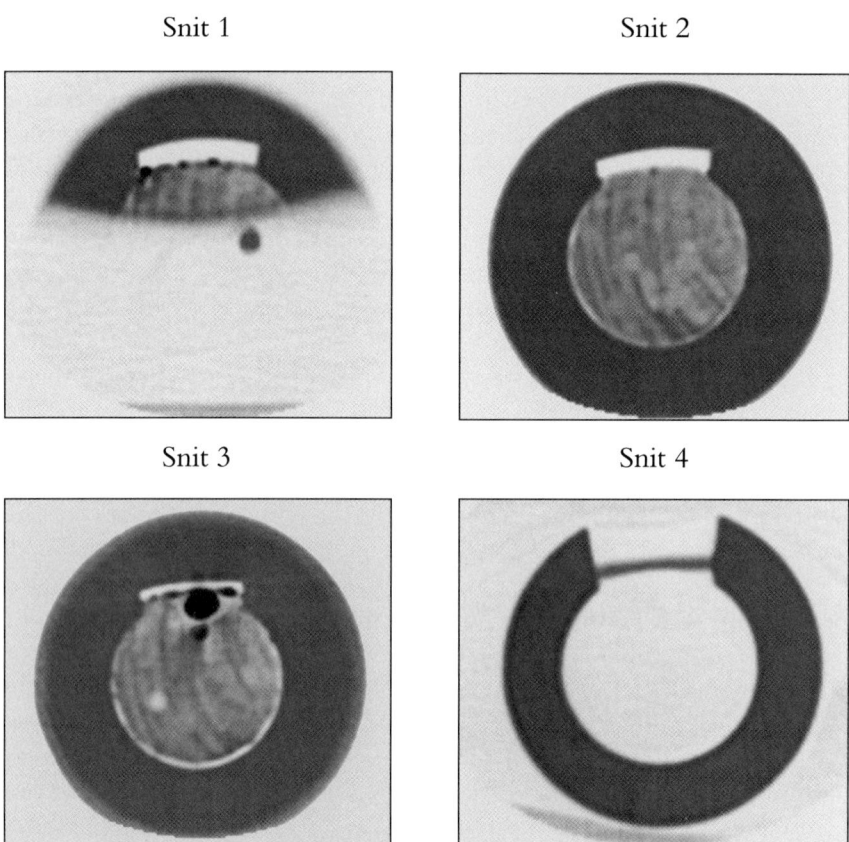

Fig. 7. Snit af vindkanal og labium. *Section of windway and lip.*

Fig. 8. Længdesnit af vindkanal og labium, y – 0.
Longitudinal section of windway and lip, y – 0.

klumperne i blokken tydeligt, samt de artefacta, der har dannet sig mellem klumperne og strålende ud fra disse. Også på fig. 7 snit 3 ses en klump, dog uden at den har givet anledning til særlige artefacta.

Det er naturligvis en gåde, hvilket materiale disse huller er blevet fyldt med, hvornår reparationen er sket, og hvorfor. En laboratorieanalyse af fyldningerne vil ganske sikkert kunne give svar på det første spørgsmål, men især er det svært at se grunden til reparationen. Hvis det var for at få fløjten til at spille eller klinge bedre, må man sige, at det er mislykket, da især klumperne ved vindkanalens nederste kant rager så langt op i denne, at tonedannelsen hæmmes væsentligt. Det er klart, at reparationen ikke kan være lavet, mens fløjten var i brug, da den ødelægger fløjtens klang (man ville have erstattet blokken helt, hvis den var blevet angrebet af orm), men må være foretaget i nyere tid, formodentlig i dette århundrede. En hypotese kunne være, at der er tale om sølvamalgamfyldninger foretaget af en tandlæge; dette understøttes faktisk af klumpernes form og den omstændighed, at der er et lufthul i den store klump ved vindkanalens nederste kant, hvilket ifølge overlæge Lise Ingemann Jensen ofte ses i "dårlige plomber". Det ligger udenfor denne undersøgelses rammer, at be- eller afkræfte denne hypotese; jeg vil nøjes med at konkludere, at der er tale om en meget uheldig reparation af fløjten.

Både på længdesnittet (fig. 8) og på tværsnittene (fig. 7) af vindkanalen kan man konstatere, at blokken også på anden måde er i meget dårlig bevaringstilstand, da den ikke længere passer i boringen, ja faktisk er der luft omkring blokken i hele dens længde undtagen ved den øverste, synlige ende. Den sidder lidt på skrå i boringen, med en sammentrykning af vindkanalens nederste del til følge, og hermed kan man være sikker på, at vindkanalen oprindeligt har været mere åben forneden end den højde på ca. 0,5 mm, der kan måles ad mekanisk vej. Det er tydeligt, at blokken har været udsat for trykskrumpning (eng. *compression shrinkage*), der opstår, når et stykke træ bliver udsat for fugtighed og derfor gerne vil svulme op, men bliver forhindret i at udvide sig, fordi det sidder fastklemt i et materiale, der ikke udvider sig i samme grad. Udvidelsen erstattes af et kraftigt tryk, der bevirker en deformation af træets fibre, og under en efterfølgende udtørring finder da en skrumpning sted. Skrumpningens omfang tyder i dette tilfælde på, at blokken har været udsat for kraftige fugtpåvirkninger. På grund af manglende sammenligningsmateriale kan jeg dog ikke vurdere dette nærmere. En nøje betragtning af længdesnittet viser i øvrigt, at også det omgivende træ i fløjtehovedet er blevet sammentrykket en ganske lille smule ved blokkens opsvulmning.

De viste snit af fløjtehovedet leverer argumenter både for og imod at tage blokken ud af fløjten. Det er på den ene side klart, at hvis blokken tages ud, er det helt usandsynligt, at den kan anbringes på samme plads igen, på den anden side er det sikkert, at den i øjeblikket ikke sidder i sin originale position, og der ville altså ikke tabes informationer ved en eventuel udtagelse af blokken. En anden placering af blokken kunne udmærket være mere i overensstemmelse med originaltilstanden.

Ud fra længdesnittet kan man få et indtryk af vindkanalens forløb og dennes placering i forhold til labiet. Vindkanalens forside (af andre benævnt overside) er tydeligt hvælvet også i fløjtens længderetning; kurven (snitplan bestemt af x- og z-akse) synes at krumme jævnt fremad og løfter sig på midten ca. 0,5 mm i forhold til den lige forbindelseslinje. Vindkanalens bagside (=blokkens forside, også benævnt vindkanalens underside) har en tilsvarende, men modsat rettet krumning, der sammen med forsidens krumning giver vindkanalen et stort tværsnitsareal i en stor del af dens længde, jævnfør ovennævnte vindkanalhøjde på ca. 2,0 mm i en afstand af 32 mm fra fløjtens øverste ende. Det er dog vanskeligt at følge konturen af blokken (herunder affasningerne af kanten, eng. *chamfers*, der har en stor klanglig betydning) på optagelsen på grund af de nævnte artefacta, ligesom det er usikkert talmæssigt at bedømme trinnet (eng. *the step*) som er et mål for labiets placering i forhold til retningen af vindkanalen (også i x/z-planet).

Tonehøjde og stemning

For en instrumentbygger er det af afgørende betydning at få oplysninger om et givet museumsinstruments tonehøjde og stemning, samt om forekomst af ustabile toner, inden han begynder en meget kostbar og tidskrævende kopiering af instrumentet. Det er jo langtfra sikkert, at det givne instrument er af højeste musikalske kvalitet, da det på ingen måde er specielt udvalgt til at skulle repræsentere hverken sin bygger, sin instrumenttype eller sin tid. Tværtimod hævdes det ofte, at de allerbedste instrumenter blev spillet så intensivt, at de blev slidt op og derefter kasseret, længe inden de fik nogen museumsværdi. For nutidens instrumentbygger er det især vigtigt at fastslå, om instrumentets oktaver er rene, og om der findes problemtoner, der er ustabile ("ruller" eller "bobler") eller har en usikker ansats; sådan som markedet for historiske instrumenter har udviklet sig, er det stort set ikke længere muligt at afsætte musikalsk problematiske instrumenter blot ved at hævde, at de er "nøjagtige kopier".[22]

For instrumentforskeren har det især interesse at fastslå et givet instruments generelle tonehøjde og hermed hvilken kammertone, det er stemt efter, samt om afstanden mellem tonerne indbyrdes tyder på anvendelsen af en bestemt musikalsk temperatur.

Imidlertid kan ingen af disse egenskaber ved et træblæseinstrument i øjeblikket fastslås uden at anblæse instrumentet, og herved kommer undersøgelsen uvægerligt i konflikt med ønsket om at sikre dets bevaring. Hovedproblemet er, at en del af fugtigheden i spillerens udåndingsluft kondenseres i øverste del af det noget koldere instrument, hvorefter fugtigheden kan optages af træoverfladen og i første omgang føre til en opsvulmning af denne; senere – hvis påvirkningen bliver ved over længere tid – kan det give anledning til uforudsigelige spændinger i dele af instrumentet, eventuelt med trykskrumpning eller revnedannelse til følge. Det er således klart, at en eventuel anblæsning af et historisk træblæseinstrument skal foretages af en meget fagkyndig person, skal vare meget kort tid og skal tjene et alment formål, f.eks. ikke kun en instrumentbyggers kommercielle interesse.

For at minimere risikoen for skader på instrumentet konstruerede jeg i forbindelse med den gennemførte undersøgelse af Pörschmann-fløjten en forsøgsopstilling, hvorved det var muligt at anblæse fløjten med tør luft.[23] Forskellige overvejelser om mekanisk anblæsning med en blæsemotor blev på et tidligt tidspunkt opgivet, da en styring af lufttrykket ville være for vanskelig; det er normalt sådan, at de dybe toner på en blokfløjte kræver langt mindre tryk end de højere. I stedet valgte jeg en simplere løsning, der endda havde den fordel, at den kunne give et vist indtryk af, hvordan fløjten er at spille på. Kernen i opstillingen er en lukket kasse, hvori der er anbragt et anblæsningsrør, og hvorfra der ledes et rør videre til fløjten (fig. 9). Anblæsningsrøret føres ind i kassen gennem en studs, hvorom der på indersiden af kassen er fastgjort en tynd plasticpose. Fugtigheden fra anblæsningen opfanges i plasticposen, men så længe posen kan udvide sig inden i kassen, trykkes der tør luft fra kassen ud af afgangsrøret til fløjten. Når posen er fuld af luft, må den tømmes ved, at man suger luften i posen tilbage, hvorved der igen suges tør luft ind i kassen. Ved afgangsrøret er der desuden anbragt et U-rørsmanometer, således at anblæsningstrykket til stadighed kan aflæses.

Fordelen ved opstillingen var først og fremmest, at det var muligt at "føle sig frem" til det lufttryk, hvor det fornemmes, at fløjten klinger bedst. Denne justering af lufttrykket gør enhver blokfløjtespiller ubevidst, og da den naturligvis er afhængig af rent subjektive faktorer, er det vigtigt, at lufttrykket samtidig kan måles. Det var til en vis grad muligt at mærke, hvordan fløjten reagerede på ansats, selv om ansatsen blev noget hæmmet i opstillingen. Prøvemålinger af anblæsningsluftens temperatur viste, at denne i løbet af ca. 10 minutters brug af opstillingen steg fra lokalets temperatur på ca. 20° til ca. 25°.

Målingen af fløjtens stemning begyndte med en fastlæggelse af blæsetrykket. For nogle udvalgte kernetoner fordelt over fløjtens omfang bestemte jeg det tryk, som jeg anså for optimalt. Denne anblæsning viste (som ventet) entydigt nødvendigheden af et højere tryk for højere toner; ved et tryk, der var rimeligt for de høje toner, var de dybe toner pressede, på kanten af overblæsning, og ved et tryk, hvor de lave toner satte an, var de høje toner klangløse og musikalsk uanvendelige. Ud fra disse enkelttoner og forestillingen om et gradvist voksende tryk op imod de høje toner, opstillede jeg en tabel over det blæsetryk, som jeg ville måle de enkelte toner ved. Denne tabel, der naturligvis afspejler min personlige vurdering af det optimale blæsetryk, er gengivet i anden søjle af skemaet, fig. 10.

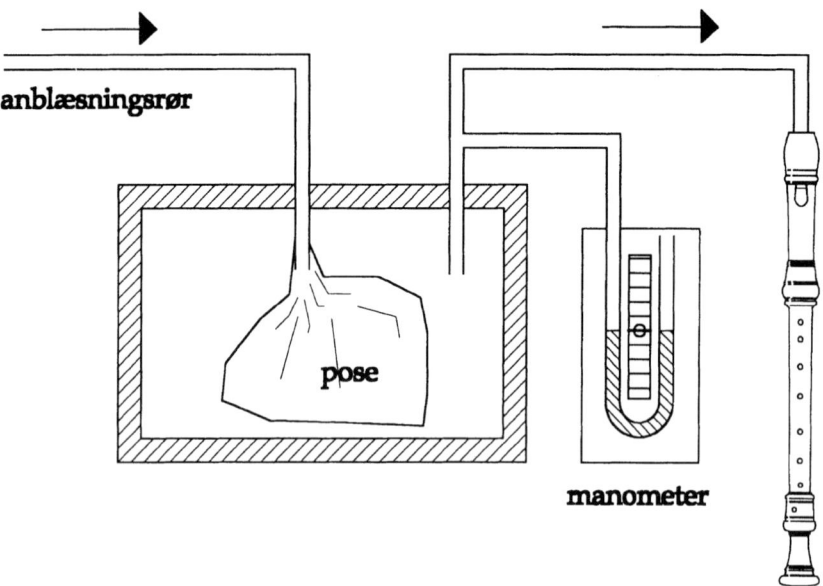

Fig. 9. Opstilling til anblæsning af fløjten, skematisk. *Arrangement for blowing the recorder, diagram.*

Der gennemførtes to målinger af skalaens afvigelse fra en ligesvævende skala, den første ud fra en kammertone på a'=410 Hz, den anden ud fra a'=415 Hz. Begge målinger er angivet i nedenstående skema, da de samtidig kan give et indtryk af den usikkerhed, som målingen er behæftet med. Usikkerheden er begrundet dels i vanskeligheden ved at holde et konstant blæsetryk ved anblæsningen, dels i aflæsningsusikkerheden på U-rørsmanometeret, men det skal samtidig fremhæves, at udsving i en blokfløjtes stemning på op til ±5 cent ikke vil være mærkbare i praksis, hverken for spiller eller tilhører, og at langt større udsving i stemningen af de enkelte toner kan håndteres af en erfaren blokfløjtespiller.

Tone	Tryk mm VS	greb[24]	Cents i forhold til a'=415 Hz	Cents i forhold til a'=410 Hz	Bemærkninger
f'	12		+45	+27	ruller ved tryk over 12 mm VS
g'	16		+21	+ 3	stabil
a'	20		+11	-10	
b'	22	0 1 2 3 4 – 6	+30	+12	
h'	22	0 1 2 3 – 5 6 7	+22	+ 8	
		0 1 2 3 – 5 6	+60	+30	
c"	24		+18	– 4	
cis"	25	0 1 2 – 4 5 6	-10	-30	
		0 1 2 – 4 5	+36	+14	
d"	25		+ 5	-20	
es"	26	0 1 – 3 4	+ 6	-13	
e"	27		+ 2	-19	
f"	28		+34	+ 8	
fis"	28	– 1 2	+40	+10	
g"	29		+45	+25	
gis"	30	– – 2 3 4 5 6	+32	+14	
a"	30		+33	+12	
b"	32	Ø 1 2 3 4 – – 7	+62	+42	
		Ø 1 2 3 4 – 6	+29	+ 9	
h"	32		+66	+40	
c'"	34		+40	+20	
cis'"	36	Ø 1 2 – 4	+10	-12	
d'"	38		+15	-12	
es'"	40	Ø 1 2 – – 5 6	+15	-18	
e'"	42	Ø 1 2 – 4 5	0	-36	
f'"	48	Ø 1 – – 4 5	-50	-40	meget variabel ved ændring af oktavhul
g'"	54	Ø 1 – 3 4 – 6	+10	-5	

Fig. 10. Tabel over fløjtens stemning. *Table of pitch of the recorder.*

Skemaet viser, at først og fremmest det dybe f' er en problemtone på fløjten. Tonen er stemt meget for højt, og desuden ruller den kraftigt ved højt tryk. Måske er den med vilje stemt højt med henblik på, at den skal spilles meget svagt. Til gengæld er 2. tone, g', stabil og sikker. Det høje f'" er meget lavt og kan kun komme til at stemme med højt tryk og med et meget åbent oktavhul. Oktaverne g'- g", a'- a" og c"- c'" er henholdsvis 22, 22 og 24 cents for store (måling v. 415 Hz).

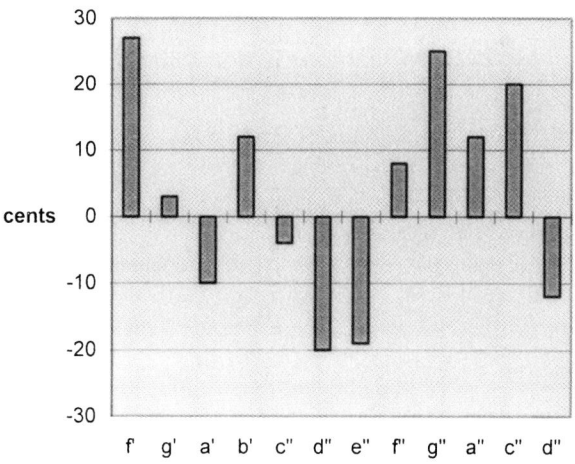

Fig. 11. Stemning i fh. t. a'=415. *Pitch in relation to a'=415.*

Diagrammet fig. 11 viser afvigelserne fra en ligesvævende skala med a'=415 Hz, dog er der udeladt de toner, hvis fingersætning ikke er éntydig sikker. Af søjlernes ligelige fordeling over og under 0 fremgår det, at det er rimeligt at sætte fløjtens tonehøjde til a'=415 Hz.

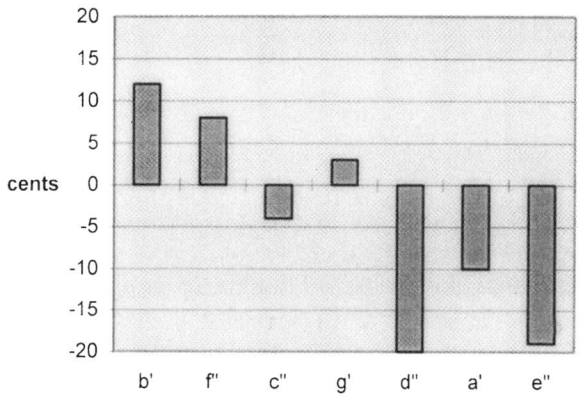

Fig. 12. Stemning i fh. t. a'=415. *Pitch in relation to a'=415.*

I diagrammet fig. 12 er tonerne i den underste oktav (f' er på grund af den dårlige stabilitet erstattet med f") stillet op i kvintcirklens rækkefølge med henblik på at undersøge den musikalske temperatur. Der kan aflæses en tendens til, at tonerne i b-retningen er noget højere end tonerne i #-retningen, dvs. fløjtens kvinter er gennemgående mindre end ligesvævende kvinter (gennemsnittet af de her viste kvinter er 695 cents), uden at resultatet dog er klart nok til, at der kan sluttes til nogen bestemt temperatur. Dette utydelige billede af en uligesvævende temperatur med små kvinter bliver imidlertid helt fortegnet, hvis man også inddrager tonerne g", a" og c"', der som nævnt er 22-24 cent for høje i forhold til henholdsvis g', a' og c".

Desværre tillader blokkens tilstand ingen konklusioner om fløjtens klang og musikalske egenskaber i øvrigt. Det kan derfor være lidt uretfærdigt overfor instrumentbyggeren, når det som konklusion af undersøgelsen af fløjtens stemning må konstateres, at der, på grund af de for store oktaver og det rullende dybe f', er tale om en fløjte med så store problemer, at selv en erfaren musiker vil have svært ved at kompensere for dem under spillet.

Sammenfatning

Undersøgelsen bekræfter i store træk antagelsen om, at Pörschmannfløjten er en tidstypisk altblokfløjte af høj håndværksmæssig kvalitet, men viser samtidig, at fløjten, musikalsk set, ikke kan betegnes som et mesterinstrument. Boringens forløb har – med det koniske hoved og det indadgående trin ved overgangen til midterstykket – træk, som kan være personlige for Pörschmann, men da ingen andre blokfløjter af ham er kendt, kan dette ikke bekræftes.

CT-scanningen viste sig at kunne supplere den traditionelle undersøgelse på en værdifuld måde. Især ved vurderingen af blokkens tilstand, vindkanalens og labiets geometri samt underskæringen af fingerhullerne bragte den oplysninger, der ikke kunne være skaffet uden at udsætte fløjten for risiko. Der er ikke tvivl om, at sådanne undersøgelser vil blive anvendt hyppigere i fremtiden.

Opstillingen til anblæsning af fløjten gjorde det muligt at måle dens stemning uden risiko og uden tidspres. Der kunne under målingen eksperimenteres med forskelligt blæsetryk og med forskellige greb, samtidig med at det var muligt at "føle" fløjtens reaktioner.

Det er mit håb, at denne beretning og den udarbejdede tegning kan være en brugbar vejviser for den instrumenthistoriker, instrumentbygger eller den almindeligt interesserede museumsbruger, som ønsker oplysninger om Pörschmann-fløjten. Mange spørgsmål, især om fløjtens tilblivelse og anvendelse, lades dog ubesvarede, og det er især vigtigt at betone, at ingen oplysninger kan erstatte selve oplevelsen af at have fløjten i hånden, eventuelt at kunne spille på den og lytte til den. Undersøgelsen kan ligeledes kun give en antydning af fløjten betragtet som det "klingende kunstværk", instrumentbyggeren har ønsket at skabe.

Tak til personalet på Musikhistorisk Museum for adgang til instrumentet og for al tænkelig assistance.

En særlig tak til overlægerne Sven Dorph og Lise Ingemann Jensen samt det øvrige personale på Herlev sygehus' røntgenafdeling for deres engagerede medvirken ved undersøgelsen.

English summary

The only preserved recorder built by the Leipzig instrument builder Johann Pörschmann (ab. 1680-1757), is found at Musikhistorisk Museum in Copenhagen MMCCS no. Cl. 417).

The article relates an examination of the recorder including a measuring of the internal and external dimensions, a measurement of the pitch of the recorder, and a CT-scanning. By way of introduction, some of the general problems are treated, which arise when measuring woodwind instruments.

The report includes a description of the measuring equipment being used, an account of the results and their evaluation in relation to similar examinations. A special description is given of a tool for measuring the internal bore and of a test setup for blowing the recorder with dry air. The bore appeared to have features unknown in other baroque recorders: a tapered narrowing course in the head of the recorder, combined with an ingoing step at the transition from the head to the middle piece.

The CT-scanning was employed in order to get a survey of the course of the wind channel and to establish the extent of the undercutting of the finger holes. During the examination, some metal lumps were found in the block which may have been caused by an unsuccessful restoration of the recorder; it was ascertained that the block no longer fits into the recorder and that it is in a very bad condition.

The blowing of the recorder showed a pitch of a'=415 and an unequal temperature with small fifths. The octaves are generally too great, and the deep f' is a problem note which is unstable at a normal blowing pressure. Due to the bad condition of the block it was not possible to get an impression of the sound and of the recorder's other musical qualities.

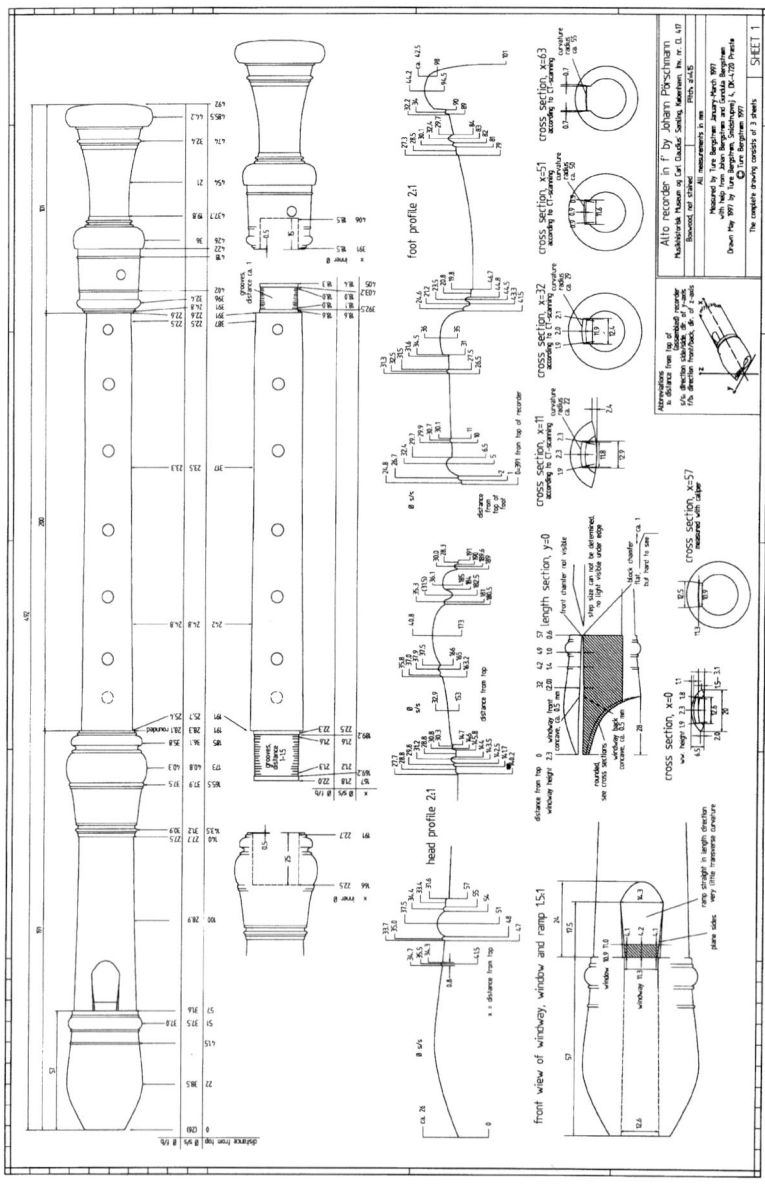

Fig. 13. Opmåling af Pörschmann-fløjten. *Technical drawing of the Pörschmann recorder.*

Litteratur

Brüggen, Frans og Frederick Morgan:
The Recorder Collection of Frans Brüggen, Zen-on Music Company, Tokyo 1981.
(ISBN 4-11-540600-3)

Karp, Cary:
"Woodwind Bore Measurement", i *Galpin Society Journal* XXXI, Cambridge 1978, s. 9-28.

Kirnbauer, Martin og Dieter Krickeberg:
"Untersuchungen an Nürnberger Blockflöten der Zeit zwischen 1650 und 1750",
i *Anzeiger des Germanischen Nationalmuseums 1987*, Nürnberg 1987.

Lerch, Thomas:
Vergleichende Untersuchung von Bohrungsprofilen historischer Blockflöten des Barock. Staatliches Institut für Musikforschung preussischer Kulturbesitz, Musikinstrumenten-Museum, Berlin 1996. (ISBN 3-922378-14-5)

Martin, John:
The Acoustics of the Recorder. Moeck Verlag, Celle 1994.
(ISBN 3-87549-061-4)

Martius, Klaus:
"Computertomographie und ihr Einsatz in der Dokumentation von Musikinstrumenten" i *Arbeitsblätter für Restauratoren*, Heft 1, 1992. Verlag des römisch-germanischen Zentralmuseums Mainz, 1992.

Marvin, Bob:
"Recorders & English Flutes in European Collections", i *The Galpin Society Journal* XXV, July 1972, s. 30-57.

Rubardt, Paul:
"Johann Pörschmann", i *Die Musik in Geschichte und Gegenwart*,
Kassel 1962, Bd. X, 1366-67.

Spang-Thomsen, Martin:
"Easy and accurate bore diameter measurement", i *The Woodwind Quarterly* 10, August 1995, Colville, USA 1995. (ISSN 1070-2512)

Tucher, B. Freiherr von:
Altblockflöte von Johann Heinrich Eichentopf. Germanisches Nationalmuseum Nürnberg, Inv. Nr. MIR 200 (diagram over boringens forløb), Nürnberg 1981.

Waterhouse, William:
The new Langwill Index, London 1993. (ISBN 0-946113-04-1)

Noter

1. Rubardt 1962.

2. Waterhouse 1993, s. 306.

3. Martin 1994, s. 7.

4. Marvin 1972, s. 42.

5. anvendes her uden definition.

6. ordet "diameter" bruges her for nemheds skyld for tværmålet i boringen, i stedet for det mere korrekte "storakse" og "lilleakse" i den ellipse, der oftest er tale om.

7. forskel i diametre i procent af diameter side/side.

8. Karp 1978, s. 13 og s. 26f.

9. Lerch 1996, s. 214f.

10. Hullerne nummereret ovenfra, 0 er oktavhul.

11. se note 6.

12. Måleinstrumentet beskrevet mere detaljeret hos Spang-Thomsen 1995.

13. Lerch 1996, s. 376-387.

14. von Tuchers opmåling af denne fløjtes boring viser for hovedets vedkommende en klar overensstemmelse med Pörschmannfløjten. Dette er særlig interessant på grund af det dokumenterede bekendtskab mellem de to instrumentbyggere, se ovenfor s. 140. En undersøgelse af Eichentopf-blokfløjten på Musikhistorisk Museum falder uden for denne artikels rammer.

15. udtrykket *sword profile* bruges hos Karp 1978, s. 19.

16. en Bressan- og en Gahn-fløjte, hvis boringsforløb i øvrigt er meget anderledes.

17. snitplan bestemt af x-og z-akse, eller ensbetydende hermed: planen hvor $y = 0$.

18. planer $x = k$.

19. som note 17: i planen $y = 0$.

20. Martius 1992.

21. forstået som et mål beliggende i tværplanet $x = k$ og angivende afstanden mellem de kurver, der beskrives af vindkanalens for- og bagside.

22. Denne udvikling hilser jeg personligt velkommen, blot den ikke går til den modsatte yderlighed, hvor musikerne forlanger et perfekt instrument uden hensyn til, hvilke historiske kvaliteter det viderebringer.

23. Tør luft forstået som luft af samme fugtighed som den, der omgav fløjten i prøvelokalet.

24. Hullerne nummereret ovenfra, 0 er oktavhul.

Mogens Bencard

Cornelis Gijsbrechts' trompe l'oeil

I sin *Historia Naturalis* fortæller den ældre Plinius om en konkurrence mellem de to græske malere Zeuxis og Parrhaios. Opgaven var at male det bedste billede. Zeuxis stillede med et maleri af en drueklase, så overbevisende malet, at himlens fugle kom flyvende for at æde af dem. Stolt vendte han sig mod Parrhaios og bad ham om at afsløre sit billede, der var tildækket af et forhæng. Da det gik op for Zeuxis, at dette forestillede et maleri, der var tildækket af et malet forhæng, erklærede han sig for overvundet. Kunne man male sådan, at det menneskelige øje blev narret, kunne man ikke nå højere på Kunstens stige.

Historien blev højt elsket og ofte gentaget. Således blev for eksempel Cranach af sin samtid kaldt "den anden Zeuxis", fordi han på Coburg havde malet en hjort, der fik fremmede hunde til at gø, så snart de så den. Man kunne fortælle, at der kom bier flyvende for at suge honning af blomsterne på Daniel Seghers' malerier, og Rembrandt-eleven Gérard Dou, en beundret illusionistisk maler, fik tildelt ærestitlen "den hollandske Parrhaios".

Den hollandske forfatter og maler, Samuel van Hoogstraten, en af de tidlige øjenbedragere, var umådelig stolt af, at det var lykkedes ham at narre selveste kejser Ferdinand III, som belønnede ham med en æresmedaille for hans maleri. Mødet fandt sted i 1651. Mange år senere malede van Hoogstraten et af øjenbedrageriets yndlingsbilleder, et såkaldt "Quodlibet". I dag ville man kalde det en opslagstavle; dengang var der i stedet for tegnestifter, slået vandrette bånd over fladen, og bag disse stak man, hvad man tilfældigvis "havde lyst til". Hoogstratens tavle bestod af to umalede planker, hvorpå der var slået et stykke sort lærred fastholdt af røde bånd og messingsøm. I disse bånd ses ophængt barbér- og skrivegrej, en oval elfenbensdåse, ruller af papir, samt forskellige bøger – forfatterens egne værker. Hen over tavlen hænger en guldkæde med en guldmedaille, forestillende kejser Ferdinand. Uden tvivl den medaille, van Hoogstraten havde fået, og som på denne måde skulle mindes for evigt. I øverste højre hjørne, bag en rød stang seggllak og et sammenfoldet brev med malerens segl, ses et stykke papir, hvorpå er skrevet et æresdigt. Heri henvises til Zeuxis, hvis mesterhånd havde narret fuglene med flade farve-druer, og som selv blev narret af penslens dygtige flid. Men, fortsætter digtet, se nu til Hoogstraten: ved hans pensels flid gjorde selve Verdensherskeren den samme fejltagelse! Som det kan ses: Plinius' historie levede i bedste velgående i det 17. århundrede.

Der er noget særligt dobbeltbundet over trompe l'oeil-maleriet. Den virkelighed, der gengives, kræver en aktiv medleven fra beskueren, kejser såvel som almindelige mennesker. Vi kan ikke for alvor sætte pris på illusionen, med mindre vi gør os klart, at det ikke er, og at det ikke skal være, den virkelige virkelighed. Det er kun fuglene og Zeuxis, der bliver narret, vi andre må, ligesom teatergængere, være medlevende tilskuere. I denne forstand skiller trompe l'oeil-maleriet sig ud fra det øvrige stilleben, og fra billedkunsten i øvrigt.

De akademiske, kunstteoretiske overdommere havde ikke meget til overs for genren, hvis værker blev fordømt som kunststykker, snarere end kunstværker. Allerede dengang var kunstteoretikerne optaget af at opdele Kunsten i kategorier. Finest var historiemaleriet og det religiøse maleri, portrætmaleriet kom derefter, så fulgte folkelivsskildringen og landskabet. Nederst kom still-leben, og helt i bunden lå trompe l'oeil-maleriet. Still-leben (typisk Vanitas-malerierne) kunne have nogen opdragende virkning, og dermed rumme det, der blev anset for det vigtigste, nemlig at være pædagogisk og samfundsrelevant. Samuel van Hoogstraten skrev bittert om sin egen genre, at fremstillingen af breve og kamme på en trætavle allerhøjst kunne bruges som øvelse for malerlærlinge. Trompe l'oeil-malerne var, skrev han, et "Fodfolk i Kunstens Arme".

En af de vittigste og mest dobbeltbundede af hele dette fodfolk var maleren Cornelis Norbertus Gijsbrechts. Det er ikke meget, man ved om hans liv. Han blev formentlig født i Antwerpen 1600-1610, og han døde efter 1678. Måske blev han uddannet i Holland, men ikke engang det er sikkert. Hans tidligst kendte billeder er dateret 1660. Det ene er en trompe l'oeil, en bræddevæg, hvorpå der hænger et frugtstykke, en palet, en malerklud og et miniatureportræt, det andet er en opstilling med et dødningehoved, en Vanitas. Disse to genrer blev Gijsbrechts' specialer for resten af hans liv.

Når man har specialiseret sig, bliver man nok dygtig inden for sit felt, men man indskrænker samtidig sit kundegrundlag. Det kunne derfor blive nødvendigt at rejse for at udvide sine økonomiske muligheder. Man kan få det indtryk, at Europas landeveje i 15-, 16- og 1700-årene var fyldt med kunstnere og specialiserede håndværkere på vej fra by til by, fra fyrsteresidens til fyrsteresidens for at finde kunder.

Gijsbrechts var en af slagsen. 1664 møder vi ham i Regensburg, hvor kejser Leopold og hans hof opholdt sig. Man må gå ud fra, at dette næppe er en tilfældighed, men der vides intet om, hvorvidt det lykkedes ham at sælge billeder til kejseren. Til gengæld kunne en kunstinteresseret franskmand i sin dagbog notere, at han gennem hofmaleren Jan van Ossenbeeck var blevet introduceret til en vis "Corneille", som bragte ham et frugtstykke og en brevvæg, formentlig i udvalg. Det fremgår ikke, om franskmanden købte af denne Cornelius. Så forsvinder Gijsbrechts igen. Man har ment, at han var i Hamburg umiddelbart før 1668, fordi hans maleri synes at have haft indflydelse på samtidige malere i Hansestaden, især på Georg Hinz, der indtil 1666 havde malet still-leben, men derefter tog trompe l'oeil maleriet op. Hinz's speciale blev "Kunstskabe", hylder, hvorpå der var opstillet arbejder i ædle materialer, der var typiske for den afdeling af et Kunstkammer, som hed Artificialkammeret. Blandt de genstande, Hinz gengav, ses to endnu bevarede elfenbenspokaler. Den ene stammer muligvis fra det gottorpske kunstkammer, den anden har måske været i den danske kongefamilies eje.

Gijsbrechts' ophold har sikkert været kortvarigt. Fra 1668 stammer et trompe l'oeil, en bræddevæg, hvorpå der er ophængt et Vanitas-billede, nogle miniaturer, en palet og andet malergrej. En malet seddel bærer indskriften "Monsieur Cornelis Norbertus Gijsbrechts Conterfeijer in Coppenhagen", hvilket er det første vidnesbyrd om hans ansættelse ved det danske hof. I de kongelige kammerregnskaber findes der udbetalinger til "Gisbrecht brabanske maler", og i perioden til og med 1672 findes flere malerier, der på forskellig vis vidner om hans ophold i København. Efter dette år findes ingen arbejder af ham i Danmark, og en stor brevvæg i Stockholm, dateret 1673, tyder på, at han har søgt videre til andre bestillere. Hans dødsår er ukendt, det sidste daterede billede af ham er fra 1678.

Gijsbrechts har ikke efterladt sig noget stort oeuvre. Den eneste samlede optælling (1956) nåede til 50 arbejder, hvortil senere forskning har føjet nogle stykker. Heraf er 23 på danske hænder, to hos private, et på Frederiksborg, to på Rosenborg, og resten tilhører Statens Museum for Kunst. Alle disse billeder kan dateres til den periode, hvor maleren var i Danmark, og man kan tillade sig den formodning, at de alle er udført til kongehuset. Frederiksborgs Gijsbrechts-maleri, som er usædvanligt for kunstneren, er en slags apoteose til Christian V, de to Rosenborg-billeder var på slottet allerede i 1718 og rummer jagtredskaber med direkte tilknytning til kongehuset, Kunstkammer-inventaret fra 1690 har i Perspektivsalen "Tolv kunstige Stykker" af Cornelio Giibsbrecht, og inventaret fra 1737 registrerer i Perspektiv-Kammeret i alt 19 værker af maleren.

Næsten alle malerierne fra opholdet i Danmark er øjenbedragere, udført med stor fantasi og humor. De tæller blandt andet det billede, der for nærværende forfatter er det mest udsøgte blandt alle inden for denne genre. Det forestiller bagsiden af et maleri, malet gråt i gråt: rammen, blændrammen og lærredet, på hvilket er en lille, halvt krøllet papirslap med et håndskrevet nummer. Sedlen fastholdes af billedets eneste farveklat af rød segllak. Når det hænger fremme på Statens Museum for Kunst kan man sætte sig ved siden af det og iagttage publikums reaktioner. Der er dem, der har andet ærinde og derfor hurtigt går forbi. Der er dem, der ser det, og går videre i den tro, at rengøringen denne morgen ikke har gjort sit arbejde helt færdigt, og endelig er der dem, der går nærmere, for så at opdage raffinementet. Her narres ikke kun kejsere, men endog kunstkendere.

Motivet har Gijsbrechts gentaget i en anden sammenhæng. Her står det lænet op ad et malet og udskåret staffeli i naturlig størrelse. På staffeliet, hvorpå der hænger malergrej, står et frugtstykke med en pragtpokal og ved siden af et miniatureportræt af Christian V. Selvom miniatureportrætter ofte forekommer på Gijsbrechts' billeder, kender man ingen selvstændige miniaturer af ham. Vi ved derfor ikke, om han faktisk udførte dem, eller om de kun var en del af malerens ironiske spil med omgivelserne: han kunne godt, men det er ikke sikkert om han ville.

Samuel van Hoogstraten havde i 1653 udført forsiden af en skabsvæg, hvorpå der dels er en opslagstavle, og dels en skabslåge, bag hvis glas man ser en række genstande. Dette motiv havde Gijsbrechts taget op i 1665, og gentaget 1670 for Christian V i et par pendanter. Begge disse malerier viser et skab, der er sammentømret af grove planker, i hvis midte ses en låge med blyruder, jernhængsler og lås. På det ene er lågen malet halvt åbentstående, og i skabet ses konkylier, koraller, og en figurgruppe, det hele stående foran et kabinetskabs skuffefront af ibenholt og skildpadde. Alle er typiske kunstkammergenstande. Figurgruppen, der er udført af Joachim Henne, stammer fra det kongelige Kunstkammer og findes i dag på Rosenborg. Det andet skab har skriveredskaber, breve og tryksager indstukne i lågens ramme og jernstang, og bag glasset ses igen kunstkammergenstande, muslingeskaller, en sølvrytterfigur og en kande af elfenben. Sidstnævnte findes ligeledes i dag på Rosenborg. I dette tilfælde er lågen malet lukket, men bedraget er her trukket til sin yderste grænse: lågen kan åbnes og på bagsiden kan man igennem det malede glas se bagsiden af de genstande, der er gengivet på lågens forside. Selve skabet er til gengæld tomt. Var det hensigten, at de faktiske genstande skulle stå her?

Både i sine still-leben og i sine trompe l'oeil-billeder leger Gijsbrechts med forhæng, således som mange af hans samtidige gør det. Forhængene, der kun dækker dele af billedet, giver tilsyneladende kun mening, hvis man sætter dem i sammenhæng med Plinius' historie, dog i en ny version, idet både Zeuxis og Parrhaios findes repræsenteret i et og samme billede. Malede frugter, blomster og genstande skal narre os til at tro på deres virkelighed, og malet forhæng skal trækkes til side for at se resten af billedet. I tre tilfælde har Gijsbrechts drevet spøgen endnu videre, nemlig i en brevvæg fra 1668 på Statens Museum for Kunst, og i de to malerier med jagtvåben på Rosenborg. Forhænget er i alle billederne blåt, ophængt med ringe på en jernstang, og delvist slået til side. Det mærkværdige ved disse billeder er, at "Zeuxis-sidens" genstande delvis gemmer sig bag forhænget som de skal, men også er malet foran det. Hvad er meningen med således at pakke "Zeuxis" helt ind i "Parrhaios"? At vise det billede, der gemte sig bag Parrhaios' forhæng? At demonstrere, at Gijsbrechts var en mester, der overgår begge de klassiske malere? Det er ikke til at besvare, men een ting synes man at være helt sikker på: det er ikke tilfældigt. Gijsbrechts var for dobbeltbundet og ironisk, for intelligent til at lave ulogiske fejltagelser (pl. IX).

På Musikhistorisk Museum hænger et øjenbedrag af Cornelis Gijsbrechts. Det er et depositum fra Statens Museum for Kunst og hører til den serie, der stammer fra Kunstkammeret (pl. X). På en væg af simple fyrreplanker med mange knaster, karakteristisk for kunstneren, hænger en række musikinstrumenter i naturlig størrelse. I midten det største instrument, en kromatisk harpe. Til venstre, delvist dækket af harpen, hænger en orpharion, oven over harpen er en violin med bue og tre blokfløjter af forskellig størrelse. Delvist dækkende harpen ses en pochette med bue, en krum zink, en lige zink, endnu en blokfløjte, samt en cister. Kompositionen er tæt og sikker, farveholdningen domineres af træsorternes gule og brune toner, med to sorte instrumenter, samt to blå og tre røde silkebånd som de eneste farveaccenter. Lyset falder fra højre, og instrumenternes skarpe skygger får dem til at svæve frit foran væggen. Illusionen er fuldstændig, man er ikke i tvivl om, at man står foran en samling af kongens instrumenter. Øjet er narret, dersom det da har lyst til det.

Da man samtidig står over for et maleri af den dobbeltbundede Gijsbrechts, bliver nysgerrigheden vakt: er der mere at hente, mere mening med billedet end bedraget? I still-leben maleriet optræder noder og musikinstrumenter ofte som symbol for hørelsen, når maleren har sanserne på programmet. Gijsbrechts kan naturligvis have tænkt sit maleri som en omskrivning for høresansen, selvom man må sige, at symbolikken er lagt lovlig tykt på. Samtidig havde man gerne blandt de øvrige af Gijsbrechts' billeder på Kunstkammeret set andre fremstillinger af sanserne, for at få denne teori til at gå op.

Still-leben maleriet havde i øvrigt et rigt varieret og vanskeligt tilgængeligt symbolsprog, som nutiden har anvendt mange kræfter på at tolke. Inden for dette fik musikkens noder og instrumenter også en helt anden rolle af mere moraliserende karakter. De blev symboler for den kødelige kærlighed, for et liv domineret af letsindig lyst. Musikken spillede op til dans, og, som det blev udtrykt, "der Teuffel hat den Tantz erdacht". Fløjten fik derfor sin mandlige overtone, den svulmende lut sin kvindelige, og den smallivede violin, klar til at blive strøget af buen, sin ladning af kønnenes samvær. Moralister har til alle tider haft en frugtbar seksualfantasi.

Gijsbrechts kendte også til musikens umoral og skildrede den, hvor han fandt det passende. I de talrige Vanitas-billeder, hvor han advarede mod tilværelsens tant og forfængelighed, findes såvel fløjte, som violin og lut, og her optræder de ikke som symboler for hørelsen, men klart i den anden rolle. Alligevel forekommer det vanskeligt at tolke maleriet med de talrige musikinstrumenter efter denne retningslinie. Harpen synes svær at passe ind i den seksuelle ramme, og selvom det skulle vise sig muligt, forekommer det vanskeligt at se advarsler mod en udsvævende livsførelse i dette tilsyneladende så renfærdige billede.

Maleriet hører til den gruppe af trompe l'oeil'er, som Gijsbrechts malede til Kunstkammeret, og det havde således allerede fra begyndelsen et musealt formål. Det fandtes ikke i "Galleri-Kammeret" blandt malerierne, men hang som nævnt i Perspektivkammeret, sammen med andre illusionsnumre af samtidige kunstnere. Da Kunstkammeret blev opløst i 1820rne fulgte Gijsbrechts og andre kunstnere af fodfolket med finkulturen og endte på Statens Museum for Kunst, hvor trompe l'oeil-malerierne dog til langt ind i dette århundrede ikke fandt plads i udstillingen, allerhøjst i kontorer hos særlige elskere. Gijsbrechts' musikbillede fik derfor allerede dengang, da Musikhistorisk Museum havde til huse på Kunstindustrimuseet, lov til at blive uddeponeret dér, og det fulgte med til det nye museum.

Måske er der een ting ved de gengivne musikinstrumenter, som har været åbenbar for datiden, og som man i dag skal have ekspertviden for at være klar over. De repræsenterer tilsyneladende ikke en datidig nutid. Tre af blokfløjterne var forældede og ude af brug, det samme gælder orphorion'en. Den krumme zink og cisteren var stærkt på tilbagetog, mens de øvrige instrumenter var moderne. Alene af den grund er det usandsynligt, at man i 1672 har hørt alle disse instrumenter som ensemble. Måske er det, selv for datiden, et stykke musikhistorie, som billedet rummer.

Dersom man kan tillade sig at tolke billedet på denne måde, kan man sende Gijsbrechts en venlig tanke. Måske vil det more ham at vide, at hans egen musikhistoriske museumsillusion i dag hænger smukt blandt tredimensionale standsfæller.

English summary

This paper deals with a painting en trompe l'oeil, depicting a number of musical instruments. The artist is Cornelis Norbertus Gijsbrechts (1610-1678), and it is dated 1672. Of the little known of his life, the best covered period is the time (1668-1672) he spent in Copenhagen, employed at the Danish court. 23 paintings still exist in Denmark. Of these 21 are in public museums, and they all seem to have been part of the royal collections since the 17th century. The painting in question is on permanent loan at the Musikhistorisk Museum from Statens Museum for Kunst. It is recorded in the Royal Kunstkammer in 1690, not in the picture gallery, but in the Chamber of Perspectives. In other words: not Fine Arts, but rather crafts. One painter of the genre, Samuel van Hoogstraten, bitterly termed himself and his collegues: Infantry in the Army of the Arts.

Referring to Pliny the Elder's story of the competition between the two Greek painters Zeuxis and Parrhaios, the author stresses one peculiarity of the trompe l'oeil: its play with reality had to be accepted as reality, to be appreciated by the spectator. A tongue-in-cheek quality with the genre.

Gijsbrechts was one of the wittier and intelligent trompe l'oeil painters, so one has to be careful if one takes his paintings at face value. A convincing interpretation of the painting of musical instruments has not been possible. All the instruments are not contemporary, so an element of historical interest can not be excluded.

Litteratur

Jeg skylder museumsdirektør Mette Müller tak for bestemmelsen af musikinstrumenterne på Gijsbrechts billede.

H. C. Bering Liisberg:
Kunstkammeret, København 1897.

Poul Gammelbo:
"Cornelius Norbertus Gijsbrechts og Franciskus Gijsbrechts", i *Kunstmuseets Aarskrift*, København 1956.

G. Marlier:
"C. N. Gijsbrechts, l'illusioniste", i *Connaissance des Arts* 1964, s. 145.

C. Mayhoff (ed.):
C. Plinii Secundi Naturalis Historiae, vol. V, Stuttgart 1967, s. 252.

A. P. de Mirimonde:
"Les peintres flamands de trompe l'oeil...", i *Jaarboek van het koninklijk Museum voor schone Kunsten*, Antwerpen 1971.

Miriam Milman:
Trompe-l'Oeil Painting, Genf 1982.

Norbert Schneider:
Stilleben, Köln 1989.

Bente Gundestrup:
Det kgl. danske Kunstkammer 1737, København 1991.

Eva Legène:
"A 'Foolish Passion for Sweet Harmony'", i *Music & Painting in the Golden Age*, The Hague 1994.

Christoph Hein:
Georg Hinz. Das Kunstkammerregal, Hamburg 1996.

Henrik Glahn

Kingo-koraler i Tønder på Brorsons tid

Om en hymnologisk raritet i Musikhistorisk Museums bibliotek

Det er formentlig kun en snæver kreds af personer med særlig interesse for dansk salmehistorie, der er klar over, at Musikhistorisk Museums bibliotek blandt meget andet rummer en betydelig hymnologisk samling. Ikke blot er en hel reol i et af kontorerne fyldt op med gamle og nyere salme- og koralbøger samt et omfattende udsnit af ældre salmelitteratur, der altsammen hovedsagelig har tilhørt den københavnske organist *O. E. Thuner* (1886-1939), mest kendt som forfatter til det uundværlige *Dansk Salme-Leksikon*, Kbh. 1930 (med supplement 1934). Men skaffer man sig desuden adgang til museets bokse, vil man her kunne finde både originale tryk af nogle af dansk salmesangs hovedkilder (Niels Jesperssøns Gradual 1573, Kingos Gradual 1699 m.v.) samt sjældne og interessante koralhåndskrifter fra det 17.-18. århundrede.

Som bidrag til Musikhistorisk Museums jubilæumsskrift har jeg fulgt mine egne faglige tilbøjeligheder og valgt at fremlægge en undersøgelse af et af bibliotekets gamle danske koralhåndskrifter, både som et eksempel på, hvad museets bibliotek kan byde på for den hymnologisk interesserede, og naturligvis fordi håndskriftet har vist sig ved en nærmere analyse at kunne bidrage med nye træk til belysning af dansk koralhistorie.

I den montre i museets udstilling, der illustrerer nodeskriftens forskellige former gennem tiderne, har den besøgende kunnet beskue et opslag i det lidt uanseelige håndskrift, der her indgår som illustration af den i det 17.-18. århundrede gængse notering af kirkelige koraler med beciffret basstemme. Det er næppe ret mange, der i tidens løb under et besøg på museet har heftet sig ved det lidet spektakulære skrift. Men lad os tage det ud af montren og i det følgende se, hvad det kan fortælle.

Proveniens

Det første, man bemærker, er, at der er tale om *to forskellige, separat paginerede håndskrifter*, der er indbundet i samme bind. At det stærkt slidte læderbind er det originale, fremgår af årstallet 1754, der endnu svagt spores på ryggen. Dermed er spørgsmålet om håndskrifternes præcise tilblivelsestid naturligvis ikke besvaret; det kan selvsagt kun bevise, at indholdet ikke kan være affattet efter det angivne år.

Til belysning af dobbelthåndskriftets tidligere ejerforhold findes på indersiden af bindet indført følgende oplysninger: "Denne Bog tilhører P. Foersom" og derunder: "Vilhelm Wanscher. Aug. 1910, fra Betty Christensens Bo". Om den først nævnte *P(eder) Foersom* kan det oplyses, at han var organist ved Odense domkirke fra 1790 til 1856. Derimod har jeg ikke kendskab til – og har heller ikke gjort mig anstrengelser for at spore -, hvem den efterfølgende ejer, Betty Christensen, var. Til gengæld behøver *Vilhelm Wanscher* (1875-1965) næppe nogen nærmere præsentation, kendt som han er som en af sin tids farverige og vistnok også kontroversielle kunsthistorikere, en eminent skribent, for hvem også musikken og musikkens historie var en væsentlig del af hans vidtfavnende indsigter og interesser. På et tidspunkt i slutningen af 1940-erne har Vilhelm Wanscher åbenbart haft brug for at skille sig af med den boglige raritet og afhændet den til Rosenkilde og Bagger. I følge en bevaret faktura af 1. november 1949 tilbød antikvariatet Musikhistorisk Museums daværende direktør, *Godtfred Skjerne*, at købe manuskriptet for et beløb af 150 kr. Forståeligt nok slog museet til, hvorefter manuskriptet fik sin blivende plads i museets bibliotek.

Om bestemmelsen af de to håndskrifter

Der kan næppe være tvivl om, at Godtfred Skjerne forud for erhvervelsen af håndskriftet har konsulteret museets daværende assistent, *Nils Schiørring*, hvis eminente indsigt og forskningsmæssige interesse i den danske verdslige og kirkelige vises historie just på det tidspunkt udmøntede sig i disputatsen om dette emne.[1] Det forekommer derfor heller ikke som nogen tilfældighed, at Nils Schiørring var den første, der inddrog håndskriftet i faglitteraturen. I afhandlingen *Nogle håndskrevne dansk-norske koralbøger fra det 18. århundredes første halvdel*[2] giver Schiørring en kort og præcis redegørelse for de to manuskripter, hvoraf det første umiddelbart, det andet ad indirekte vej kan føres tilbage til en og samme person: Tønder-organisten *Andreas Friederich Ursinus* (1699-1781), en tysk kirkemusiker, der fra 1725 og til sin død bestred embedet som organist ved Kristkirken i Tønder.

Som det fremgår af nedenstående facsimilegengivelse af det barokprægede og snurrige titelblad til det første af de to håndskrifter, angives Ursinus her som forfatter til den efterfølgende lille traktat, *Grundlegung zu einen General-Bass* (pl. XI). Det oplyses desuden, at afskriveren af denne generalbas-lære var en vis *Johann-Jürgen Jensenius*, og at afskriften stammer fra året 1745.³

Selve generalbas-læren er på et yderst elementært plan, men i sin art typisk for datidens metode til indlæring i musikkens håndværk. Vi skal iøvrigt ikke her komme ind på substansen i dette pædagogiske skrift, men blot i relation til det efterfølgende konstatere, at det er den – iøvrigt ubekendte – Jensenius' håndskrift, der går igen i den titelløse og anonymt gengivne koralsamling. Som formodet af Nils Schiørring har Jensenius derfor også til koralhåndskriftet betjent sig af et forlæg af Ursinus.

Lidt om salmesangen i Tønder på Ursinus' tid

Inden vi befatter os nærmere med koralhåndskriftets indhold og funktionelle sigte, vil det være nødvendigt at give en kort skitse af de lokale forhold, som har dannet baggrund for koralernes anvendelse. Det kan således først slås fast, at organisten A. F. Ursinus' lange virketid i Tønder falder i en i kirkelig og åndelig henseende overordentlig levende og frugtbar periode, hvor den tyske pietisme og denne strømnings væld af nye vækkelsessalmer ikke mindst fandt grobund i Sønderjylland. To af bevægelsens betydeligste personligheder, der virkede i Tønder på samme tid, melder sig umiddelbart i denne sammenhæng: Den tyske sognepræst *J. H. Schrader* (1684-1737) og den danske præst og salmedigter *Hans Adolph Brorson* (1694-1764), der blev ansat som præster for byens menigheder i henholdsvis 1727 og 1729.

For den nye fromhedsbevægelse fik det den største betydning, at J. H. Schrader i 1731 udsendte og lod indføre den af ham selv sammenstillede store *Vollständiges Gesangbuch*, trykt i Tønder, derfor almindeligvis benævnt Tønder-salmebogen. Af salmebogens mere end 1000 numre er en væsentlig del overtaget fra Freylinghausens pietistiske sangbøger, der ved århundredets begyndelse var udkommet i Halle. Desuden rummer salmebogen dels en række nydigtede salmer af Schrader selv i samme pietistiske grundtone, dels det traditionelle og vel stadig obligatoriske stof fra den klassisk-lutherske salmedigtning. Det skal tilføjes, at Tønder-salmebogen ikke er forsynet med melodier, og at den derfor – som det var normalt – til praktisk anvendelse forudsatte en separat koralsamling.

Schraders salmebog blev den vigtigste impuls for Hans Adolph Brorsons salmedigtning og specielt vigtig som kilde for hans oversættelser til dansk af den tyske pietismes sange, et arbejde, som han samlede i et af den danske salmedigtnings monumenter, "Troens rare Klenodie" 1739. Af mange og gode grunde kunne Brorsons salmeværk ikke få position af officiel salmebog, men en stor del af hans klenodie-salmer blev hurtigt optaget i den i 1740 af *Erich Pontoppidan* udsendte "Den Nye Psalmebog", der fremfor nogen anden banede vejen for den pietistiske strømnings nye tone i dansk salmesang. I Pontoppidans salmebog er "det nye" dog ikke enerådende. Grundstammen i denne salmebog udgøres fortsat af salmerne fra Kingos salmebog 1699, hvortil melodierne i Gradualet fra samme år ligeledes var gældende.

Optagelsen af de nye salmer i Pontoppidans salmebog skabte samtidig et nyt melodibehov for de danske menigheder, der ønskede at indføre den. Det blev i første omgang afhjulpet ved, at man ved siden af en normal tekstsalmebog lod trykke en lidt mere kostbar udgave, hvor de nye melodier blev bragt, enten trykt over de enkelte salmer eller samlet i et særligt tillæg. Først i *F. C. Breitendichs* "Choral-Bog" 1764 dækkedes det samlede melodibehov i fuldt omfang, det gamle fra Kingo såvel som det nye stof.[4]

Med kongelig *tilladelse* indførtes i tiden efter 1740 "Den Nye Psalmebog" salmebog til brug i kongeriget, herunder i Sønderjylland og Norge. Autoriseret blev den altså ikke, men navnlig de sønderjyske menigheder tog den til sig, deriblandt naturligvis den danske menighed i Tønder. Efter 1740 har stedets organist, Ursinus, altså haft til opgave *dels* at ledsage den *danske* menighedssang med brug af såvel traditionelle Kingomelodier som de nye i Pontoppidan noterede melodier, *dels* – ved de tyske gudstjenester efter 1731 – at følge melodiforskrifterne i Schraders salmebog.

Til opfyldelse af disse krav måtte organisten selv – i hvert fald til dels – udarbejde det fornødne nodemateriale. I én henseende er vi vel underrettet om den koralpraksis, Ursinus har fulgt, forsåvidt som hele det *nye* melodirepertoire, der forudsattes i Tønder-salmebogen, er bevaret i en afskrift fra ca. 1735 i Det kgl. Bibliotek som en del af Prinsesse Charlotte Amalies nodesamling.[5] Et dansk sidestykke til dette koralhåndskrift, d.v.s. en samling alene med koraler til de nye salmer i Pontoppidans salmebog, er ikke bevaret. Ursinus har næppe heller behøvet et sådant, da han til det formål stort set i praksis kunne benytte sig af de tilsvarende tyske koraler. Længere når vi ikke i det spørgsmål, men kan nu – i lyset af det ovenfor givne korte rids af det 18. århundredes noget diffuse salmebrug i Tønder – vende tilbage til "vort" koralhåndskrift og gennem en nærmere analyse søge at placere det inden for den danske koralhistorie.

Beskrivelse, indhold og specielle træk

På håndskriftets første 66 sider er indført 117 danske koraler med numrene nr. 1-115 og 117-118 (nr. 116 er udeladt, hvorom nedenfor). Med undtagelse af to melodier i enstemmig gengivelse (nr. 109 og 112) har alle koraler en tilføjet basstemme, der for de første 58 koralers vedkommende er forsynet med becifring, hvorimod en sådan kun sporadisk findes i resten af samlingen. Koralernes rækkefølge virker lidt tilfældig, bortset fra at skriveren fra nr. 58 til nr. 106 indfører en alfabetisk ordning af koralerne.

Som allerede fastslået i den ovenfor nævnte artikel af Nils Schiørring, er grundlaget for samlingen *det melodirepertoire, der var autoriseret i Danmark i Kingos Graduale 1699*. Kenderen ser det umiddelbart, og det bekræftes desuden til overmål ved et blik på det i samlingens sidste 22 sider indførte register. Med to undtagelser, som jeg straks vender tilbage til, er koralhåndskriftets *register* identisk med gradualets.

Sammenholder man nu håndskriftets register med indholdet af koraler, dukker der nogle detaljer op, som viser afvigelser fra Kingos graduale, og som samtidig giver os anledning til at omtale *nogle specielle* træk i håndskriftet. I den forbindelse vil vi desuden beskæftige os med en særlig bemærkelsesværdig melodiforekomst i håndskriftets repertoire.

Det første, der falder i øjnene ved en konferering af register og indhold, er, at skriveren på de sidste sider af samlingen ikke har kunnet få plads til tre af Kingo-repertoirets centrale melodier. Det gælder følgende: nr. 116: *Nu bede vi den Hellig Aand*, nr. 119: *Alleneste Gud i Himmerig* og nr. 120: *In dulci jubilo*, der alle tilhørte den klassiske melodibestand fra reformationstiden og var helt centrale gudstjenestesalmer. Der kan ikke være andre forklaringer på disse udeladelser end pladsnød. Det ligger dermed klart, at samlingen har været anlagt med sigte på en *totaldækning* af Kingos melodirepertoire.

Nok så interessant som de anførte og forklarlige udeladelser er det dog, at samlingens register henviser til numrene på to melodier, som *ikke* er optaget i Kingos graduale. Det drejer sig om den ovenfor nævnte nr. 120: *In dulci jubilo* (som skriveren altså ikke fik plads til) og nr. 52: *Jeg veed et evigt Himmerig*, hvis forekomst i håndskriftet fortjener særlig omtale.

Om overleveringen af melodien til *Jeg veed et evigt Himmerig*

Hvorfor Kingo i gradualet har udeladt både denne melodi og melodien til *In dulci jubilo*, er ikke klarlagt. Måske har han blot glemt dem. Optagelsen i Tønder-håndskriftet af *Jeg veed et evigt Himmerig* er derfor, såvidt jeg kan se, indtil videre melodiens tidligste kilde i dansk overlevering, i hvert fald nedfældet med titlen fra Hans Christensen Sthens salme ("Vandrebogen" o. 1589). Melodien til Sthens åndelige vise har åbenbart været så alment kendt, at den, selvom den er foreskrevet til flere andre kristelige viser i det 17. århundrede, tilsyneladende først er dokumenter i noder i et håndskrift fra o. 1741, hvor den bringes til teksten *Min sjæl om du vil nogen tid*. I *trykt* form møder vi først melodien i Breitendichs koralbog 1764, hvor den – ligesom i Kingos tekstsalmebog – er knyttet til Kingos salme *O Sjæle-Hyrde, Gud og Mand*. Først i Niels Schiørrings koralsamlinger 1781og 1783[6] og i H. O. C. Zincks *Koral-Melodier* 1801 figurerer melodien omsider med sin rette titel, *Jeg veed et evigt Himmerig*. I tiden derefter fastholdtes dette navn på melodien, i og med, at selve Sthens salme fik en plads i det 19.-20. århundredes salme- og koralbøger.

Fra gammel tid kendes den tyske visemelodi til Sthens forlæg, *Ich weiß ein ewiges Himmelreich*, i kilder med vekslende tekster i en lang række mere eller mindre beslægtede varianter, der findes samlet tilgængeligt i fremstillinger af S. A. E. Hagen[7] og af Nils Schiørring.[8] Jeg skal ikke komme nærmere ind på melodioverleveringens mangfoldighed, men blot nævne, at de mange kilder til *Jeg ved et evigt Himmerig* leverer en mønstergyldig illustration af, hvorledes en enkel folkevisemelodi under vandringen fra område til område og fra tekst til tekst antager nye former, dog *uden* at melodiens grundlæggende struktur på noget tidspunkt forflygtiges. Først i det øjeblik, melodien optages i kirkelige samlinger, d.v.s. som koral til orgelmæssig udførelse, antager den fastere form. Og det er just, hvad der sker med melodien, således som den fremtræder i Ursinus' koralsamling, og som den er gengivet i facsimilen på planche XII.

Det gengivne opslag viser fire velkendte koraler, som alle idag indgår i *Den danske Koralbog*s (DDK) repertoire: nr. 50 *Af dybeste Nød lader os til Gud (= Et trofast hjerte, Herre min,* DDK 101), nr. 51 *Jeg raaber fast, o Herre* (DDK 208), nr. 52: *Jeg veed et evigt Himmerig* (DDK 213) og nr. 53 *Kom Hellig Aand, o Herre Gud (= Gud Helligånd, opfyld med lyst,* DDK 131). Melodiernes koralmæssige antræk i håndskriftet med halvnodeværdien som tællenode er typisk for det 18. århundredes såkaldt isometriske koral, der som bekendt inden for de sidste 100 år er blevet retableret og genindført i de oprindelige rytmisk levende former fra det 16. århundrede.

Men sammenholder man Ursinus' koraler med senere tiders gengivelser, er det måske i lige så høj grad de mange forsiringer i Ursinus' melodiredaktioner, der springer i øjnene. Derfor lidt herom i det følgende.

Koralernes forsiringer
genspejler en praksis, som organisterne i det 18. århundrede excellerede i. Det ansås på den tid for en særlig kunst under salmeledsagelsen at de-

korere koralmelodierne med pyntenoder, triller, sløjfer, akkordbrydninger, skalaudfyldninger mellem intervalspring i melodien og mange andre forlystende elementer, der ikke mindst skulle tjene til at demonstrere den enkelte organists musikalske fantasi og tekniske kunnen. Ikke sjældent udartede denne mode sig til virtuose for- og efterspil til koralen og tirader mellem de enkelte linjer i koralen. At denne praksis iøvrigt førte til konfusion for den arme menighed og blev invaliderende for selve menighedssangen, siger sig selv, og det skorter da heller ikke på kritiske røster fra kirkeligt hold over disse manerer. Vi kan igen rette blikket på gengivelsen af *Jeg veed et evigt Himmerig* og lægge mærke til alle de indsatte små stiknoder, der pryder nodebilledet. Eksemplet er karakteristisk for Ursinus' brug af ornamenter, men det bør tilføjes, at de i sammenligning med, hvad man kan møde i andre af det 18. århundredes tyske koralsamlinger, må betegnes som udtryk for en moderat koralornamentik.

Gennemgår man hele samlingen med henblik på brugen af forsiringer, ses det, at skriveren kun har nået at få dem nogenlunde konsekvent indført i den første del af håndskriftet, d.v.s. til og med nr. 52, *Jeg veed et evigt Himmerig*. De efterfølgende numre gengives helt overvejende som rene, u-udsmykkede koraler. Af de på pl. XII afbildede koraler er – foruden nr. 52 – også nr. 50 klistret til med pyntenoder, mens nr. 51 og 53 er "rene" koralmelodier. Når disse to numre samt næsten hele den efterfølgende alfabetiske afdeling noteres uden forsiringer, skyldes det formentlig blot skriverens hastværk.

Lidt om koralsatsen

Som helhed følger satserne enkle og traditionelle principper. Det er gedigent håndværk, som man også må vente det af en musiker, der i en generalbaslære er i stand til at vejlede andre i musikkens mysterier. Koralerne har et naturligt harmonisk forløb og er uden de krydderier, vi f. eks. kender fra J. S. Bachs koraler. Mest minder de om generalbaskoralerne i Breitendichs koralbog. Uden at jeg har foretaget nogen gennemført sammenligning mellem Ursinus og Breitendich, finder jeg slægtskabet mellem koralernes akkordiske forløb i de to samlinger så påfaldende, at man kan få mistanke om en egentlig sammenhæng. Om en sådan har eksisteret, kan jeg ikke dokumentere, men idet vi atter som gennemgående eksempel betjener os af koralen *Jeg veed et evigt Himmerig*, vil ikke blot slægtskabet, men i dette tilfælde endog identiteten mellem Ursinus' og Breitendichs akkordfølger kunne dokumenteres (jf. pl. XII).

Fig. 1. Fra F. C. Breitendichs koralbog, København 1764: Salmen "O Siele-Hyrde, Gud og Mand" – jf. pl. XII nr. 52 i manuskriptet. *From F.C. Breitendich's chorale book, Copenhagen 1764: The hymn "O Siele-Hyrde, Gud og Mand" – cf. pl. XII nr. 52 in the manuscript.*

Koralhåndskriftets praktiske sigte
– indkredsning af tilblivelsestiden

I og med at koralsamlingen indholdsmæssigt svarer til det repertoire, der er indeholdt i Kingos graduale, er det næsten *for* selvfølgeligt at fastslå, at samlingen er anlagt og har fungeret som *en lokalt tilvirket koralbog til Kingo-salmebogen*. Tilbage står da spørgsmålet om samlingens tilblivelsestidspunkt kan indkredses nærmere end mellem 1725 (Ursinus' ansættelse i Tønder) og 1754 (bindets årstal). I det lange perspektiv vil man sikkert finde problemet temmelig ligegyldigt, og det skyldes da også observationen af en filologisk detalje, som tillader en tidsmæssig indsnævring, at jeg gerne til sidst vil have dette med i fremlæggelsen.

En nærmere betragtning af koralsamlingens *tekstforhold* er overskuelig, forsåvidt som koralerne, som det ses på pl. XII, generelt blot er forsynet med den pågældende salmes titel som overskrift. Bortset fra ortografiske afvigelser følger disse helt salmetitlerne i Kingos salmebog. Men af samlingens koraler skiller nr. 109-113 og 117-118 sig imidlertid ud ved udover titler at være udstyret med fuld tekst. Det drejer sig for alles vedkommende om liturgiske sange, der har været gængs i dansk gudstjeneste siden reformationstidens første dage: nr. 109 er jule-sekvensen *Grates nunc omnes* på dansk, *Nu lader os alle tacke Gud vor Herre;* nr. 110-111 de to gamle Kyrie-salmer, *Kyrie Gud Fader af Himmerig* og *Kyrie Gud Fader forbarme dig,* nr. 112 påskesekvensen *Victimae paschali* på dansk, *Christus Jesus for os ofret*; nr. 113 Kyriesalmen *Kyrie Gud Fader alsomhøyeste Trøst*; nr. 117 er den samme som nr. 112, blot bragt i en fuldstændigere og melodisk revideret version; endelig er nr. 118 et dansk Te Deum, *O store Gud vi love dig.*

De fire første af disse tekster stemmer helt med versionerne i Kingos salmebog. Det danske Te Deum, *O store Gud vi love dig*, repræsenterer derimod et brud med bindingen til den gamle Te Deum-tradition fra Hans Thomissøn og Kingo. Her får vi i stedet en ny, rimet gendigtning, hvis ophav er ukendt, men som i følge en kongelig anordning af 18. marts 1729 blev foreskrevet til brug i kongeriget til afløsning af den hidtil gældende. Te Deums tidligere meget lange prosaform, der blev sunget i oldkirkens gregorianske tungemål, føltes sikkert forlængst ude af trit med kirkens sprog, både tekstligt og musikalsk. Selv med dansk tekst har den været for meget i familie med "dend latinske Mumle-sang og Munkeskrål", som Kingo med afsky omtaler i forordet til gradualet. I begrundelsen for dens udskiftning hedder det da også i anordningen, at den hidtil brugte havde "een tung og for menighederne u-befattelig Melodie".[9] Det nye versificerede Te Deum (efter et tysk forlæg af Luther) var mere "publikumsvenligt" og optoges i nye optryk af Kingos salmebog efter 1729, og igen i Pontoppidans salmebog 1740, her dog *med udskiftning af et enkelt ord.*[10] Afvigelsen i Pontoppidan i forhold til Kingo består alene i, at anråbelsen i sidste linje af strofe 4 ændres fra "Du stærke Zebaoth" til "Du Herre Zebaoth", – hvilket måske føltes som mere "dansk"?

Nu konstaterer vi da, at Tønder-håndskriftet slavisk følger den nye version af Te Deum fra 1729, d.v.s. uden Pontoppidans lille tekstvariant. Jeg indrømmer, at indiciet er ret mikroskopisk, men vil dog benytte mig af det, når jeg konkluderer, at *Ursinus' håndskrift afspejler en salmetradition i Tønder, der kan indkredses til tidsrummet 1729-1740*, altså til tiden mellem den anførte kongelige anordnings ikrafttræden og indførelsen i Tønder af Pontoppidans salmebog. Hvis denne konklusion er rigtig, er der tale om, at håndskriftets tilblivelsestid har ligget nogenlunde inden for det tidsrum, hvor Hans Adolph Brorson havde sit virke som præst i Tønder, hvilket var fra 1729, og indtil han i 1737 udnævntes til biskop i Ribe. Men dette kan kun nævnes til overvejelse af en mulig, men ikke beviselig sammenhæng.

Det skal iøvrigt tilføjes, at den musikalske udsættelse i håndskriftet af *O store Gud vi love dig* er tilrettelagt efter de gamle melodiske Te Deum-formler. Men Ursinus har tilpasset melodien til teksten uden at gøre sig klart, at metrum er jambisk og ikke – således som han takterer melodien – trokæisk. Noget her tyder på, at han ikke var fortrolig med dansk sprogrytme. På pl. XIII gengives den første side af det danske Te Deum.

Til sammenligning bringes i fig. 2 den indledende del af den samme gamle hymne i Breitendichs unægtelig mere mundrette redaktion.

Fig. 2. Første del af Te Deum-melodien trykt i Breitendich's koralbog (jf. pl. XIII). *The first section of the Te Deum-tune as printed in Breitendich's chorale book (cf. pl. XIII).*

Til afslutning

Efter den foretagne analyse og nærlæsning af den lille håndskrevne koralbog kan vi lægge den tilbage igen i montren på Musikhistorisk Museum som et illustrerende eksempel på en gængs notationsmåde i ældre tid. Betragtet historisk som brugshåndskrift til ledagelse af kirkesangen i Tønder i en nærmere bestemt periode giver koralsamlingen et livsnært billede af Kingo-traditionens videreførelse herhjemme, som den efterhånden blev indkapslet i en uniformeret, stiv koral, der samtidig efter tidens skik blev heftet op med roser, d.v.s. udstyret med orgelmæssige garneringer. Genren er velkendt, og samlingen byder i den henseende ikke på større overraskelser.

Derimod har repertoiret ved optagelsen af den gamle visemelodi *Jeg veed et evigt Himmerig* budt på en melodihistorisk gevinst, som bør noteres i fremtiden,[11] ligesom vi i håndskriftet møder den tidligst nedfældede musikalske (her: umusikalske!) version af det versificerede danske *Te Deum*.

Lad mig til slut bemærke, at måske kunne udførlige kollationer af selve koralmelodiernes former i relation til såvel Kingos graduale som andre af tidens kilder have bragt mere for dagen til blotlæggelse af samlingens mulige forlæg eller særlige musikalske træk. Navnlig kunne der bores mere i det påviste slægtskab i koralernes harmoniske forløb med de tilsvarende i Breitendichs koralbog fra 1764. Men det må vente til en anden gang, for kilderne bliver aldrig helt udtømt.

English summary
The library of Musikhistorisk Museum includes a considerable hymnological section from which the author has chosen for consideration an 18th century manuscript containing 115 Danish chorales with figured bass. The manuscript is bound together with a German manual on figured bass by *A. F. Ursinus* (1699-1781), an organist in Tønder in North Schleswig, who is also thought to be the author of the handwritten collection of chorales, which was intended for use in the church in Tønder.

Whereas the songs of German Pietism quickly gained popularity in Tønder, advanced by the German pastor *J. H. Schrader* and the younger Danish pastor *H. A. Brorson*, both important hymn writers, the chorales contained in the manuscript collection reflect the old Danish hymn tradition. The melodies are thus almost entirely drawn from the authorized repertoire of *Thomas Kingo's* "Gradual" (1699).

The author describes the isometric character of the hymn tunes and the ornamentation which has been added to them and the repertoire is discussed in relation to Kingo's collection. It is shown that the manuscript contains a few new melodies which are of primary interest to the history of Danish hymns. In particular these include the melodies of *Jeg veed et evigt Himmerig* (from the German song *Ich weiß ein ewiges Himmelreich*), and of the rhymed Danish version of *Te Deum* (from 1729). The present manuscript is the earliest known source for both of these. Finally, a close relationship is demonstrated between the harmonizations in Ursinus' collection and in the earliest printed Danish chorale book of *F. C. Breitendich*, Copenhagen 1764.

Noter

1. Nils Schiørring: *Det 16. og 17. århundredes verdslige danske Visesang* I-II, København 1950.

2. Festskrift til Knud Jeppesen, *Natalicia Musicologica*, København 1962, s. 261-263.

3. På titelbladets sokkel har skriveren gjort plads til et lille vers, hvormed den musikalske discipel skulle animeres:

    > Ein Bauer achtet nicht das Musikalische Klingen
    > Die kleine Nachtigal veracht den stoltzen Pfau
    > Ein Esel schreyet nur und liebet nicht das Singen
    > Die Perlen wünscht kein Ochs, den Sattel keine Sau.

4. Tilgængelige facsimileudgaver af de nævnte kilder er udgivet af Samfundet Dansk Kirkesang: *Gradual/En ny Almindelig Sangbog under behørige Noder og Melodier ...afThomas Kingo. Odense 1699*. Udgivet i anledning af Mogens Wöldikes 70-års dag. Med efterskrifter af Erik Norman Svendsen og Henrik Glahn, København 1967.
F. C. Breitendich: *Fuldstændig Choralbog...Kiøbenhavn 1764*. Med en oversigt over koralbogens melodier ved Henrik Glahn, København 1970.

5. Jf. Henrik Glahn: "Omkring en håndskreven koralbog fra pietismens tid", i *Dansk Årbog for Musikforskning* VII, København 1976, s. 69-102. – Det er meget vel tænkeligt, at det netop var Ursinus, der leverede forlægget til denne koralsamling.

6. Jf. Niels Schiørrings I *Kirkemelodierne* 1781 og II *Choral-Bog* 1783. Udgivet i facsimile af Samfundet Dansk Kirkesang med historisk indledning og melodifortegnelse af Ea Dal, København 1978.

7. S. A. E. Hagen: *Hvilken Melodi er den oprindelige til Psalmen Jeg ved et evigt Himmerig. En musikhistorisk Undersøgelse*. Særtryk af *Dansk Kirkemusiker-Tidende* 1928, København 1929. Nodebilag med varianter.

8. *Opus cit*. I s. 34, 89; II eks. 14-16, se note 1.

9. Jf. A. Malling: *Dansk Salmehistorie* IV, København 1964, s. 265.

10. Som vidnesbyrd om konservatismen i den sønderjyske salmesang nævner A. Malling (*Opus cit*. s. 267), at det danske Te Deum i Pontoppidans tekstform holdtes vedlige i landsdelen helt frem til 1888.

11. Det var som bekendt til denne melodi, Grundtvig skrev den folkekære salme *Nu falmer skoven trindt om land.* Jf. bl.a. Henrik Glahn: "Sidste nyt om 'Nu falmer skoven'", i *Organist-Bladet* 1993, s. 155ff.

Ole Kongsted*

Nyopdukkede værker af Gregorius Trehou i Biblioteca Apostolica Vaticana

Der gøres heldigvis til stadighed utilsigtede fund. En sådan opdagelse har i sagens natur en anden karakter end det fund, der er resultatet af den længerevarende, ihærdige og målrettede undersøgelse, – men glæden ved det tilfældige fund er ingenlunde mindre.

Dette oplevede undertegnede i 1996 i forbindelse med opdagelsen af en række værker af Christian IVs første kapelmester, nederlænderen Gregorius Trehou (ca. 1540-1619) i Biblioteca Apostolica Vaticana i Rom. På en forskningsrejse til Tyskland faldt jeg tilfældigt over udstillingskatalogen *Bibliotheca Palatina*, Heidelberg 1986.[1] Under katalogsignaturen E 25.4 udstilledes "Ein Sammelband Heidelberger Musikalien", *Codex Pal. Lat. 1878*.[2]

Jeg skal forudskikke den bemærkning, at jeg i skrivende stund ikke har haft lejlighed til at studere originalmanuskriptet i Rom; en nøjere beskrivelse af ms. og dets indhold samt en datering må således afvente en sådan undersøgelse. Allerede nu kan sløret imidlertid løftes for det faktum, at manuskriptet – som kom til Rom fra Heidelberg i 1623 som krigsbytte fra krigen imellem den bayerske hertug Maximilian og kurfyrst Friedrich V af Pfalz – indeholder ikke færre end 12 5-stemmige kompositioner af Gregorius Trehou. Grunden til, at jeg finder det naturligt at bringe en foreløbig redegørelse for dette fund i netop denne festlige sammenhæng, er den, at Musikhistorisk Museum og Carl Claudius' Samling – blandt mange og forskelligartede aktiviteter i Christian IV-året 1988 – var medvirkende ved udgivelsen af de syv hefter i nodeserien "Musik i Danmark på Christian IV's tid".[3] I seriens bind V publiceredes det indtil da eneste kendte komplette værk af Gregorius Trehou, den 6-stemmige latinske motet til kirkevielse: *In dedicatione templi* med secunda pars: *Haec est domus Domini*. Jeg skal ikke ved denne lejlighed komme nærmere ind på spørgsmålet vedrørende de andre (ukomplette) værker af Trehou endsige på diskussionen, hvorvidt den anonyme 5-stemmige messe, *KB:Thott, Ms. 152 fol.* er komponeret af Trehou eller ej.[4]

Codex Pal. Lat. 1878 består ifølge den tyske katalogbeskrivelse i udstillingskatalogen – en manuskriptbeskrivelse, som ikke kan siges at være udtømmende – af 259 fol. i formatet 30 cm × 22 cm; det drejer sig om et pergamentsbind med dateringen "Rom um 1780". Efter en 5-stemmig anonym *Missa Susannae*, modelleret over Orlando di Lassos *Susanne un jour* – som af katalogtekstens forfatter, Gunther Morche, forsøgsvis tilskrives Ludwig Daser og på grund af papirets vandmærke dateres til 1558/59 – følger værkerne af Trehou. Derefter står en 5/6-stemmig motet af Johannes a Ruete fra 1586, en 4-stemmig cantionalsats af Bernhard Amenreich fra 1576, en 5-stemmig lejlighedsmotet af Egidius Bassengius Leodiensis, en 5-stemmig "Staatsmotette" af Christian Hollander samt en 6-stemmig motet af Nicolaus Rosthius Vinariensis.

Morches afsnit om Trehous værker er formuleret således: "Überraschungen bieten auch die fünfstg. Sätze (fol. 119r-166r), als deren Autor sich ein gewisser Gregorius Trehou zu erkennen gibt. Neben einer Ode *Musarum dulces modulos* sind hier französische Psalmmotetten in der Art Goudimels überliefert, dazu aber auch italienisch textierte Musik des gleichen stilistischen Zusammenhangs, darunter ein vierteiliges *Cantico di Simeone*."

I alt drejer det sig – hvilket nedenstående opstilling vil vise – om tre italienske motetter, otte franske motetter og en latinsk motet. Alle værker er 5-stemmige:

1) *Cantate'il nuovo canto all'eterno Signore* (Psalme 96)
   7 dele
2) *Laudate'il gran Signore* (Psalme 117)
3) *Il Cantico di Simeone*
   4 dele
4) *Jamais ne cesseray* (Psalme 34)
5) *Dieu nous soit doux et favorable* (Psalme 67)
6) *Chantez à Dieu chanson nouvelle* (Psalme 96)
7) *Mon Dieu me paist* (Psalme 23)
   3 dele
8) *A toy, mon Dieu, mon coeur monte* (Psalme 25)
9) *O Dieu des armées combien* (Psalme 84)
10) *Du Seigneur les bontez sans fin je chanteray* (Psalme 89)
11) *Rendez à Dieu louange et gloire* (Psalme 118)
12) *Musarum dulces modulos* (tekstgrundlag ukendt)

De fem stemmer bærer italienske stemmebetegnelser: Canto, Quinto, Alto, Tenore, Basso. I Canto, Quinto og Alto er 2 af satserne signeret, i Tenore bærer 3 satser komponistens navn, mens alle satserne i Basso bærer signatur [Gre. Trehou/G. Trehou/Gregorio Trehou eller bare Trehou]. Sammenholder man de hidtil kendte, yderligt sparsomme oplysninger vedrørende Trehous biografi med følgende fakta:

- samtlige stemmebetegnelser er italienske
- 3 af værkerne er på italiensk
- det hidtil eneste kendte trykte værk af Trehou – ovennævnte motet *In dedicatione templi* – udkom i Venezia i 1568[5]

er det rimeligt at antage, at nederlænderen Trehou fik en del af sin uddannelse i Italien – måske endda i Venezia. Det er derfor uden tvivl ham, der efter sin ansættelse i København, fik den gode idé at sende Melchior Borchgrevinck, Mogens Pedersøn, Hans Nielsen samt de to sangere Wilhelm Egbertsen og Andreas Aagesen på uddannelsesrejse til Venezia; denne første rejse blev fulgt af flere andre. Hvornår Gregorius Trehou rejste tilbage til Nederlandene fra Italien, vides ikke, men han dukker i hvert fald op som *magister cantus et choralium* ved kirken Saint Sauveur i Brügge, hvor han blev ansat i 1573; i denne stilling sad han til januar 1577, hvorefter han "forsvandt", indtil han d. 1. marts 1590 blev ansat som hofkapelmester i København. Her virkede han indtil 1611, i hvilket år han blev afskediget, formentlig på grund af Kalmarkrigen, og her døde han i 1619.[6]

Et foreløbigt skud på en datering for de tre italienske værkers vedkommende må derfor som konsekvens af ovenstående ramme omkring 1568. Hvis en nøjere undersøgelse af manuskriptet kan bekræfte denne hypotese, må man konstatere, at der her er tale om en for kirkemusikken på dette tidspunkt forholdsvis avanceret skrivemåde. At der – jfr. Morche ovenfor – skulle være tale om, at de italienske og de franske værker har det samme stilistiske grundlag, er en ikke helt rimelig betragtning. Den stort dimensionerede 7-delte Psalme 96 er ikke alene for en motet noget usædvanlig i udstrækning (ikke færre end 269 brevismensurer!); den er hertil holdt i en særdeles bevægelig og veloplagt madrigalistisk stil med hyppig anvendelse af den syvende tone "si", hvilket sætter senere tiders teoretikerudsagn angående Gregorius Trehous centrale placering i forbindelse med udvidelsen af hexachordet i relief – et naturligvis såre interessant musikteoretisk perspektiv.[7] Dette gælder ligeledes de øvrige italienske værker; samtlige 12 motetter vil naturligvis blive publiceret, og jeg skal vende tilbage hertil i anden sammenhæng.

De otte franske værker stammer formodentlig fra 1570'erne eller 1580'erne. Man kan forestille sig, at Trehou har haft kontakter til reformkredse i Schweiz eller Østfrankrig – f.eks. på rejsen hjem fra Italien – måske endda en kontakt til Claude Goudimel (ca. 1514-1572), hvis musik ganske sikkert har inspireret ham. Tekstgrundlaget for disse otte satser er Clément Marots og Théodore de Bèzes oversættelser til fransk af Davids Psalmer. Af Clément Marot er ovenstående opstillings numre 7, 8 og 11, af Théodore de Bèze er numrene 4, 5, 6, 9 og 10. De melodier, som Trehou anvender til sine kompositioner, er alle kendt fra huguenot-psalteret.[8] Goudimel har i øvrigt komponeret en eller flere satser over samtlige disse otte melodier. Halvdelen af de otte Trehou-satser stammer fra *Les 150 Pseaumes de David*, Genève 1562, to melodier hidrører fra *Octante trois pseaumes*, Genève 1551, en melodi er hentet fra Souterliedekens 1540, og den sidste findes i *Pseaulmes cinquante de David ... mis en musique par Loys Bourgeois*, Lyon 1547.

Som en smagsprøve på Trehous franske satser gengives her Psalme 118: *Rendez à Dieu louange et gloire*. Denne prægtige melodi fra huguenot-psaltret til Marots mesterlige gendigtning har dannet grundlaget for Trehous sats. Melodien findes i adskillige varianter i de tidlige franske "psalmebøger", hvilket nedenstående opstilling, som er baseret på angivelserne hos Pidoux, vil vise.[9]

De følgende signaturer er Pidoux' kildeangivelser:

ST 45: La forme des prieres et chants ecclesiastiques ... Strasbourg 1545

ST 48: Pseaumes de David ... avec plusieurs autres compositions, mises de nouveau en chant, [Strasbourg] 1548

ST 53: Pseaumes de David ... par C. Marot, avec plusieurs cantiques ... Strasbourg 1553

Mo 46: Livre Ier [Livre second] contenant 31 [17] pseaulmes ... mis en musique à 4 p., ... par Anthoine de Mornable ... Paris 1546

Ce 55: Cinquante pseaulmes de David, mis en musique à 4 p. par M. Pierre Certon, Paris 1555

Bg 47a: Pseaulmes cinquante, de David ... mis en musique par Loys Bourgeoys à 4 p., à voix de contrepoint égal consonante au verbe, Lyon 1547

LY 48: Pseaulmes cinquante de David, mis en vers françois par Cl. Marot, Lyon 1548

LY 49: [samme titel], Lyon 1549

GE 51: Octante trois pseaumes ... 49 par Cl. Marot et 34 par Th. de Bèze, Genève 1551

GE 54: [samme titel], ... plus 6 ps. nouvellement traduits par Th. de Bèze, Genève 1554

Til forståelse af oversigten s. 194, som viser melodiens varianter i 1500-tallet, skal anføres følgende:

A = ST 45, 48, 53
B = Mo 46, Ce 55
C = Bg 47a, LY 48, 49
D = GE 51, 54

Det skal bemærkes, at A-melodien af hensyn til sammenligneligheden i denne sammenhæng gengives med halverede nodeværdier; af samme årsag er B-melodien transponeret fra F-tonalitet til C-tonalitet. I forbindelse med C-melodien skal noteres, at alle linier i Bg 47a slutter med nodeværdien brevis, mens de senere versioner har nodeværdi semibrevis + pause (= semibrevis); endelig har 1554-versionen ingen pauser. Helt identiske er kun 1A og 1B, 3A og 3B samt 8A, 8C og 8D, og helt forskellige i alle versioner melodisk set er kun linie 2.

Goudimel komponerede fire satser over denne melodi, tre satser til teksten *Rendez à Dieu louange et gloire*, en sats til Psalme 98: *Chantez à Dieu nouveau cantique*.[10] Disse satser er alle – på nær den ældste (nedenstående nr. 1) – broderet over den melodi, der fandt sin form med udgaven Genève 1551, jfr. ovenfor; "Genève-versionen" – som utvivlsomt er den melodi, der har det mest tilfredsstillende forløb – anvendes ligeledes af Trehou:

1) Goudimel: *Rendés à Dieu louange et gloire* 1557/61[11]
   30 brevismensurer
   motet, cantus firmus i Superius, overvejende grundakkorder
   1. tekstlinie repeteres: 1 1 2 3 4 5 6 7 8

2) Goudimel: *Rendez à Dieu louange et gloire* 1564/65[12]
   28½ brevismensurer
   node-mod-node-sats, c. f. i Tenor, udelukkende grundakkorder
   uden tekstrepetitioner: 1 2 3 4 5 6 7 8

3) Goudimel: *Rendez à Dieu louange et gloire* 1568/80[13]
   28½ brevismensurer
   motet, c.f. i Superius, overvejende grundakkorder
   uden tekstrepetitioner: 1 2 3 4 5 6 7 8

Oversigt over 1500-tals melodivarianter til *Rendez à Dieu louange et gloire*.

4) Goudimel: *Chantez à Dieu nouveau cantique*, 1568/80[14]
a voix pareilles
28½ brevismensurer
motet, c.f. i Superius, overvejende grundakkorder
uden tekstrepetitioner: 1 2 3 4 5 6 7 8

5) Trehou: *Rendez à Dieu louange et gloire*. 1568?
60 brevismensurer
motet, c.f. i Canto, knap så præget af grundakkorder som 1-4
med tekstrepetitioner: 1 2 2 3 4 4 5 5 5 6 6 7 7 8 8

Sammenholder man Gregorius Trehou med Claude Goudimel, er der ingen tvivl om, hvorfra Trehou henter sin inspiration – i hvert fald ikke, når det drejer sig om de franske satser. De italienske motetter er derimod anderledes, både i forbindelse med den ovennævnte anvendelse af den syvende tone og i forbindelse med den langt mere bevægelige rytmik; de er mere "moderne", mere avancerede end Goudimels satser. På basis af de foretagne transskriptioner af de 12 værker lader det sig fastslå, at Trehou ikke kun har en væsentlig placering i dansk musikhistorie i sin egenskab af den egentlig fagligt ansvarlige for det kongelige kapels glansperiode under Christian IV; han indtager også en – hidtil ukendt – placering i forbindelse med huguenot-psaltrets musikhistorie, selvom det ikke i skrivende stund kan afdækkes, for hvilken liturgisk sammenhæng disse værker er skabt.

I det konkrete tilfælde ses Trehous udgave af *Rendez à Dieu louange et gloire* at være dobbelt så lang som Goudimels motetter med adskillige tekst- og melodirepetitioner. Goudimels stykker er karakteristisk korte og knappe og mere stramme i udtrykket end Trehous sats, der – med sine små "mellemspil", hvor de fire understemmer "fylder huller" – på sin vis får et friere forløb. Repetitionerne – styret af overstemmen – er i høj grad det strukturdannende element, der giver motetten en smuk og afrundet form. Ikke mindst skal man lægge mærke til de i alt tre gange, linie 5 optræder i denne sats – hver del formuleret på sin egen måde; efter i takt 26 første gang at sætte i med tre stemmer, der bliver til fire ved Tenor-imitationen, er det ikke tilfældigt, at Trehou sidste gang teksten/melodien bringes (takt 33) "harmoniserer" på netop denne måde. Den fra begyndelsen tætte imitation bliver satsen igennem væsentligst et anliggende imellem C, Q og T. Satsen afslører en komponist, der kan sit håndværk, og som har sans for detaljer. Læg f.eks. mærke til den lille forskel på takt 4 og takt 19, som står på "samme plads" i det musikalske forløb; det er karakteristisk for satsen i dens helhed, at de mange repetitioner gestaltes på forskellig vis, hvilket dels giver en indre sammenhængskraft, dels – på forunderlig vis – virker både fortættende og udvidende. Man får fornemmelsen af, at motetten er konciperet i en stor bue.

Disse kompositioner af Gregorius Trehou er komponeret, *før* han kom til Danmark i 1590. Christian IV *kunne* i teorien have hørt denne melodi, – derimod næppe i praksis. Reaktionen i Danmark mod calvinismen betød, at det franske psalter blev næsten uden betydning – så i Trehous samtid har der ingen anvendelse været for denne sats, med mindre den har været udsat for såkaldt *kontrafaktur* – altså har været forsynet med en anden tekst. Dette skete ofte i samtiden; om nogen af Trehous satser f.eks. kan have været anvendt i Danmark med en anden tekst, ved vi desværre ikke. Hofkapelmesteren var ex officio ansvarlig for den daglige gudstjeneste i kapellet på Københavns Slot – og hvor kongen i øvrigt ellers befandt sig – og der har utvivlsomt været brug for motetter af denne slags – – – men jo altså ikke på fransk. Der var langt fra Danmark til Frankrig på dette tidspunkt; fransk kultur betød ikke nær så meget i Danmark som senere.

En anden teoretisk mulighed for at stifte bekendtskab med melodien i samtiden var at indfinde sig hos Thomas Villumsen ved domkirken i Lund. Villumsen, der i 1582 havde studeret i Strasbourg, var 1585-93 rektor, senere til sin død i 1602, lector theologiae i Lund. Han udarbejdede o. 1600 værket *Paraphrasis Danica Psalmorum Davidis* – en enkel metrisk oversættelse af Davids Psalmer med noderne til de franske melodier.[15] Dette værk blev først udgivet i 1641 af Villumsens halvbroder, den københavnske borgmester Jacob Mikkelsen. En eventuel kontakt imellem Trehou og Villumsen er ikke dokumenteret.

Samtidig med at Hans Thomissøn var i gang med sit salmebogsarbejde i Danmark, sad Ambrosius Lobwasser i 1573 i Königsberg og prøvede på at adaptere en tysk oversættelse på rim til de franske melodier. De reformerte psalmeparafraser fik på denne måde forholdsvis hurtigt en stor udbredelse også på luthersk område.

Udgangspunktet for Marots gendigtning er Psalme 118: *Confitemini Domino quoniam bonus:*

Psalme 118:	Marot:
Confitemini Domino quoniam bonus:	1. Rendez à Dieu louange et gloire,
quoniam in saeculum misericordia ejus.	2. Car il est bénin et clément;
Dicat nunc Israel quoniam bonus:	3. Qui plus est sa bonté notoire
quoniam in saeculum misericordia ejus.	4. Dure perpétuellement.
[Tak Herren, thi han er god,	5. Qu'Israël ores se recorde
thi hans miskundhed varer evindelig.	6. De chanter solennellement
Israel sige:	7. Que sa grande miséricorde
thi hans miskundhed varer evindelig.]	8. Dure perpétuellement.

Til Marots *Rendez à Dieu louange et gloire* svarer Lobwassers *Dancksaget nun und lobt den Herren*:

Dancksaget nun vnd lobt den Herren/	Israel führt dir zu gemüthe
Dann groß ist seine freundlichkeit	Sein grundlose barmhertzigkeit/
Vnd seine gnad vnd güt wird wehren/	Bekenn vnd sag/daß seine güte
Von ewigkeit zu ewigkeit.	Beständig bleib in ewigkeit.[16]

Lobwasser angiver som melodi til Ps. CXVIII: "In der Melodey dess LXVI Psalmens", *Jauchzet dem Herren all auf Erden*, ligesom den også blev brugt – som hos Goudimel – til Psalme 98: *Nun singt ein neues Lied dem Herren*.[17] Melodien var åbenbart så populær, at den brugtes til flere forskellige tekster – ligesom tilfældet var hos Goudimel.

Den franske melodi har spredt sig fra den fransk-reformerte kirke og har dannet grundlag for flere senere bearbejdelser/adaptioner. Det vil ikke være forkert at hævde, at melodien er kendt over store dele af Europa; f.eks. er denne melodi – ud over til teksten *Rendez à Dieu louange et gloire* – i den samme form blevet anvendt i de franske og belgiske protestantiske kirker i forbindelse med Psalme 66: *Peuples, venez et, qu'on entende*, Psalme 98: *Entonnons un nouveau cantique* samt til Canticum Zachariae: *Béni soit à jamais le grand Dieu d'Israël*.[18] Også i Italien har melodien i denne form fundet anvendelse; dels til Psalme 9: *Mio Gesù, la tua Parola* og til Psalme 14: *A Dio Padre che dal niente*.[19] I The Episcopal Church i Amerika anvendes den franske melodi dels til Reginald Hebers (1783-

1826) tekst: *Bread of the world in mercy broken*, dels til Erik Routleys (1917-1982) parafrase over Psalme 98: *New songs of celebration render.*[20]

I Tyskland har Johann Crüger i 1653 lagt den franske melodi til grund for en melodi i en anden strofeform, nemlig den klassiske: jambisk 8.7.8.7.8.8.7. til teksten *Herr Jesu Christ, du höchstes Gut.*[21]

Crüger var stærkt påvirket af den franske psaltermelodik, og han udgav få år efter, at han skrev ovenstående melodi, værket *Psalmodia sacra* – en bearbejdelse af Lobwassers psalter. I nutidig tysk salmesang er den knyttet til *Sei Lob und Ehr dem höchsten Gut* (EKG 233), og den benyttes også af den katolske kirke i både Tyskland og Østrig til teksten: *Nun freut euch hier und überall* (efter Paul Gerhardt 1656), mens den franske melodi af katolikkerne i dette område bruges til *Nun singt ein neues Lied dem Herren* (Georg Thurmair 1965/1971 efter psalme 98) og til *Nun saget Dank und lobt den Herren* (Ambrosius Lobwasser 1573/Fritz Enderlin 1952).[22]

Karakteristisk for Crügers melodi – som for hans melodik i det hele taget – er de to på hinanden følgende opadgående kvartspring; her skal man ligeledes lægge mærke til modulationen til dominanten i linie 5, som er hans egen invention uden hjemmel i den franske melodi. I Danmark fik hans melodi efter Psalme 118 ingen udbredelse, hvorimod den har været ganske overordentlig populær i Sverige – fra 1676 til den nyeste koralbog 1986 nr. 157.[23] Svenskerne har anvendt den til ganske mange forskellige tekster, først til *Min högsta skatt, o Jesu kär* (Ringwaldt/-Wallin), i dag til *Den korta stund jag vandrar här* (F. M. Franzén 1813). Denne melodi har bl.a. i en variant med lige lange nodeværdier i tidens løb været brugt til mange tekster; her skal nævnes: *På krubbans strå man lade dig* (Geijer), *Hjälp, Gud, de trogna äro få* (Åström), *Din kärlek, Jesu, gräns ej vet* (Lönegren), *I nåd du, Herre, på oss tänkt* (Geijer).[24]

I Schweiz har både den reformerte kirke og den katolske kirke indtil i dag fundet anvendelse for begge melodier. I den reformerte kirke anvendes a) den franske melodi til: *Singt, singt dem Herren neue Lieder* (Zürich 1941 "nach älteren Übertragungen"), *Nun saget Dank und lobt den Herren* (Lobwasser 1573/Enderlin 1952), *Ein neues Jahr ist angefangen* (C. R. H. Puchta 1843), b) Crügers melodi til: *Nun freut euch hier und überall* (Gerhardt 1653), *Du Volk, das du getaufet bist* (Gerhardt 1667), *Ich glaube daß die Heiligen* (Ph. Fr. Hiller 1731), *Die Feinde deines Kreuzes drohn* (Balthasar Münter 1772).[25] Hos katolikkerne anvendes a) den franske melodi til: *Jauchzt, alle Lande, Gott zu ehren* (Psalme 66), *Nun singt ein neues Lied dem Herren* (Psalme 98), *Nun saget Dank und lobt den Herren* (Psalme 118), *Preis, Lob und Dank sei Gott dem Herren,* b) Crügers melodi til: *Du Volk, das du getaufet bist, Nun freut euch hier und überall*.[26]

Den franske melodi danner endelig grundlag for den melodi, som vi i Thomas Laubs redaktion i Folkekirken anvender til Grundtvigs *Almindelig er Kristi Kirke* fra 1837, Den danske Salmebog nr. 285/Den danske Koralbog nr. 15.[27] Marots 8-liniede metrum: jambisk 9.8.9.8.9.8.9.8 – som i øvrigt herhjemme kun kendes fra Brorson, der i *Troens rare Klenodie* har tre salmer i denne strofeform[28] – bliver her til 7 linier: jambisk 9.8.9.8.9.9.8.. Laub anvender følgende melodistykker: 1 – 4 – 3 (= 1) 4 – 5 – 7 – 8.

Laub udnytter, som det ses, de repetitive kvaliteter i forbindelse med udformningen af salmemelodien. For så vidt er der tale om en tilsnigelse, når det angives, at "Laubs melodi" er fra Lyon 1547; som noterne i DDK gør opmærksom på, er melodiføringen "Laubs noget fri redaktion", hvilket det ikke er muligt at være uenig i. Kender man Genèvemelodien – og det gør i hvert fald en del danske kirkesangere netop fra KTK – vil nogle formentlig føle manglen i forbindelse med bortfaldet af linie 6 hos Laub. Til gengæld må man jo sige, at hans harmonisering er

meget smuk, samt at hans tilretning af den franske melodi til Grundtvigs salme i højere grad er trofast over for forlægget end Crügers sats.

Dette som en foreløbig orientering om fundet af en samling værker, der på mere end én måde er særdeles spændende. De hidrører fra en central person i dansk musikhistorie – en person, som Musikhistorisk Museum og Carl Claudius' Samling i 1988 var med til at trække frem fra glemslen, og som nu viser sig at være netop så interessant, som man dengang kunne formode!

Rendez au vieux musée louange et gloire – qu'il dure perpétuellement!

Ps. 118: Rendez à Dieu louange et gloire

Gregorius Trehou

English summary
The article deals with the discovery of 12 five-part motets by Gregorius Trehou in Biblioteca Apostolica Vaticana, *Codex Pal. Lat. 1878*. From 1590 to 1611, Trehou was director of music at the Court of King Christian IV in Copenhagen. The 12 works are classified in the following groups:

- Three Italian motets, drawn up in an almost madrigalistic style, which seems modern, as seen in relation to the supposed time of creation (ca. 1568).
  Text: The Book of Psalms and Canticum Simeonis.

- Eight French motets, created over texts and melodies from the huguenot-psalter with an indubitable inspiration from Goudimel (which are believed to have been made in the 1570s or 1580s).
  Text: The Book of Psalms translated into French by Clément Marot and Théodore de Bèze.

- One Latin motet.
  Text: unknown.

The transcription of the 12 works – all of which are to be published – reveals an extremely able composer, who appears to occupy an interesting position in the history of music theory, due to the extension of the hexachord introducing the note "si". The melody has given rise to versions, such as Johann Crüger's *Herr Jesu Christ, du höchstes Gut*, which became very popular, particularly in Sweden, and Thomas Laub's *Almindelig er Kristi Kirke*, which is used in the Danish National Church.

Noter

* Undertegnede ønsker at rette en tak til Arne Keller og Jesper Grube Overgaard i forbindelse med transskription af Trehous motet samt tilrettelæggelse af nodeeksempler.

1. Elmar Mittler u.a. (Hrsg.): *Bibliotheca Palatina. Katalog zur Ausstellung vom 8. Juli bis 2. November 1986 Heiliggeistkirche Heidelberg.* I: Textband, XVI + 552 S.; II: Bildband, 328 S., Heidelberg 1986.

2. Elmar Mittler u.a. (Hrsg.): *Opus cit.* s. 363f, se note 1.

3. Ole Kongsted (udg.): "Motetter af G. Trehou, J. Tollius og V. Bertholusius", i *Musik i Danmark på Christian IV's tid*, bind V, XVI + 26 s., København 1988.

4. John Bergsagel og Henrik Glahn (udg.): "Anonym messe og lejlighedsmotetter", i *Musik i Danmark på Christian IV's tid*, bind VI, XIII + 44 s., København 1988, s. X; se hertil John Bergsagel: "Foreign Music and Musicians in Denmark During the Reign of Christian IV", i Anne Ørbæk Jensen und Ole Kongsted (Hrsg.): *Heinrich Schütz und die Musik in Dänemark zur Zeit Christians IV. Bericht über die wissenschaftliche Konferenz in Kopenhagen 10.-14. November 1985*, Kopenhagen 1989, s. 19-24; endvidere John Bergsagel: "Gregorius Trehou", i *The New Grove Dictionary of Music and Musicians,* vol. 19., London 1980, s. 127f; endelig Nils Schiørring: "Gregorius Trehou", i *Dansk Biografisk Leksikon*, 3. udg., 14. bd., København 1983, s. 678.

5. Pietro Joanelli (udg.): *Novi atque catholici thesauri musici. Liber quartus,* Venezia 1568.

6. Kongsted (udg.): *Opus cit.* s. III, se note 3; se endvidere Ole Kongsted: "Den verdslige "rex splendens". Om musikken som repræsentativ kunst ved Christian IVs hof", i *Christian IVs Verden*, København 1988, s. 433-464.

7. Flere forfattere støtter sig formentlig på Hans Mikkelsen Ravn: *Heptachordum Danicum*, bd. I, København 1646, s. XXXI, der om den syvende tone skriver: "Cujus primus inventor mihi ignoratur, nisi si fuerit Gregorius Trechovius natione, ut opinor, Batavus, Regiæ nostræ capellæ quondam Magister" (Hvis første inventor er ukendt for mig, med mindre det har været Gregorius Trehou, af – som jeg mener – den bataviske [nederlandske] nation, tidligere mester for vort kongelige kapel).

8. Se de respektive psalmer hos Pierre Pidoux: *Le Psautier Huguenot du XVIe Siècle.* I: Melodies et Documents, Basel 1962.

9. Pidoux: *Opus cit.* s. 108-109, se note 9.

10. Denne tekst findes i øvrigt også både hos Goudimel og Trehou med melodien fra huguenot-psalteret; se Pidoux: *Opus cit.* s. 91, se note 8, samt Henri Gagnebien, Rudolf Häusler et Eleanor Lawry (udg.): *Claude Goudimel, Oeuvres Complètes*, vol. 9, New York/Basel 1967, s. 99; hertil vol. 10., New York/Basel 1969, s. 137-138.

11. Gagnebien et al.: *Opus cit.* vol. 3, New York/Basel 1969, s. 20ff, se note 10.

12. Gagnebien et al.: *Opus cit.* vol. 9, New York/Basel 1967, s. 122-123, se note 10. Denne sats findes udgivet i Mogens Wöldike og Niels Møller: *Korsange til kirkeåret* (KTK), Egtved 1965, nr. 7, s. 18f (med halverede nodeværdier og ¢ som taktangivelse).

13. Gagnebien et al.: *Opus cit.* vol. 10, New York/Basel 1969, s. 60-62, se note 10. Denne sats er udgivet i KTK nr. 8, s. 19-20 (med halverede nodeværdier og med C som taktangivelse!)

14. Gagnebien et al.: *Opus cit.* vol. 10, New York/Basel 1969, s. 152-154, se note 10.

15. Bjørn Kornerup: "Thomas Villumsen", i *Dansk Biografisk Leksikon*, 3. udg., red. Sv. Cedergreen Bech, 15. bind, København 1984, s. 560.

16. Jeg har ikke haft lejlighed til at studere originaludgaven fra 1573, og refererer derfor til 1616-udgaven: Ambrosius Lobwasser: *Psalter vnd Psalmen Davids/Nach Französischer Melodey inn/Teutsche Reymen verstendlich vnd/deutlich gebracht ... Gedruckt in Churfürstlicher Pfaltz zur Neustadt/an der Hardt durch Heinrich Starck./In verlegung Johann Carl Vnckels zu Franck=/furt am Mayn. MDCXVI* [= 1616].

17. Johannes Zahn: *Die Melodien der deutschen evangelischen Kirchenlieder*, 3. Band, Hildesheim 1963, s. 612, nr. 6002.

18. Fédération protestante de France (udg.): *Louange et Prière. Psaumes, chorals, cantiques, répons liturgiques adoptés par les Églises Évangeliques de France et de Belgique*, 3. udg., Paris 1948.

19. *Salmi et Cantici*, Tipografia Claudiana, Firenze 1892.

20. *The Hymnal*: The Episcopal Church, New York 1985, nr. 301 og 413.

21. Zahn: *Opus cit.* nr. 4545, se note 17.

22. *Gotteslob.* Katholisches Gebet- und Gesangbuch. Herausgegeben von den Bischöfen Deutschlands und Österreichs und der Bistümer Bozen-Brixen und Lüttich, Stuttgart 1975, nr. 226, 262 og 269.

23. Harald Göransson: *Koralpsalmboken 1697. Studier i svensk koralhistoria*, Stockholm 1992, s. 2-3. Se ligeledes: *Den svenska Psalmboken*, I-IV, Stockholm 1985, her bd. 1, nr. 91 og 157.

24. *Melodipsalmbok. Den svenska psalmboken av konungen gillad och stadfast år 1937* ... Stockholm/Uppsala 1969, nr. 34, 119, 176, 216, 237, 282, 495. Salmen *Den korta stund jag vandrar här* er også optaget i *Cecilia. Katolsk Psalmbok*, Stockholm 1987, nr. 157.

25. *Gesangbuch der evangelisch-reformierten Kirchen der deutschsprachigen Schweiz*, Winterthur 1980, nr. 25, 32, 137, 164, 219, 326 og 352.

26. *Messliturgie und Gesangbuch der Christkatolischen Kirche*, Allschwil 1978, nr. 410, 419, 425, 618a, 634 samt i *Anhang zum Gesangbuch der Christkatolischen Kirche*, sine loco 1986, nr. 846.

27. *Den danske Koralbog* v/ Jens Peter Larsen og Mogens Wöldike, 3. udg. v/ Henrik Glahn, København 1992; jævnfør Thomas Laub: *Dansk Kirkesang*, København 1918, nr. 6.

28. Ifølge venlig meddelelse fra professor, dr. phil. Henrik Glahn, som jeg takker for gode råd i denne sammenhæng.

Mette Müller
Kongens Harmonika
Fra fritungeinstrumenternes tidligste historie i Danmark

Forspil
Fritungens europæiske karriere begynder stilfærdigt o. 1780 med et videnskabeligt eksperiment i København, hvor lægen og fysikeren, Christian Gottlieb Kratzenstein fremstillede en talemaskine med fritunger eller gennemslående tunger, som de også kaldes (fig. 1).[1] Vigtigere er dog, at Kratzenstein var opmærksom på fritungens rent musikalske muligheder, og at han derved muligvis inspirerede orgelbygger Nicolai Kirschnick til at forsyne sine instrumenter med fritunge-registre.[2]

Ideen bredte sig hurtigt, ikke mindst fordi den berømte og vidt berejste Georg Joseph Vogler mødte Kirschnick i Skt. Petersborg 1790. Tyskeren Vogler (1749-1814) var romersk-katolsk præst, komponist, orgelvirtuos, musikteoretiker og pædagog. Vogler var i sin egen tid en omstridt person. Hans kompositioner er stort set forsvundet fra koncertrepertoiret, men som teoretiker og i sit praktiske virke var han en af romantikkens markante banebrydere.[3] Vogler blev begejstret for fritungerne, fik dem indbygget i sit *orchestrion* og turnerede siden overalt i Europa med dette transportable orgel. Det var med til at bane vejen for talrige udgaver af den instrument-type, som senere fik navnet *harmonium*. Samtidig udvikledes også mundharmonikaen, concertinaen og det lille bærbare fritungeorgel, som Cyrill Demian patenterede i Wien 1829 under navnet *Accordion*. Det er denne sidstnævnte nyskabelse og dens tidligste historie i Danmark, som senere vil blive genstand for nærmere omtale.

Hvad kan fritungen, som de eksisterende blæseinstrumenter ikke kunne o. 1780?
Svaret må blive, at fritungen ved sin entré på markedet ikke leverede noget som helst, der forekom uundværligt i det etablerede koncertliv. For de førende komponister var der tilsyneladende ikke behov for dette tonedannelsesprincip, når det gjaldt om at skabe nogle af wienerklassikkens mest betydelige værker. Men der var adskillige andre, som formulerede sig om fritungernes fortræffeligheder og deres musikalske nødvendighed, blandt andet gennem talrige eksperimenter, der fandt sted i begyndelsen af 1800-tallet. Vi skal et øjeblik beskæftige os med de egenskaber, der udmærker den gennemslående tunge i forhold til dels fløjterne, dels oboen med to tunger, der slår mod hinanden, og klarinetten med en enkelt tunge, der slår ind imod en fast ramme. For dem alle gæl-

Fig. 1. Christian Gottlieb Kratzenstein. Stik af P. Haas efter nu forsvunden tegning (eller maleri) fra 1781 af Paul Ipsen (privateje). *Copper etching by P. Haas after a drawing or a painting by Paul Ipsen in 1781, now disappeared (private property)*.

der, at et stigende blæsetryk vil påvirke tonehøjden, dersom musikeren ikke gennem sin embouchure modvirker dette. Fritungen, der svinger igennem sin ramme, er ikke upåvirket af et ændret blæsetryk, men udsvingene i tonehøjden ligger stort set indenfor, hvad det menneskelige øre er tilbøjelig til at tolerere som stabilt.[4] Dertil kommer, at fritungen i et orgel-instrument ikke på samme måde som de andre tungestemmer er afhængig af en orgelpibe. Fritungen definerer sig selv med en behagelig, blød tone og kan nøjes med en lille kancel til styring af trykforholdene omkring tungen eventuelt suppleret med et kort lydbæger til modifikation af klangfarven.[5] Til gengæld er fritungen netop i høj grad tilbøjelig til at lade sig påvirke af et tilkoblet lydbæger, og det er denne klanglige tilpasningsevne, Kratzenstein benyttede til efterligning af menneskestemmens vokaler.

I sin afhandling udtaler Kratzenstein sig meget kritisk om pibeorglets traditionelle vox humana registers påslåande tunge, hvis "*gennemtrængende, hårde og ubehagelige*" klang han tager den største afstand fra. Men når Kratzenstein anbefaler fritunger i stedet, er hans ærinde ikke udelukkende rettet mod det rent klanglige. Kratzensteins vision må i dag forekomme os noget særpræget. Han mente vitterligt, at vox humana-stemmen på samme måde som hans egen talemaskine skulle diskriminere mellem diverse vokaler, og at dette ville have en storartet musikalsk virkning. Det helt konkrete forslag går på, at tonen c giver vokalen a, tonen d vokalen e, tonen e vokalen o, tonen fis vokalen a etc.[6] Kratzenstein går ikke nærmere ind på fritungens dynamiske egenskaber, formentlig fordi han ikke havde nogen ambition om at forbedre pibeorglet udover netop dets vox humana-stemme.

Med Vogler er det en ganske anden sag. Han ønskede intet mindre end at revolutionere tidens kirkeorgler, og det på flere forskellige områder. Gennem det meste af sit aktive musikerliv var Vogler optaget af at reducere omfanget af orglet, og han udarbejdede et simplifikations-system til afskaffelse af de store baspiber ved at erstatte dem med flere, mindre, som tilsammen gav de dybe kombinationstoner. Fritungens pladsbesparende kvaliteter må have fascineret ham meget. Voglers orchestrion fik heller ikke sit navn af ren og skær tilfældighed: helt i romantikkens ånd ønskede han at disponere over et i princippet ubegrænset udvalg af klanglige og dynamiske variationsmuligheder i sit orgel til fuldkommengørelse af illusionen om et symfoniorkester. Fritungens klanglige smidighed har været et oplagt interesseområde.[7]

Den gennemslående tunge debuterede altså i traditionens pibeorgel, som siden i et vist omfang blev udstyret med den slags stemmer. De mange eksperimenter førte også til harmoniet, som blev en verdensomspændende, billig handelsvare med stor betydning som instrument i hjemmene, i skolerne og indenfor fromhedslivet i dets mange forskellige afskygninger. Ved slutningen af sin karriere vandt harmoniet tilmed indpas i forlystelseslivet og spillede blandt andet en rolle i biografens første dage.[8] Man kan nævne komponister som Rossini, Berlioz, Saint-Saëns, Gounod, César Franck, Dvořák, Reger, Richard Strauss og Schönberg, der alle lejlighedsvis har komponeret for harmonium, men instrumentet har mistet enhver betydning for koncertlivet i dag. Det har harmonikaen til gengæld ikke, men den måtte følge en anden vej, end man måske fra begyndelsen havde forestillet sig.

Hvad kan harmonikaen, som harmoniet ikke kan?
Det lille primitive accordion, som Cyrill Demian patenterede 1829, er set med vore øjne ikke meget bevendt (fig. 2): Et vekseltonigt klaviaturinstrument med en bælg, der aktiverer fritungerne ved tryk og træk; diskant-side med 5 taster, som i alt giver 10 toner af den diatoniske skala i én toneart; under hver skalatone en medklingende akkord, der veksler mellem tonika og dominant og kan dæmpes ved en såkaldt *mutation*. Den første udgave af harmonikaen har hverken basside eller luftknap. Dette sidste betyder, at man ikke kan foretage et hurtigt, lydløst bælgskift og er bunden til konstant at aktivere en eller flere tunger for at komme videre i spillet. Imidlertid arbejdede Demian og hans sønner hastigt videre med accordionet. De forøgede toneomfanget ved flere taster, og i 1831 forelå *Das vollkommene Accordion*, som i første række giver den diatoniske skala og i en række no. 2 de manglende halvtonetaster. Samtidig er bassiden udviklet med en ligetonig, delvis kromatisk skala i hovedtonearten. Den første lærebog for dette Wiener-instrument foreligger med Adolph Müllers *Accordion-Schule* fra 1834. Her præsenteres seks forskellige Demian-instrumenter, som yderligere dokumenterer luftknappen og en basside med akkorder, der arbejder uafhængigt af meloditasterne.[9]

Det fuldt udbyggede harmonium er et stort, tungt møbel. Fødderne betjener fødebælgene, mens en sindrig mekanik styrer dels magasinbælgen til stabilisering af lufttrykket, dels ekspressionen, der sætter denne funktion ud af kraft. Harmonikaen er derimod et kompakt system, som kan følge musikeren, hvorhen det skal være. Den har sin fødebælg, der styres af den spillendes arm. Luftens vej til tungerne er direkte og kort, og tungerne påvirkes øjeblikkeligt af det mindste udsving i blæsetrykket. Det er ikke så mærkeligt, at man i Frankrig har sammenlignet bælgen med strygeinstrumenternes bue: begge åbner adgang til en mageløs frasering, der kombinerer vekslende dynamik med et rytmisk drive, som ikke genfindes i selv det mest raffinerede harmonium. I patentskriftet nævner Demian harmonikaens dynamiske kvaliteter, men det er bemærkelsesværdigt, at blandt de utallige instruktionsbøger, som derefter udkom gennem hele 1800-tallet, er der ifølge Walter Maurer ikke én, der beskæftiger sig med den kvalitet. For nu at tage Müller som eksempel, så er han udelukkende optaget af, hvordan man fornuftigt fører bælgen ud og ind og økonomiserer med lufttilførslen af hensyn til frasernes længde. Den for os i dag så indlysende betragtning, at *"bælgen er harmonikaens sjæl"*, møder vi første gang skriftligt formuleret hos Franz Krieg i hans lærebog fra 1949.[10] Det udelukker ikke, at den mere eller mindre skolede musiker har fundet ud af bælgens særlige magi på egen hånd, således som rækkefølgen ofte vil være for musikalske landvindinger.

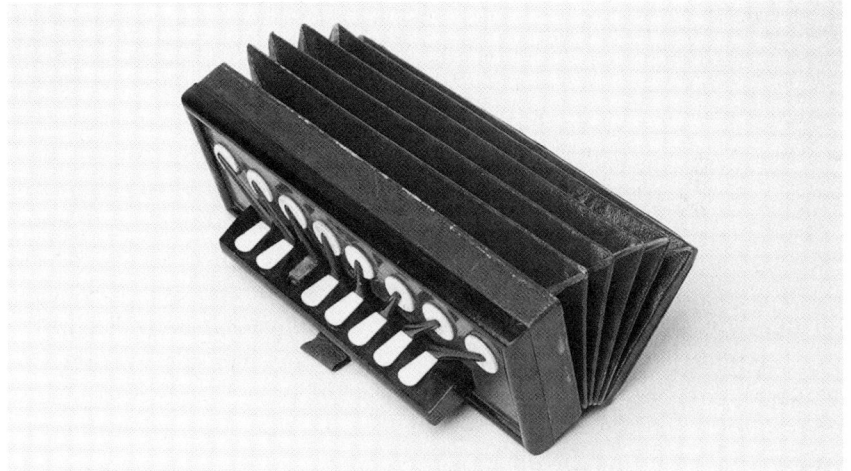

Fig. 2. Harmonika af samme type som Cyrill Demians tidligste modeller. O. 1830 blev instrumentet givet til præsten Johannes Dillner af grevinde Brahe til Rydboholm i Sverige (privateje). *Accordion, same type as Cyrill Demian's earliest models. Ca. 1830, the Swedish countess Brahe donated this instrument to the Rev. Johannes Dillner, promoter of the bowed zither "psalmodicon" in Sweden (private property). Photo: the Musikmuseet in Stockholm.*

Fra borgerskab til folkeliv
De fleste akustiske instrumenter, som vi omgås i dag, har en lang udvikling bag sig. Harmonikaen er ung. Straks fra sin fødsel blev den patenteret og markedsført med en hidsighed, som blev bestemmende for instrumentets videre skæbne. Fra århundredets midte blev harmonikaen også i

stigende grad et massefremstillet produkt. De første små og elegante accordier henvendte sig til salonernes damer og herrer, som gerne ville spille selv uden at investere altfor mange kræfter i projektet. Demian fremhæver også som en særlig målgruppe folk på rejse, der trods instrumentets ringe omfang kan få noget ud af at spille det solistisk. Et led i markedsføringen var den strøm af introduktionshæfter, som siden Müllers skole fra 1834 oversvømmede markedet. Ambitionen – eller rettere manglen på ambition – fremgår af specifikationer som for eksempel *"...apprendre cet Instrument à jouer très bien après une étude de quelques jours"* (Reisner 1834), *"...pour apprendre sans Maître à jouer l'accordéon"* (Reisner 1838), *"..Die Kunst, in einer Stunde auf dem Accordion ohne Lehrer und ohne Notenkenntnisse ein Stück spielen zu lernen,..."* (Ruediger 1844) og *"...Eine leichtfassliche Anleitung, das Bandonion in ganz kurzer Zeit geläufig spielen zu lernen, mit besonderer Rücksichtnahme auch auf solche, denen es bisher an musikalischen Kenntnissen fehlte"* (Ullrich 1877). De foreliggende undersøgelser kan ikke pege på nogen lærebog, der henvender sig til den kunstnerisk ambitiøse amatør, endsige etuder for den professionelle musiker. Tilsvarende er repertoiret i disse instrumentalskoler, helt i pagt med Demians forslag i patentskriftet, hentet fra et lager af kendte melodier i en let anretning for et instrument, som ikke havde en chance overfor det alt dominerende fortepiano.[11] De første meget beskedne harmonikainstrumenter blev efterhånden afløst af modeller, hvor det hele i stigende grad var indarbejdet og effektiviseret: melodi, bas, akkorder og den rytmiske puls i et praktisk, transportabelt instrument. Desuden forfinedes tilvirkningen og monteringen af tungerne til en bedre kvalitet. Men på det tidspunkt var løbet åbenbart allerede kørt; der var ingen prestige forbundet med harmonikaen, og ingen af århundredets klassiske komponister fandt det ulejligheden værd at føre en dialog med det ny instrument. Resultatet blev, at harmonikaen fandt sin sande identitet som musikalsk medium i folkelige sammenhænge og i populærmusikken, hvor dens kapacitet var med til at udvikle markante musikalske former (musette, tango og hambo f. eks). Den særlige ciffernotation gjorde instrumentet tilgængeligt for amatørerne i vide kredse, og man kan, som Maria Dunkel gør det, hæfte sig ved, at dette ny instrument fik en bred social betydning ved at bryde med et eksisterende elitært dannelses-privilegium.[12] Men det førte naturligvis automatisk til, at harmonikaen blev deklasseret, også langt senere i sin fuldt professionelle udformning. Betydelig originalmusik indenfor det traditionelle koncertmiljø finder man først i 1900-tallet, hvor instrumentet måtte føre en ganske sej kamp for at få sit eget repertoire og dermed anerkendelse på konservatorie-niveau.[13]

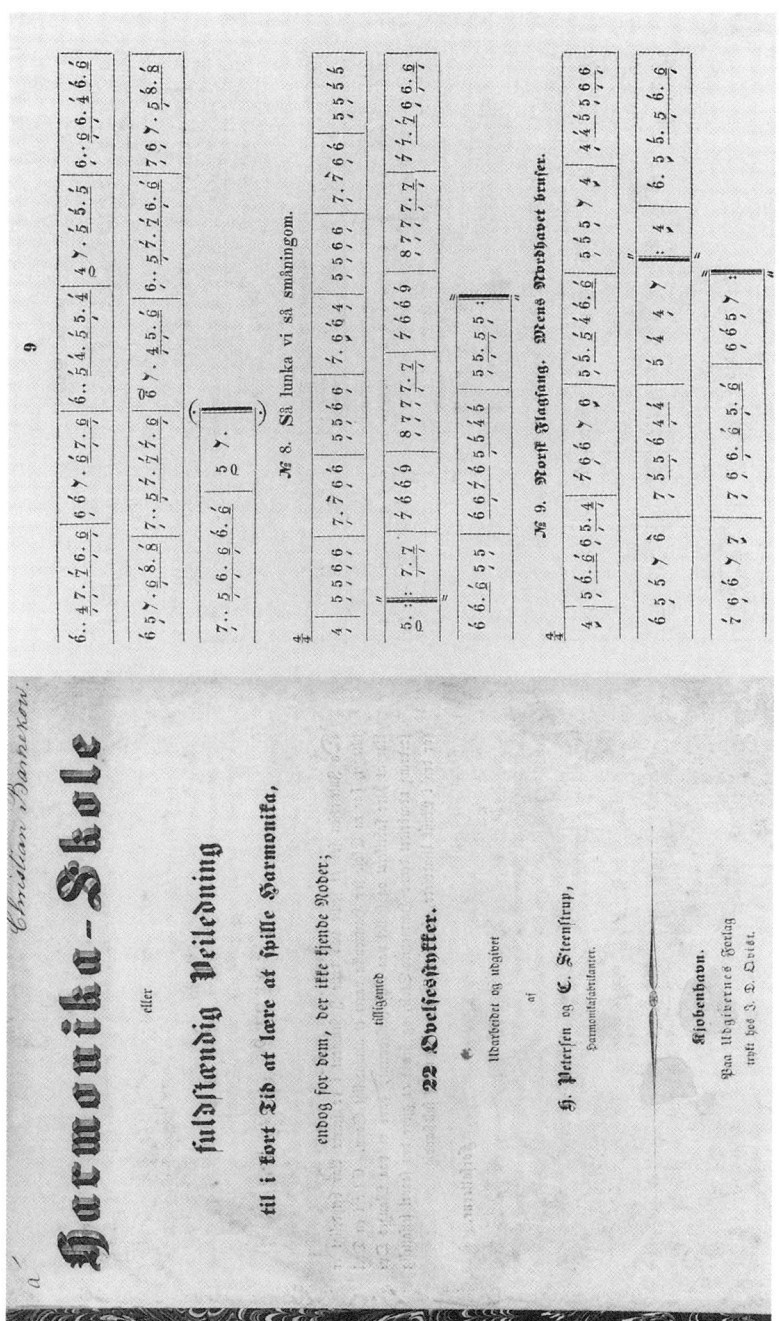

Fig. 3. Titelblad og øvelsesstykker med cifferskrift fra Petersen og Steenstrups harmonika-skole, der udkom på eget forlag i 1849 (Musikhistorisk Museum). Title page and exercises with ciffer notation from the first Danish accordion textbook, Copenhagen 1849 (Musikhistorisk Museum, Copenhagen).

Harmonikaen blev udtænkt på et tidspunkt og i et miljø, hvor konkurrence og forretningsmæssige hensyn i stigende grad spillede en rolle. Man kan udmærket forestille sig, at den næsten febrilske tilstand omkring fritungeinstrumenterne i de første årtier af 1800-tallet forledte opfinderen til at lancere et produkt, der manglede alt det væsentligste i at være færdigudviklet, og blandt andet derfor blev det umuligt at fastholde borgerskabets interesse på længere sigt.

Historien om tre instrumenter i Danmark

Knap 60 år efter, at Kratzenstein i København arbejdede med fritunger til sin talemaskine, og 10 år efter, at Demian i Wien udtog patent på sit accordion, støder man på Hans Petersen (1803-1872), som er den første danske harmonikaforhandler, vi kender til, og det er muligt, at han allerede på dette tidspunkt også var fabrikant af disse instrumenter.[14] Den 12. maj 1839 grundlagde han en lille kælderforretning på hjørnet af Pilestræde og Klareboderne med forhandling og reparation af harmonikaer. 1845 slog han sig sammen med Hans Christian Steenstrup (1824-1896), og hermed var firmaet Petersen & Steenstrup etableret.[15] Den 12. 11. 1849 finder vi i *Adresseavisen* en annonce, som præsenterer deres første harmonikaskole, hvis titel indtil forveksling ligner de ovenfor omtalte tyske og franske skoler (fig. 3). Men nu har Petersen & Steenstrup fået en konkurrent: den 14.11.1849 tilbyder harmonikafabrikant W. Simonsen i Viingaardsstræde 128 et undervisningshæfte med talnoder, beregnet til dem, der foretrækker et selvstudium. Den 21.11.1850 overhaler Petersen & Steenstrup indenom med et tilbud om "*Dandsemusik, udført af övede Spillere paa Accordier*", og kapløbet for året 1850 afsluttes med, at de to forretninger bringer hver sin illustrerede annonce i *Adresseavisen*, W. Simonsen den 14.12., Petersen og Steenstrup den 14. og 24.12. (fig. 4).[16]

I det følgende skal vi se på nogle instrumenter fra dette korte spand af tid i harmonikaens første ungdom, hvor både håndværkere, sømænd, borger-frøkener, præster, grevinder og sågar fyrstelige personer gav sig af med den lille tingest. Som repræsentanter for harmonikaens tidligste brugere i Danmark kan vi her omtale en instrumentbygger, en organist ved Frederiksberg Kirke og landets sidste Oldenborgske monark. Deres instrumenter er omhyggeligt blevet opbevaret for eftertiden, og de to borgerlige harmonikaer har hver deres egen historie, der er overleveret gennem flere generationer som elsket familie-gods.

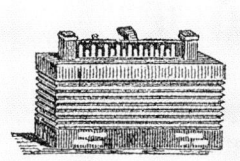 

Fig. 4. To konkurrenter: til venstre illustreret annonce fra Petersen & Steenstrup i Adresseavisen, december 1850; til højre reparationsseddel fra W. Simonsen indvendig i organistens harmonika (MMCCS no. 1970-16). *Two competitive firms in Copenhagen: to the left an illustrated advertisement in Adresseavisen, december 1850 from Petersen & Steenstrup (photo: The Royal Library); to the right the label of W. Simonsen inside the organist's accordion (MMCCS no. 1970-16).*

Instrumentbyggerens harmonika
Hans Christian Steenstrup var ifølge familietraditionen en munter murersvend fra landsbyen Steenstrup i nærheden af Ringe på Fyn. Det fortælles, at han var dygtig på harmonikaen og ofte kom i Hans Petersens forretning. Her spillede og sang han for kunderne og bidrog derved til den gode stemning i den ny virksomhed, hvilket førte til kompagniskabet i 1845. Hans Christian Steenstrup fungerede også som spillemand til dans og skal i den egenskab engang have optrådt "*...på slottet, hvor han en eftermiddag i stiveste puds musicerede for hoffets børn*".[17] Efter Hans Petersens død i 1873 førte Steenstrup og hans efterslægt virksomheden videre, og harmonikaen forblev i familiens eje, indtil den i 1965 blev skænket til Musikhistorisk Museum.

Museumsnummer:	MMCCS B 22 (pl. XIV)
Tysk model:	1-raders, 1-korig, vekseltonig, diatonisk
Gave:	1965 fra Hans Christian Steenstrups oldebarn, hr. Louis Steenstrup, Skovlunde
Mærke:	ingen
Datering:	o. 1840
Bælg:	7 folder
Luftknap:	i bassiden, løffeltaste af messing
Tunger:	af stål (4 tunger i bassiden af messing) monteret over kanceller på fælles plade af zink
Diskantside:	10 aflange taster med elfenbensbelægning, ventiler dækkede: a, d^1, c^1, e^1, F-dur diatonisk f^1- f^3, a^3

Basside: 2 løffeltaster af messing, enkelttoner og akkorder: F-dur / C-dur
Udstyr: læderstrop i diskantsiden til tommelfinger, læderrem i bassiden til støtte for håndryggen
Mål: sider højde: 29 cm, dybde: 10,5 cm, sider + sammentrykt bælg, bredde: 10,5 cm

Dateringen bygger på familietraditionen, som ikke modsiges af instrumentets form. Der er tale om en ret udbredt version af tysk model, som også senere med forskellige modifikationer forhandledes af Petersen & Steenstrup.

Instrumentbyggerens harmonika er i alt væsentligt identisk med et andet instrument, der af firmaet blev skænket til museet i 1906 (MMCCS no. B 4), og som ifølge accessionsprotokollen har båret fabrikations- eller forhandlermærket *C. Neumann, Berlin* (mærket nu gået tabt). Endnu en harmonika i samlingerne af nøjagtig samme type kan spores til Ålborg. Den bærer en plakette med mærket *A. Josephsen Aalborg* (grundlagt 1853) og kan med stor usikkerhed dateres til perioden 1843-1858. Ifølge familietraditionen blev instrumentet brugt af gårdskarl Ole Christian Larsen, hvis barnebarn, Olga Jacobsen skænkede den til museet i 1975 (MMCCS no. 1975-73). Tungerne er i dette tilfælde af messing, og det er højst sandsynligt, at de andre to harmonikaer af samme type har fået oprindelige messingtunger erstattet med stål, som giver en kraftigere tone. Endelig findes i museets samling to harmonikaer, som er nært beslægtede med denne tidlige form for tysk model (MMCCS no. B 17 og no. 1970-15), men proveniensen er stort set uoplyst. De er begge lidt rigere udstyret: to-raders med kromatiske tonetrin og 4 løffeltaster i bassiden samt registertræk, som bliver almindelige o. 1845.

Organistens harmonika
I 1840 erhvervede den ganske unge Rasmus Johansen Maale i Nyborg en harmonika, som blev foræret ham af en sømand, der havde hjembragt instrumentet fra "*de varme lande*".[18] Rasmus Maale var født i Nyborg 1824 som søn af en uformuende færgemand. 15 år gammel blev han angrebet af en tyfus, der berøvede ham synet på begge øjne. Han lærte sig hurtigt at spille på harmonikaen og viste i det hele taget så gode musikalske anlæg, at han ifølge familietraditionen i 1840 blev opfordret til at spille for kronprins Frederik i Odense.[19] Såvel familien som nogle af byens velhavende borgere sørgede herefter for at skaffe midler til, at han

1841 kunne påbegynde en uddannelse på Blinde-instituttet i København.

1844 fik Rasmus Maale I. P. E. Hartmanns underskrift på ikke blot sin store flid og sine musikalske evner, men også gode kvalifikationer som organist. 1850 tog han fast ophold i København, hvor han efter nogle år med vikariater i 1856 blev ansat som organist ved Frederiksberg Kirke. Rasmus Maale sad i dette embede til sin død 1913.

Museumsnummer:	MMCCS 1970-16 (pl. XIV)
Tysk model:	1-raders, 1-korig, vekseltonig, diatonisk
Gave:	1970 fra Rasmus Maales barnebarn, kgl.kapelmusikus Kjell Roikjer
Mærke:	reparationsseddel (?) uden årstal af W. Simonsen, Wiingaardstræde no. 128 i København
Datering:	o. 1840
Bælg:	7 folder
Luftknap:	i diskantsiden
Tunger:	af nikkel-sølv (?) monteret parvis på messingplader over fælles vindkammer
Diskantside:	10 aflange taster, ventiler dækkede: G-dur diatonisk fra g-d^1 og fis^1-e^3, g^3
Basside:	2 løffeltaster af sølvhvidt metal, enkelttoner og akkorder: G-dur / D-dur
Udstyr:	diskanttaster belagt med celluloid; 4 perlemorsfødder på bassiden, læderstrop til tommelfinger i diskantsiden
Mål:	sider højde: 29,5 cm, dybde: ca. 14 cm; sider + sammentrykt bælg, bredde: 8,5 cm

Dateringen bygger på familietraditionen og modsiges ikke direkte af instrumentets ydre, som dog, hvad angår bassiden, er en usædvanlig formulering af tysk model. Overleveringen i familien udelukker, at W. Simonsen kan have bygget denne harmonika, men måske har han på et senere tidspunkt udskiftet tungerne, der virker overraskende moderne i forhold til instrumentets alder.

Kongens harmonika
Den 10. januar 1844 købte kronprins Frederik (1808-1863, fra 1848 Kong Frederik VII) i Odense et accordion af Urban Hansen og betalte 7

rigsdaler og 4 mark for instrumentet (fig. 5). Hvem sælgeren var, har vi ikke kunnet opspore. Han findes ikke registreret som borger i byen, og der kan udmærket være tale om en rejsende, som kronprinsen tilfældigt har truffet.[20] I 1844 var Kronprins Frederik guvernør over Fyn med bolig på Odense Slot. Hans officielle pligter var ikke omfattende, hans andet ægteskab var under afvikling, og fritiden blev udfyldt dels af den arkæologiske interesse, dels af de nære venner, Louise Rasmussen og Carl Berling. Frederik VIIs biografer er enige om, at uheldige faktorer på et afgørende tidspunkt styrede hans liv: en urolig og splittet barndom med skiftende opdragere; en streng, fjern faderskikkelse og en from stedmoder af god vilje, men uden evne til at få ordentlig kontakt med en kompliceret natur som Frederiks. Hans skudsmål er nedslående, når det gælder tilegnelse af viden og færdigheder: ringe arbejdslyst og pligtfølelse – ikke megen tilbøjelighed til boglig lærdom. Om hans forhold til musikken formulerer Claus Røllum-Larsen det lidt mere nænsomt: *"Var der en linie i Christian VIIIs beskæftigelse med musik, så var der spontaneitet og – om man vil – mangfoldighed i Frederik VIIs."*[21]

Prinsen sang lidt, komponerede lidt og spillede klaver uden at få et fortroligt forhold til nodeskrift. Han begejstredes for valdhornet og var på et tidspunkt optaget af harpen, uden dog efter det oplyste at gøre noget særligt ud af det. Og det forstår man så godt, for her er tale om musikinstrumenter, der kræver en del ulejlighed. Harmonika derimod, kunne læres på et øjeblik uden undervisning, uden nodekendskab og uden synderlig anstrengelse i det hele taget. Det fortalte i hvert fald det

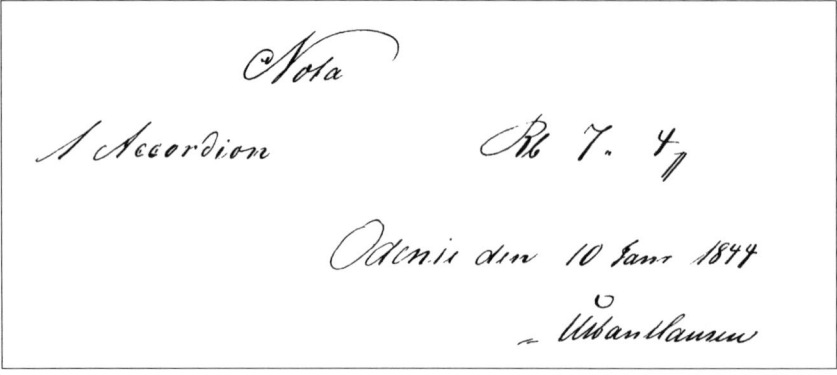

Fig. 5. Kvittering fra Urban Hansen for 7 rigsdaler og 4 mark ved salg af harmonika til Kronprins Frederik (Rigsarkivet). *Receipt signed by Urban Hansen who in 1844 sold an accordion to Prince Frederik (later King Frederik VII of Denmark; The National Archives).*

ny instruments bannerførere, så det er intet under, at prinsen fik lyst til at prøve også det, og måske har han fået impulsen til at give sig i lag med harmonikaen ved o. 1840 at høre den unge Rasmus Maale fra Nyborg spille (se ovenfor).

Vi ved ikke, hvor meget Frederik dyrkede sin harmonika. Han har tilsyneladende ikke anskaffet sig nogen lærebog i teknikken og den særlige ciffernotation,[22] men noget tyder dog på, at han omfattede dette lille, uanselige instrument med mere end almindelig sympati: hvis Frederik VII overhovedet har ejet en harpe eller et valdhorn, så er de i hvert fald forsvundet. Derimod beholdt han harmonikaen, som indgår i samlingerne på Jægerspris Slot.[23]

Ejer:	Museet på Jægerspris Slot no. 70 (pl. XV)
Wiener-model:	1-raders, 1-korig, vekseltonig, diatonisk
Mærke:	ingen
Datering:	formentlig Wien, før 1844
Bælg:	7 folder
Luftknap:	ingen
Tunger:	af messing, monteret parvis på små plader af zink
Diskantside:	10 knoptaster af sølvhvidt metal, ventiler dækkede, tungerne grønne af irring og inaktive
Basside:	2 løfteltaster af sølvhvidt metal med enkelttoner og akkorder: F-dur / C-dur
Udstyr:	alle beslag af sølvhvidt metal, udstanset mønster i diskantsidens dæksel; bælgen og trærammer beklædt af rødt papir med guldtryk; bassidens bund beklædt med kraftigt marmoreret papir. I diskantsiden bærebøjle af metal med filtforing
Mål:	sider højde: 24,8 cm, dybde 8,5 cm; sider + sammenfoldet bælg, bredde: 6 cm

Dateringen bygger på så solide kendsgerninger som en kvittering fra sælgeren og den veldokumenterede opbevaringssituation. Til gengæld er det ikke så ligetil at fastslå, hvor gammelt instrumentet var ved købet, men det er en meget primitiv harmonika set i forhold til, hvad der stod til rådighed i 1844. På det tidspunkt fandtes allerede supplerende kromatiske taster, som i visse tilfælde ovenikøbet var ligetonige, hvilket giver lidt mere musikalsk bevægelighed. Men fremfor alt er det nærmest lammende, når en harmonika ikke er udstyret med en luftventil, som allerede forekommer i Müllers lærebog fra 1834.

Instrumentet har en særlig interesse, fordi det, hvad angår væsentlige træk i dets form, kan ses som en tidlig videreudvikling af de første modeller, som Demian og andre lancerede i 1830rnes Wien, hvortil kommer formgivningen af bassidens taster, der er identisk med Demians skabelon. Typen synes at være sjælden i dag. Vi har præsenteret materialet om Jægerspris-harmonikaen for medarbejdere ved nogle af de store europæiske og amerikanske musikmuseer, men kun på Technisches Museum i Wien findes ifølge Gotthard Richter et lille elegant eksemplar, der på mange punkter svarer til Jægerspris-harmonikaen. Dog er afskærmningen af tasternes ventilklapper beklædt med stof, men eftersom Jægerspris-harmonikaens udstansede dæksel er maskinarbejde, er der næppe tale om et unikum.[24]

Sammenfatning

Kun en del af museernes indhold er resultatet af systematisk indsamling efter en forud fastlagt plan. Mange erhvervelser gøres i form af gaver, som de ansvarlige med glæde modtager i forventningen om, at det senere vil vise sig værdifuldt i større sammenhænge. Det gælder også disse tre harmonikaer, der mere eller mindre tilfældigt er kommet inden for vor rækkevidde. I den foreliggende fremstilling var det fra første færd udelukkende deres alder og danske proveniens, som gjorde dem til genstand for en undersøgelse. Den geografiske fællesnævner viste sig ovenikøbet at være Fyn, men man opdager hurtigt, at fænomenerne også på andre leder berører hinanden: hvis vi beslutter at forlade os på familiens overlevering, så har ejeren af den ene harmonika optrådt for ejeren af den anden i privat sammenhæng.

Det er nok ikke så mærkeligt, at de tre harmonikaspillere alle endte med at slå sig ned i hovedstaden, hvor tingene foregik, men man har en udtalt fornemmelse af hele tiden at befinde sig indenfor voldene i mere end én betydning, og et materiale på tre instrumenter er jo mildest talt heller ikke imponerende. Måske dækker de dog tilsammen ganske godt en lidt svævende tilstand, som netop da karakteriserede harmonikaens situation kulturhistorisk set: for murersvenden et nærliggende middel til en musikalsk udfoldelse, som i sidste ende gjorde ham til medejer af et respektabelt forretningsforetagende; for færgemandens søn et gennemgangsstadium til alvorlige studier og en smuk karriere som musiker; for prinsen endnu et forsøg på en overkommelig vej til at udtrykke sig i musik.

Deres instrumenter udgør den første håndfaste dokumentation, vi har for harmonikaens tilstedeværelse i Danmark.[25] Hertil kommer, at de repræsenterer tre meget forskellige udgaver af instrumentet, hvilket antyder en typemæssig spredning i udbudet. De tre andre harmonikaer af tidlig tysk model i museets samling peger muligvis på, at det var den type, som efterhånden blev almindelig hos os, men for at konkretisere dette og beslægtede forhold mangler vi endnu både arkivalske undersøgelser og betydeligt flere af de instrumenter, som må have eksisteret i Danmark o. 1839. Naturligvis kan Hans Petersen sideløbende have beskæftiget sig med alt muligt andet, men man åbner trods alt sjældent en virksomhed til forhandling og reparation af harmonikaer, uden den ringeste udsigt til kunder i butikken. Indtil videre kender vi desværre hverken disse instrumenter eller deres proveniens. De bevarede harmonikaer, som vi har registreret på danske kulturhistoriske museer, stammer alle fra en senere periode. Reel viden om, hvilke harmonikatyper den danske befolkning har kunnet betjene sig af, begynder først med de illustrerede salgskataloger, som fra o. år 1900 viser, hvad der var at vælge imellem.[26]

Lad os til slut vende tilbage til Olga Jacobsen, som gav sin bedstefars harmonika til museet. I overdragelsesbrevet fortæller hun, at først en TV-udsendelse om gamle og ny harmonikaer i 1975 fik hende til at fundere over dette arvegods: *"... jeg har egentlig altid troet, at det nærmest var et gammelt stykke legetøj; men da jeg så de gamle modeller i TV, gik det op for mig, at det må være et rigtigt instrument, bare i ældre udgave"*.

Olga Jacobsen opbevarede af familieveneration noget, der for såvidt forekom hende ubetydeligt, men mange har sikkert tænkt som hun – og har skilt sig af med legetøjet, før forskningen begyndte at interessere sig for harmonikaen og at undersøge, hvad den har betydet for høj og lav i hverdag og fest.

English summary
The early history of the accordion is compared with that of the reed organ; in modern terms, the accordion can be regarded as a product which was marketed towards a target group of unambitious bourgeois amateurs, long before the instrument was fully developed. It turned out to be folk culture and popular music that incited the continuous improvement of the accordion and made use of the special capacity of the instrument. Accordingly, the instrument was déclassé in middle class

music life, and it was not until the 20th century that a repertoire of interest for professional, classical musicians was created for the modern accordion. Three accordions are preserved which were used in Denmark ab. 1840, and their affiliation may very well show the floating position of the instrument at that time: the bricklayer, who later became the owner of a large music shop, the ferryman's son, who later became an organist, and the prince, who was later to become king of Denmark. The accordion of the latter is of international interest, as it must be considered quite an early further development of Demian's model. The only known parallel to this instrument is kept in the Technisches Museum, Vienna. Nationally, however, a more comprehensive material is still lacking: well-documented early instruments and a more extensive research in archives dealing with both imports and local production of free reed instruments such as the accordeon.

Noter

1. Christian Gottlieb Kratzenstein: "Sur la naissance et la formation des Voyelles", i *Observations sur la Physique* Suppl. XXI, Paris 1782. Kratzenstein var født i Werningerode 1723. Efter studier i Halle og et professorat ved det kejserlige videnskabelige akademi i Skt. Petersborg blev han kaldet til professoratet i eksperimentalfysik ved Københavns Universitet i 1753. Han døde i København 1795. En ofte gentaget forkert oplysning (senest i Jan Grossbach: "Harmonium", i *Die Musik in Geschichte und Gegenwart. Zweite, neubearbeitete Ausgabe*, Bd. 4, Bärenreiter, Kassel 1996, sp. 211) går på, at Kratzenstein arbejdede med fritungen under sit ophold i Skt. Petersborg. Af Kratzensteins egen tekst fremgår imidlertid, at han begyndte at interessere sig for fritungernes funktion o. 1770. Se Egill Snorrason: *C. G. Kratzenstein and his Studies on Electricity during the Eighteenth Century*, Odense University Press 1974. Om fritungens vej fra Orienten til den vestlige verden, se Mette Müller: "Østens mundorgel og et europæisk eksperiment. Chr. Gottlieb Kratzensteins talemaskine", i *Træk & Tryk & Pust & Sug. Fra asiatisk mundorgel til europæisk harmonika*, Musikhistorisk Museum, København 1971. Endvidere Mette Müller: "Around a mouth-organ: the khaen in the Royal Danish Kunstkammer", i *Studia Organologica. Festschrift John Henry van der Meer*, Tutzing 1987. Efter alt, hvad der foreligger oplyst, er Kratzensteins talemaskine ikke bevaret.

2. *Nicolai Kirschnick Instrumentmager* er dokumenteret i Københavns Skattemandtalsliste (indkvarteringsskat) 1764 og 1767.

3. Margaret H. Grave: "Vogler, Georg Joseph", i *The New Grove Dictionary of Music and Musicians*, bd. 20, London 1980, s. 59ff. Mere indgående omtale hos Walter

Reckziegel: "Vogler, Georg Joseph, genannt Abbé", i *Die Musik in Geschichte und Gegenwart*, Bd. 13, Bärenreiter 1966, sp. 1894-1905.

4. Gotthard Richter: *Akkordeon. Handbuch für Musiker und Instrumentenbauer*, Leipzig 1990, s. 178ff.

5. Arkitekt Torsten Hinge, der arbejder med harmoniets historie i Danmark, har gjort mig opmærksom på kancellens betydning for dannelsen af den såkaldte "slipstrøm", der betinger tungens mulighed for at svinge. Det asiatiske mundorgels fritunge er i modsætning til den europæiske version ikke nittet fast på en plade, men skåret op i denne. Det betyder, at mundorglet følger andre akustiske love og er afhængig af en tilkoblet orgel-pibe.

6. C. G. Kratzenstein: *opus cit.* s. 379 (se note 1) "*...il est évident que les facteurs d'orgue habiles dans leur art, peuvent sans peine faire que la voix humaine des orgues à vent prononce distinctement les voyelles a, e, o; il paroît que cette espèce de jeu produira un excellent effet, & même un effet extraordinaire: si par exemple le ton c produit la voyelle a, le ton d la voyelle e, le ton e la voyelle o, le ton fis la voyelle a, &c. qu'ils fachent que dans la musique les tons simples expriment la mélodie qui peut être accompagnée d'une basse, ou de la flûte douce, ou de la flûte traversière, ou du violon; car sans doute l'on entendra sous cette variation un chant qui imiteroit très-biens la voix humaine*".

7. Om Voglers arbejde med sit orchestrion, se Franz Joseph Fröhlich: *Biographie des grossen Tonkünstlers Abt Georg Joseph Vogler, bei Gelegenheit der Inauguration des an seinem Geburts-hause vom historischen Vereine von Unterfranken und Aschaffenburg am 5. August gesetzten Denksteines*, Würzburg 1845, s. 42-49. Fröhlich kendte Vogler personligt og beundrede ham meget, hvilket i nogen grad påvirker hans artikel. Min tilgang til Voglers indsats bygger også på Karl Emil von Schafhäutl: *Abt Georg Joseph Vogler. Sein Leben, Charakter und musikalisches System. Seine Werke, seine Schule, Bildnisse &c*, Augsburg 1888. Bogen bringer detaljerede oplysninger om orchestrion'ets disposition. Desuden omtales Voglers ønske om at udnytte fritungens evne til dynamisk variation uden dog at gå ind på nogen speciel indretning af bælgsystemet til forøgelse af blæsetrykket. Schafhäutl meddeler også oplysninger om orchestrionets skæbne: på grund af økonomisk ruin var Vogler tvunget til at afhænde orglet, som herefter synes at være gået tabt. Tak til lederen af Den danske Orgelregistrant, organist cand. phil. Ole Olesen, som har givet gode henvisninger med henblik på et overblik over fritungestemmernes særpræg og rolle i pibeorglets europæiske historie.

8. Arthur W. J. G. Ord-Hume: *Harmonium. The History of the Reed Organ and its Makers,* London 1986, s. 99-102. Se også Petersen & Steenstrup: *Fortegnelse over ca. 600 Harmonier leveret fra 1871 til 1915*, København 1915. Her anføres som aftagere blandt andet Zoologisk Haves Orkester (1902), Folketeatrets Orkester (1903), Skodsborg Badehotels Orkester (1904), Hotel Bristols Orkester (1905), Hotel d'Angleterres Palmehaves Orkester og Wivels Terrasses Orkester (1906),

Café "Broholm", Frederiksberg Allé (1909), Nørre Central Café, Nørrebrogade (1910), Kosmorama, Østergade (1912) og Metropolteatret, Mikkel Bryggers Gade (1914).

9. Adolph Müller: *Accordion-Schule oder Vollständige Anleitung, das Accordion in kurzer Zeit richtig spielen zu erlernen, mit Übungen und Unterhaltungsstücken für alle Arten des Accordions,* Wien 1833, s. 4. Under omtale af mutationen, der dæmper akkorderne i diskant-siden, anføres i en fodnote:"*An einigen Instrumenten sind besondere Klappen am Boden angebracht, welche zwei verschiedene Accorde geben: Einen durch dem ZUG, den Andern durch den DRUCK. Diese Accorde stimmen nun, nach Verhältniss des Instrumentes, zu allen von den Tasten hervorgebrachten einzelnen Tönen. Demnach dienen die Tasten mit den einzelnen Tönen zur Ausführung der Melodie, und die Klappen mit den Accorden zur Begleitung*". Denne beskrivelse svarer i princippet til, hvad man langt senere stadig kan finde på små, enkelt udstyrede instrumenter. Se også Walter Maurer: *Accordion. Handbuch eines Instruments, seiner historischen Entwicklung und seiner Literatur,* Wien 1983. Bogen bringer en grundig gennemgang af harmonikaens udvikling. Dog er hos Maurer netop det ovenfor omtalte sted i Müllers lærebog uklart fremstillet, og Maurer synes mærkeligt nok ikke at bemærke denne meget tidlige adskillelse af melodtonerne og de akkompagnerende akkorder.

10. Walter Maurer: *Opus cit.* (se note 9) bringer s. 192-204 en omfattende liste over harmonikaskoler fra perioden 1834-1932. Om bælgens betydning for artikulation og frasering, se samme værk s. 316-332. Se også Gotthard Richter: *Opus cit.* s. 79f (se note 4) under afsnit 3.3: *Vom Vorratsbalg zur Balgführung – die Kultivierung der Tonbildung.*

11. Birgit Kjellström: *Dragspel. Om ett kärt och misskänt instrument,* Sohlmans Förlag, Stockholm 1976. Bogen giver blandt andet en god fremstilling af harmonikaens tidlige historie i Sverige. Om harmonikaens begyndelse i borgerlig sammenhæng, se også Pierre Monichon: *L'Accordéon,* Lausanne 1985 og Mette Müller: "Folk – Folkelig – Folkelige musikinstrumenter i Danmark", i *Folk og Kultur.* Udgivet af Foreningen Danmarks Folkeminder, København 1994.

12. Maria Dunkel: "Harmonikainstrumente", i *Die Musik in Geschichte und Gegenwart,* 2. udgave, Sachteil Bd. 4, Kassel 1996.

13. Harmonika med melodibas blev under navnet *accordeon* indført som musikpædagogisk fag på Det Kongelige Danske Musikkonservatorium fra undervisningssæsonen 1969/70. Det Kgl. Danske Musikkonservatorium: *Beretning for perioden 1/9 1969-31/8 1970,* København 1970. Se også Gotthard Richter: *Opus cit.* s. 62ff (se note 4).

14. Hans Petersen er registreret som harmonika-fabrikant i Folketællingen for København, februar 1845 og (første gang) i *Vejviseren* 1847. Derimod findes navnet ikke anført i Borgerskabsregistret for 1825-54, hvilket ikke udelukker, at han kan have fået en bevilling. En tak til Henrik Bøggild, Københavns Stadsarkiv, der har gennemgået disse registre for mig. Der foreligger mig bekendt ikke publiceret arkivalske undersøgelser vedr. import af harmonikaer til Danmark i denne periode.

15. Anonym forfatter: "Firmaet Petersen & Steenstrups Jubilæer", i *Orkesterforeningens Medlemsblad*, København 1909, s. 125-127; Petersen & Steenstrup: *Musik-Instrumenter. 12. Maj 1839 – 1899*, København 1899; Dan Fog: *Musikhandel og Nodetryk i Danmark efter 1750* I-II, København 1984; H. Petersen & C. Steenstrup: *Harmonika-Skole eller fuldstændig Vejledning til i kort Tid at lære at spille Harmonika endog for dem, der ikke kjende Noder; tilligemed 22 Øvelsesstykker*, København uden år. Dateringen kendes fra annonce i *Adresseavisen* 1849.

16. En hjertelig tak til musikforlægger Dan Fog, som har givet gode råd og stillet sin omfattende samling af excerpter fra bl.a. Adresseavisen til min rådighed.

17. Oplysninger fra Hans Christian Steenstrups oldebarn, Louis Steenstrup. Se endvidere *Aktuelt* 30.1.1963 og litteratur under note 15.

18. Denne og de følgende oplysninger er givet af Rasmus Maales barnebarn, kgl. kapelmusikus, fagottisten Kjell Roikjer, som i 1970 skænkede instrumentet til museets samlinger. Se iøvrigt nekrolog i *Medlemsblad for Dansk Organist- og Kantorforening,* Marts 1913, s. 17-18.

19. Man møder ofte beretninger om, at folk fra småkår har gjort sig heldigt bemærkede overfor kongelige personer, således både her og under afsnittet om *instrumentbyggerens harmonika*. Oplysningen om, at Rasmus Maale optrådte for kronprinsen har ikke kunnet bekræftes ved gennemsyn af Kongehusarkivet, Frederik VII, pakke 39-41: Dagbøger og kalenderoptegnelser og pakke 63-64: Ansøgninger om understøttelser og Attester om ansøgninger i Rigsarkivet.

20. Kvittering i Kongehusarkivet, Frederik VII, pakke 72: private regnskabsbøger m.m. Rigsarkivet. Jeg takker museumsinspektør ved Odense Bys Museer, Finn Grandt-Nielsen, som for mig har gennemgået borgerskabsregister 1785-1847-85, folketælling 1845, registreringer af ægteskab og død før 1890 samt skifter efter 1834 i Odense med negativt resultat. Harmonikaens navn hos Demian er accordion. 1833 møder man første gang betegnelsen *harmonika,* som dog først sætter sig fast op mod midten af 1800-tallet, hvor den anvendes af både Petersen & Steenstrup og Simonsen.

21. Claus Røllum-Larsen: *Kong Frederik IX og musikken. Musikhistoriske studier i det danske Kongehus.* Udgivet af Hendes Majestæt Dronningens Håndbibliotek, Poul Kristensens Forlag 1990. Generelt om Frederik VII, se Helge Larsen (N. Neergaard) "Frederik VII", i *Dansk Biografisk Leksikon,* 3. udgave, København 1980 og Signe Prytz: *Frederik VIIs barndom og hans nærmeste omgangskreds.* En tids- og milieustudie, Sorgenfri 1974.

22. Hverken Dronningens Håndbibliotek, Jægerspris Slot eller Det kongelige Bibliotek indeholder nogen instruktionsbog i harmonika med tilknytning til Frederik VII. Jeg takker medarbejderne ved de nævnte institutioner for oplysninger herom.

23. Torben Holck Colding: *Jægerspris. Slottets bygningshistorie og dets samlinger.* Udgivet af Kong Frederik den Syvendes Stiftelse, København 1965, s. 73. En hjertelig tak til ledelsen af samlingerne på Jægerspris for hjælp med oplysninger og for tilladelse til at undersøge instrumentet.

24. Tak til Dieter Krickeberg (Germanisches Nationalmuseum, Nürnberg), Laurence Libin (The Metropolitan Museum of Art, New York), Carl Oriwohl (Berlin), Konstantin Restle (Staatliches Institut für Musikforschung Preussischer Kulturbesitz, Berlin) og James Yorke (Victoria & Albert Museum, London), som alle venligst har reageret på vor henvendelse vedr. en identifikation af Frederik VIIs harmonika. Se iøvrigt illustration af Wiener-instrumentet i Gotthard Richter: *Opus cit.* s. 65 (se note 4). Desværre har det trods gentagne henvendelser ikke været muligt at få specifikationer og fotografisk materiale om tidlige harmonika-instrumenter på Technisches Museum, Wien.

25. Dorthe Falcon Møller medtager ikke harmonikaen i: *Danske Instrumentbyggere 1770-1850. En erhvervshistorisk og biografisk fremstilling,* København 1983. Nærværende fremstilling bygger ikke på større, systematiske arkiv-undersøgelser, som kunne klarlægge f. eks. tidlig import af harmonikaer. I Sverige kan instrumentet dokumenteres så tidligt som o. 1830, se Birgit Kjellström: *Opus cit.* s. 25f (se note 11); i Norge fra o. 1835, se Jon Faukstad: *Ein-Raderen i norsk folkemusikk. Historikk, bruk og repertoar,* Universitetet i Oslo 1975.

26. Petersen & Steenstrups forretningsarkiver synes for en dels vedkommende at være gået tabt. Der findes således intet om virksomheden på Erhvervshistorisk Arkiv i Århus, men et værdifuldt materiale om forholdene vedrørende firmaets harmoniumproduktion, som startede 1884, er bevaret i privateje. Jeg takker orgelbygger Olav Haugland for adgang til at gennemgå dette stof, der dog stort set intet oplyser om forhandling, tilvirkning og reparation af harmonikaer.

Lisbet Torp

Bliver man skotte af at spille på sækkepibe?
Om begrebet nationalinstrument

"the national phenomenon cannot be adequately investigated without careful attention to the 'invention of tradition'" (Eric Hobsbawm)[1]

Den engelske historiker Eric Hobsbawm har i sin introduktion til bogen *The Invention of Tradition* defineret udtrykket 'invented tradition' som et sæt skikke, der normalt styres af åbenbare eller indforståede regler. Der er tale om skikke af rituel eller symbolsk art, der gennem deres gentagelse har til formål at indpode visse værdier og adfærdsnormer, som automatisk repræsenterer en ubrudt forbindelse til fortiden. I praksis er der oftest tale om et forsøg på at etablere kontinuitet med en passende historisk fortid – en kontinuitet, som ofte er en bevidst konstruktion.

'Invented traditions' fik stor betydning i forbindelse med 1700- og 1800-tallets ny historiske opfindelse "nationen". Nyskabte traditioner med tilknytning til fænomener som nationalisme, nationalstat og nationalsymboler legitimeredes gennem deres påståede forbindelse til historiske begivenheder i en fjern fortid.[2] Formålet var at skabe en følelse af fælles identitet, hvilket var en forudsætning for at holde sammen på den ny magtpolitiske konstruktion, nationalstaten. Historien har lært os, at behovet for at opfinde traditioner og udvikle symboler, som tjener dette formål, opstår, hver eneste gang en ny eller genetableret nationalstat ser dagens lys, sådan som vi senest har set det i forbindelse med udviklingen i de forhenværende Sovjetrepublikker og i Østeuropa efter kommunismens fald.

Nationalsymbolers styrke skyldes, at de spiller på det emotionelle, og deres betydning ligger ifølge Hobsbawm i deres udefinérbare universelle karakter. Lad mig give et par eksempler:

> *"The national emblem provides a key to understanding both the history of a nation as well as its character and soul."*[3]

> *"The National Flag, the National Anthem and the National Emblem are the three symbols through which an independent country proclaims its identity and sovereignty, and as such they command instantaneous respect and loyalty. In themselves they reflect the entire background, thought and culture of a nation".*[4]

For at forstå, hvorfor også musikinstrumenter i tidens løb er blevet tillagt national symbolværdi, er det således nødvendigt at beskæftige sig med såvel den kulturhistoriske baggrund som det ideologiske klima, der danner og har dannet grundlag for nødvendigheden af at udvikle sådanne symboler. Denne del af historien tager sin begyndelse i 1700-tallet.

Som kontrast til renæssancens kosmopolitiske strømninger opstod der i løbet af 1700-tallet tendenser i retning af en "personificering" af nationen. Begyndelsen til denne udvikling skal bl.a. søges hos filosoffer som italieneren Giovanni Battista Vico og franskmanden Charles Montesquieu, der som nogle af de første opfatter nationen som en nærmest menneskelig organisme med en egen karakter, en skæbne og en historie, som var betinget af naturforhold, nedarvede religiøse forestillinger og af skikke og traditioner.[5]

Allerede i forbindelse med opbygningen af de tidligste europæiske nationalstater gjorde man brug af bevidst skabte symboler, som skulle påkalde loyalitet hos befolkningen inden for et givent historisk-geografisk område. Det var den intellektuelle elite, som skabte modellerne og rendyrkede de kulturelementer, der skulle blive til symboler på nationens eksistensberettigelse og tjene til at homogenisere befolkningen i national selvforståelse. De vigtigste bestanddele i denne proces var nøglebegreber som *identitet, kontinuitet og suverænitet*.

Eftersom nationsbegrebet hvilede på mere eller mindre uhåndgribelige forestillinger skaffede man stof til de nationale symboler dels gennem at søge tilbage til nationens historiske "rødder" dels ved at opsøge de kulturelle udtryksformer, som ansås for karakteristiske for den del af samfundet, der i løbet af 1700-tallet skulle komme til at gå under betegnelsen "folket".[6] Det var nemlig altafgørende for resultatet, at det lykkedes at engagere "folket" i den nationale sag og dermed vinde deres loyaliet. Begrebet "folket" dækkede hovedsagelig over bønder, som de fleste steder udgjorde langt den største del af befolkningen. Denne befolkningsgruppes identitet var som udgangspunkt knyttet til slægten, religionen og lokalsamfundet; de fleste var analfabeter og havde ingen idé om historiske og politiske forhold. Den nationale sag blev således også nært knyttet til uddannelse og oplysning – og tillæring af kulturelle symbolværdier.

> *"Enhver ny stat har brug for at demonstrere sin uafhængighed og udtrykke sin identitet gennem nogle symboler eller sindbilleder, som pr. automatik udløser loyalitet, hengivenhed og respekt såvel hos borgeren som omverdenen. Disse sindbilleder bliver ofte fremført af myndighederne og opfattet af befolkningen som ældgamle og dybt rodfæstede begreber, der viser kontinuitet i nationens historie."*[7]

Citatet er fra Inge Adriansens bog *Fædrelandet, folkeminderne og modersmålet;* men, som hun også påpeger, er det langtfra altid, at symbolerne og traditionerne er resultat af en politisk manipulering. Der vil til enhver tid findes kommercielle kræfter, der forstår at udnytte tidens nationale strømninger og det almenmenneskelige behov for sindbilleder, som man kan knytte sin identitet til.[8]

Hvad enten intentionerne har været politiske eller kommercielle, har der i praksis ofte været tale om forsøg på at nå ud til meget uhomogene befolkningsgrupper med store indbyrdes forskelle i kultur, sprog og uddannelse. Det er derfor vigtigt, at de valgte symboler taler et enkelt og umiddelbart "sprog", som kan forstås på tværs af kulturelle og sociale skel – og her er symboler, der taler direkte til sanserne, som f.eks. musik, naturligvis velegnede.

I det indledende afsnit har vi beskæftiget os med den ideologiske baggrund for udvælgelsen og skabelsen af nationalsymboler. I det følgende skal vi se eksempler på nogle af de musikinstrumenter, som på et givet tidspunkt i historien er blevet tillagt betydning og værdi som nationalinstrumenter, og som dermed har haft indflydelse både på en given nations kulturhistoriske selvopfattelse og på omverdenens musikalske etikettering af den pågældende nation. For at musik og instrumenter skal kunne udtrykke andet og mere end de musikalske og håndværksmæssige traditioner, som de er et produkt af, må der således tillægges dem nogle særlige værdier, der bygger på andre kvaliteter.

En rejse gennem Europa med nationalinstrumentet som ledestjerne

Vi skal på rejsen gøre kortere og længere ophold i udvalgte lande, det skal dog indledningsvis siges, at det ikke er muligt at gå i dybden med alle de nationalinstrumenter, vi støder på undervejs. Derfor håber jeg, at læseren vil føle sig inspireret til selv at opsøge kilderne.

Vores rejse tager sit udgangspunkt på de britiske øer i slutningen af 1700-tallet og begyndelsen af 1800-tallet med beretninger om den irske harpe, den walisiske tripelharpe, den skotske højlandssækkepibe og deres ophøjelse til nationalsymboler. Herfra tager vi til Grækenland, hvor vi skal se, hvorledes forskellige politiske og sociale omvæltninger fik indflydelse på valget af musik og musikinstrumenter som nationale identifikationsmodeller op gennem det 20. århundrede: fra almuens musikformer med klarinetten som melodi-instrument i første del af 1900-tallet til populærmusik med rødder i mellemkrigstidens storbymusik og strengeinstrumentet bouzouki i 1980erne.

Fra Grækenland bevæger vi os til Finland, hvor kantelen, et citherinstrument med rødder i det baltiske område og Østkarelen, siden midten af 1800-tallet har været opfattet som nationalinstrument, efter at den var blevet udbredt til hele det finske område med nationalromantikken. Vi slutter vores rejse i Danmark, hvor det nærmeste, vi kommer noget, der minder om et nationalinstrument, er bronzelurerne, der i begyndelsen af 1900-tallet blev genstand for stor national opmærksomhed. Som vi skal se, omtaltes de ikke kun i en retorik, der var typisk for tiden, men de havde også mange af de særkender, som i andre dele af Europa havde været essentielle i udvælgelsen og udformningen af et givent musikinstrument til nationalsymbol.

De britiske øer: historien om to harper og en sækkepibe
Det officielle politiske og kulturelle liv på de britiske øer var i 1700- og 1800-tallet præget af en stærk engelsk dominans udgående fra London. Efter at Skotland i 1707 indgik i parlamentarisk union med England, var landet i praksis underlagt det engelske politiske system. Wales og dele af Irland havde allerede siden middelalderen været underlagt de engelske konger; efter en national rejsning i slutningen af 1700-tallet blev det irske parlament i 1801 tvunget til at indgå i union med England og Skotland, og hermed blev også Irland i praksis underordnet det engelske parlament.

Jeg skal ikke fordybe mig i de komplicerede magt-politiske forhold mellem England og de øvrige unionslande, men nøjes med at konstatere, at der i slutningen af 1700-tallet i intellektuelle kredse i både Irland og Wales fandtes grupper, hvis politiske intentioner indebar en løsrivelse fra den engelske trone. Nogle af de effektfulde kulturpolitiske midler, som blev taget i brug, var opdyrkelsen af specifikke irske og walisiske traditioner, herunder sprog og musik. Samtidig arbejdede det intellektuelle borgerskab i det skotske højland på at skabe en ny højlandskultur, som skulle kunne adapteres i hele det skotske område. Der var i praksis tale om en kulturrevolution, som dels havde til formål at gøre sig fri af den irske indflydelse, dels at opbygge en national skotsk identitet, baseret på landets keltiske historie og det gæliske sprog.

Harpen som nationalinstrument: den irske og den walisiske harpe
Den særlige interesse for harpen, som man oplevede i Irland og Wales i slutningen af 1700-tallet, skal ses på baggrund af disse områders forsøg på at opbygge en selvstændig, national identitet. Harpen havde været almindeligt udbredt på de britiske øer siden middelalderen, hvor den havde været et yndet instrument til akkompagnement af episke sange og ballader. I Irland var det den simple middelalderlige harpe med forholdsvis få strenge stemt i én enkelt skala, som blev udgangspunktet for nationalinstrumentet, hvorimod waliserne tog den betydeligt mere udviklede tripelharpe til sig som nationalsymbol.

Irland og den irske harpe

I Irland havde harpen været spillet af professionelle, omrejsende musikere, der optrådte for de ledende klanhøvdinge, men i slutningen af 1700-tallet var traditionen ved at dø ud. Samtidig var der i ledende intellektuelle kredse et ønske om at styrke specielt de keltiske kulturtræk som grundlag for en national bevidsthed i forholdet til England og Skotland.[9]

På denne baggrund stiftede en række Belfast-borgere i 1788 *The Belfast Reading Society*. Selskabet, som var et barn af oplysningstiden, skiftede i 1791 navn til *The Belfast Society for Promoting Knowledge*. I de følgende årtier spillede selskabets medlemmer en vigtig rolle i opbygningen af Irland som en kulturelt distinkt, keltisk nation. Mens nogle af selskabets medlemmer koncentrerede sig om sproget og litteraturen som redskaber til at genoplive den keltiske kultur, vendte andre opmærksomheden mod den irske musik. De frygtede, at den gamle irske musik ville forsvinde sammen med de sidste omrejsende harpespillere og satsede på, at harpefestivaler, eller 'balls' som de kaldtes, kunne genoplive uddøende musikalske traditioner og videreføre den musikalske arv. Motivationen for at deltage skulle være præmier i form af klingende mønt til de bedste.

Allerede i begyndelsen af 1780erne havde en velhavende handelsmand ved navn James Dungan arrangeret tre sådanne festivaler i sin fødeby Granard nordvest for Dublin med henblik på at genoplive harpetraditionen. Festivalerne skulle tiltrække harpespillere fra nær og fjern med løftet om pengepræmier til de tre bedste, og Dungan var både initiativtager og sponsor. Dungan havde tjent sin formue gennem succes med handel i København, hvis borgere hermed indirekte blev medsponsorer i de første genoplivningsforsøg af harpen i Irland. Den tredje festival i 1783 blev overværet af omkring 1000 mennesker, derimod var det stadig ikke lykkedes arrangørerne at formå mere end ti udøvende til at stille op. Priserne gik for tredje gang til de samme harpespillere, hvilket udløste voldsom kritik blandt de øvrige deltagere, og resultatet var, at James Dungan nægtede at støtte flere festivaler.

Der skulle gå ni år, før forsøget blev gentaget, nemlig ved den siden så berømte harpefestival i Belfast i sommeren 1792. Initiativtagerne var denne gang medlemmer af The Belfast Society for Promoting Knowledge, og intentionerne var helt i tidens nationalromantiske ånd: *to preserve from oblivion the few fragments* [of music] *which have been permitted to remain as monuments of the refined taste and genious of their ancestors ---- it will be necessary to assemble harpers, those descendents of our ancient Bards, who are at present almost exclusively possessed of all that remains of the music, poetry and oral traditions of Ireland.* Som en væsentlig styrkelse af projektet blev det besluttet at engagere en litteraturkyndig med kendskab til irsk sprog og forhistorie samt en musiker, hvis opgave skulle bestå i at transskribere og arrangere de smukkeste og mest interessante dele af de musikalske bidrag.[10]

I foråret 1792 var man klar til at annoncere festivalen i "Belfast News-Letter" med en opfordring til alle harpespillere om at deltage. Det skete den 26. april under overskriften: *National Music of Ireland*.[11] Heller ikke denne gang lykkedes det at samle mere end ti harpespillere, hvoraf de fleste var højt oppe i årene.[12] Til gengæld var interessen stor blandt publikum. Festivalen varede fra d. 11.-14. juli, og Belfast var fyldt til bristepunktet af folk, der fejrede Bastillens fald i Paris tre år tidligere. Det omhyggelige valg af tid og sted gjorde, at festivalen, som fandt sted på en åben plads midt i byen, tiltrak tusindvis af tilhørere.

En af de i alt tre musikere, som fik til opgave at notere musikken, var den unge Edward Bunting (1773-1843), og for ham blev festivalen så stor en oplevelse, at han besluttede sig for at vie sit liv til at studere og bevare de irske melodier. I 1796 udkom hans *General Collection of the Ancient Irish Music, Containing a variety of the most Admired Airs --- Collected from the Harpers & in the different Provinces of IRELAND and adapted for Piano-Forte*. Melodierne i denne samling, hvoraf mange aldrig havde været nedskrevet tidligere, var indsamlet dels under festivalen i 1792 dels i sommeren '93 hos den 98-årige, blinde harpespiller Dennis Hempson.[13]

I begyndelsen af 1800-tallet begyndte flere intellektuelle at engagere sig i tanken om at genoplive og bevare den irske harpe og dens repertoire, og i denne sammenhæng var Buntings samling af airs fra 1793 selvfølgelig nyttig. Det stod efterhånden klart, at en aktiv indsats var nødvendig, hvis den irske harpetradition skulle overleve, og i 1808 stiftede man *The Belfast Harp Society*. Formålet med selskabet var "*preserving the national music and national instrument of Ireland by instructing a number of blind children in playing the Irish harp,*[14] *and also for procuring and disseminating information relative to the language, history and antiquities of Ireland.*"[15] For at føre intentionerne ud i livet engagerede man den 82-årige Arthur O'Neill og Bridget O'Reilly, to af deltagerne fra 1792, til at undervise børn på harper produceret af lokale instrumentmagere.[16] I 1809 udkom Buntings *Ancient Irish Music* i en ny version med i alt 77 melodier. I indledningen takkede han den nu afdøde Hempson og O'Neill for den hjælp, de havde ydet ham, og beklagede, at harpespillernes dage var talte.[17]

Der skulle gå yderligere ti år, før det virkelig begyndte at gå fremad for den irske harpe, dette skete først, da en harpebygger ved navn John Egan i Dublin begyndte produktionen af en ny harpe til amatører i 1819.[18] Af ydre lignede den de harper, man havde kendt i 1700-tallet, men den var lettere at transportere. Endnu vigtigere for dens succes var det dog, at den var forsynet med hager til halvtone-stemning af tarmstrengene. Hermed var grunden lagt til de forbedringer, der gjorde det muligt for instrumentet at leve op til nationalromantikkens musikalske udtryk, og som dermed tillod den irske harpe at udvikle sig til nationalinstrument.

Den walisiske nationalbevægelse og tripelharpen

I Wales havde middelalderharpen i løbet af 1600-tallet fået konkurrence fra tripelharpen, som var kommet til de britiske øer fra Italien via Frankrig i begyndelsen af 1600-tallet. I slutningen af århundredet var brugen af tripelharpen nået til Nordwales, hvor den opnåede stor popularitet i de højere samfundslag. Herfra bredte den sig i løbet af 1700-tallet til det sydlige Wales, og walisiske harpebyggere fik efterhånden ry for at være blandt de bedste.[19]

Omkring år 1800 var tripelharpen blevet så populær, at den opfattedes som det walisiske nationalinstrument par excellence.[20] Behovet for stærke nationale symboler, som skilte sig ud fra de tilgrænsende områder, var større end behovet for historisk korrekthed, og omkring år 1800 var patriotiske kredse ganske overbeviste om, at tripelharpen var walisernes "oprindelige" nationalinstrument med rødder i en fjern keltisk fortid. Instrumentet brugtes nu hyppigt som nationalsymbol, og det var – som en selvforstærkende effekt – ofte udstyret med udskæringer af stærkt ladede nationalsymboler såsom porrer, der snoede sig omkring instrumentets fod og struttende "Prince-of-Wales" strudsefjer på dens hovede.[21] Harpen optrådte på bannere og bogomslag, på skriftbånd og medaljer, og gerne i selskab med passende mottoer på walisisk, som f.eks. 'Wales er harpernes land' og 'sjælens sprog findes på dens strenge'.[22]

Som nationalinstrument måtte tripelharpen naturligvis beskyttes imod de "nymodens" pedalharper fra bl.a. den parisiske bygger Sebastien Erard.[23] Erard havde åbnet værksted i London o. 1790, og straks efter, i 1794, tog han patent på en enkelt-pedalharpe med forbedret mekanik. Af frygt for at denne instrumentale landvinding skulle udrydde den "oprindelige" walisiske harpe oprettede nationalistiske kredse i Wales harpeselskaber, hvis opgave det var at fremme harpespillet gennem festivaler, hvor der uddeltes priser til tripelharpespillere, samt at uddele tripelharper som gaver.

Tripelharpen kunne dog ikke i længden modstå presset fra de mere udviklede pedalharper, og i slutningen af 1800-tallet var det sket. Fra begyndelsen af 1900-tallet var det tidligere så stolte nationalinstruments udøvere næsten udelukkende at finde blandt omrejsende sigøjnere i landdistrikterne.[24]

Skotland og højlandssækkepiben

Ved en retssag i 1746 dømtes en skotte ved navn James Reid til døden for at have spillet sækkepibe i et regiment, der året inden havde gjort oprør mod den engelske trone. Til hans forsvar blev det bl.a. fremført, at han havde været ubevæbnet, hvilket retten dog afviste med den begrundelse, at et Højlands-regiment aldrig marcherede uden sækkepiber, og at sækkepiber derfor i lovens øjne var et krigsinstrument.[25] Udfaldet af sagen mod James Reid siger ikke kun noget om højlands-sækkepibens funktion som militærinstrument; den hårde og uigenkaldelige dom understreger også, hvilket stærkt symbol på kampen mod englænderne sækkepiben havde udviklet sig til i løbet af 1700-tallet.

Sækkepiben havde været almindelig kendt i store dele af Europa i middelalderen, og de tidligste vidnesbyrd om højlandsskotternes brug af instrumentet i krigstjeneste stammer fra 1400-tallet.[26] Skotterne var dog ikke ene om at anvende sækkepiben som militært signalinstrument, det havde fjenden (englænderne) faktisk også fundet ud af. Dette forhold hindrede dog ikke, at der i 1700-tallets Skotland fandtes en nærmest mytisk opfattelse af, at den store højlandssækkepibe havde haft afgørende, positiv betydning i tidligere århundreders kampe mellem englændere og skotter; og herfra var vejen til ophøjelse til skotsk nationalsymbol ikke lang.

Skotland havde, som nævnt, været i union med England siden 1707, men i patriotiske kredse ulmede utilfredsheden, og i anden halvdel af 1700-tallet begyndte man opbygningen af en skotsk nationalidentitet. Som symbol på skotsk egenart valgte man det skotske højland og dets keltiske kultur.[27] I slutningen af 1700-tallet og begyndelsen af 1800-tallet skabtes en ny og uafhængig skotsk højlandstradition,[28] som påførtes hele den skotske nation med alt, hvad dertil hørte, herunder højlandssækkepiben og dens særlige repertoire af skotske melodier, samt den nyopfundne, *klanternede* kilt (fig. 1).[29]

Fig. 1. Kilt, sækkepibe og sværddans midt i det skotske højland – mere skotsk kan det ikke blive. *Kilt, bagpipe and sword dance in the middle of the Scottish Highlands – the essence of the Scottish image. Photographer unknown (source: Willi Ule: "Skotland". In* De Fem Verdensdele. Jorden og dens folk, *vol. 2. København 1928).*

Man måtte dog indse, at den eneste måde, hvorpå man kunne bevare højlands-sækkepiben som nationalsymbol, var ved at satse på uddannelse af sækkepibespillere. En anden effektiv metode var at tage afstand fra, at de skotske nationalmelodier blev spillet på andre instrumenter end netop højlandssækkepiben. For at styrke interessen afholdt *The Highland Society* fra 1781 konkurrencer i Falkirk og Edinburgh, hvor man uddelte priser til instrumentets bedste udøvere, og i 1806 belønnede selskabet sækkepibemageren Donald Macdonald for hans udgivelse af sækkepibemelodier i almindelig notation, hvilket lettede tilgangen til instrumentet og dets repertoire.[30] Med denne samlede indsats lykkedes det at udvikle instrumentet til symbolet på skotsk identitet og virilitet, og den dag i dag forbinder de fleste skotsk musik med højlandssækkepiben.[31]

Det moderne Grækenland: fra klarinet til bouzouki

I takt med befrielsen fra det osmanniske herredømme begyndte en græsk, national identitet at tage form. Efter næsten 400 år under tyrkisk styre var der, ikke mindst blandt de intellektuelle, et udtalt behov for at frigøre sig fra den tyrkiske indflydelse, som i begyndelsen af 1800-tallet gennemsyrede stort set alle aspekter af græsk kultur.

Desværre egnede perioden umiddelbart før det osmanniske herredømme sig ikke til identifikationsmodel, for selvom Grækenlands byzantinske middelalder havde været en kulturelt set meget frugtbar periode, havde den politisk set repræsenteret en nedgangsperiode, som var sluttet med det osmanniske riges magtovertagelse.[32]

I det moderne Grækenland hentede man derfor i de første årtier efter befrielsen af de sydlige provinser (1821-32) sine nationale symboler to steder: dels i antikken – dels i de nyligt befriede områder. Antikken repræsenterede Grækenlands storhedstid, og Peloponnes, Roumeli og Attika den nyvundne frihed. Græske intellektuelle, historikere og etnologer engagerede sig i den nationale vækkelsesproces, der på én gang skulle knytte landet til Europa og forbinde fortid og nutid:"den vestlige kulturs vugge" havde stået i antikkens Grækenland, og man satte alle kræfter ind på at overbevise sig selv og omverdenen om, at 1800-tallets grækere, hvoraf størstedelen hverken kunne læse eller skrive, var direkte efterkommere og arvtagere af denne glorværdige fortid.[33]

De europæiske filhellenere bidrog ikke kun med moralsk støtte, de leverede også en del af skytset i såvel skabelses- som formuleringsprocessen. Også malerkunsten fra denne periode taler sit tydelig sprog: hyrder og bønder, som spiller og danser på baggrund af antikke templer i romantiske naturomgivelser, var gennemgående motiver. Foruden antikken dyrkede man bevidst de kulturelle træk, der understregede Grækenland som et *europæisk* land. Dermed lagde man klar afstand til de mange markante orientalske træk, som prægede den brede græske befolkning på såvel fastlandet som i Ægæerhavet og Lilleasien.

Musik og danse fra de befriede områder fik status af nationalsymboler og bredte sig mod slutningen af 1800-tallet til de besatte områder som sindbilleder på frihed og ønsket om genforening med "moder Grækenland".[34] Man skal dog helt frem til begyndelsen af 1900-tallet, før klarinetten indtog positionen som nationalinstrument; det skete med sammenkoblingen mellem klarinetten og den nationalt værdiladede musik fra i de sydlige provinser.[35] Fra 1925 og frem til 2. verdenskrig fik plade-

Fig. 2. Symbolsproget er ikke til at tage fejl af: forbindelsen mellem det moderne Grækenland og antikken er sluttet – med klarinetten i stolt førsteposition og musikerne i nationaldragten, *fustanella*, et folderigt skørt af albansk oprindelse, som Otto af Bayern, Grækenlands første konge (1832-1862), gjorde til officiel dragt ved hoffet og uniform for den kgl. livgarde. *The image speaks for itself: the connection between modern Greece and Antiquity is established – the clarinet occupies the leading place, and the musicians are wearing the national costume, the fustanella, a flowing skirt of Albanian origin which Otto of Bavaria, the first king of Greece (1832-62), established as official Court dress and uniform of the Royal Guard. Source: Dora Stratou:* The Greek Dances – Our Living Link with Antiquity. *Athens 1966, ill. 68.*

industrien og sidenhen radioen stor indflydelse på udbredelsen af melodier og sange i de karakteristiske kalamatianós- og tsámikos-rytmer.[36] Kalamatianós og tsámikos var de to dansetyper, som i løbet af 1800-tallet havde fået status af nationaldanse. Det hyppigste melodiinstrument i disse indspilninger var klarinetten, som i løbet af de første årtier af 1900-tallet havde udviklet sig til et modeinstrument. Den var ikke kun et vestligt, europæisk instrument, den var også mere udviklet end de rå og højtlydende oboskalmejer, man ellers havde været vant til. Den stærke promovering via medierne og i officielle sammenhænge af den specielle ensembleklang med klarinet som ledende melodiinstrument akkompagneret af violin, langhalslut (laúto) og hakkebræt (santúri) medførte, at ensembler med denne sammensætning kom til at repræsentere indbegrebet af græsk musik i mellemkrigstidens Grækenland (fig. 2).

Efter 2. verdenskrig fik populærmusikken efterhånden overtaget, og klarinetten – og den nationale tone den stod for – gled i baggrunden, hvor den befandt sig frem til tiden under militærjuntaen i 1967-74. Da havde styret igen brug for at dyrke de antikke rødder og de græske nationalværdier i dets forsøg på at samle nationen indad til og demonstrere national enhed og styrke over for omverdenen. På det musikalske område betød det, at "den eneste" slags traditionel musik, som blev spillet i radioen, var kalamatianós- og tsámikos-melodier fremført af klarinetensembler. Det var også den musik, der blev spillet på de nationale festdage, samt når obersterne aflagde det traditionelle påskebesøg hos soldaterne i militærbarakkerne – en tradition de havde overtaget fra kongehuset.[37]

Efter juntaens fald var der en klar reaktion mod denne musik og dens klangideal, og da det græske socialdemokratiske parti PASOK i 1981 kom til magten under parolen "forandring", ændrede man også flere af de nationale symboler. For musikken medførte det en udskiftning af klarinetten med strengeinstrumentet bouzouki, der i begyndelsen af 1920rne havde udviklet sig til arbejderbefolkningens foretrukne instrument.[38]

Den græske turistindustri havde allerede i 1960erne set de kommercielle muligheder i bouzoukien og den afslappede græske mentalitet, som den også symboliserede, efter de internationale filmsuccesser *Aldrig om Søndagen* og *Zorba*.[39] Med den øgede popularitet musikken fik inden for Grækenlands egne grænser i '80erne, dukkede der hurtigt bouzouki-steder op i det græske natteliv i byerne (pl. XVI), og ethvert turisthotel af en vis størrelse ansatte bouzoukiorkestre til at underholde gæsterne "the Greek way".

Finland og kantelen

I Finland opstod der i begyndelsen af 1800-tallet et udtalt behov for at opbygge en selvstændig, finsk identitet. Landet, som siden den tidlige middelalder havde været en svensk provins, var efter den russisk-svenske krig i 1808-9 blevet afstået til den russiske zar. Da det hermed ikke længere var muligt for borgerne som hidtil at opfatte sig selv som svenske, og da ingen ønskede at iføre sig en russisk identitet, besluttede ledende kredse sig for, at tiden var inde til at blive finner. Det betød i praksis, at man måtte opbygge en finsk identitet fra bunden. Denne proces kom til at interessere og engagere intellektuelle kredse gennem hele 1800-tallet, og ligesom det var tilfældet i andre dele af Europa, tog man udgangspunkt i sproget og folkeminderne.[40]

Den person, som fik den mest markante indflydelse på denne udvikling, var Elias Lönnrot (1802-1884). I 1831 havde man stiftet et finsk litteraturselskab, og herfra modtog Lönnrot rejsestipendier til indsamling af folkesange, de såkaldte runer, blandt finnerne i Karelen. På grundlag af dette traditionsstof skabte Lönnrot med megen litterær sans det store helteepos *Kalevala,* der udkom i 1835, og som skulle få afgørende indflydelse på udviklingen af en finsk, national bevidsthed.[41]

I digtet findes en mytisk beretning om, hvorledes helten Väinämoinen skabte strengeinstrumentet kantele af kæbebenet på en kæmpe stor gedde og med strenge af hår fra en jomfru.[42] Som en ægte sagnskikkelse gjorde Väinämoinen sig til herre over naturen og besejrede sine fjender ved at spille på dette fantastiske instrument, hvilket forklarer, hvorfor kantelen kunne udvikle sig til et nationalsymbol. Instrumentet havde ellers kun været kendt i de østfinske områder langs den russiske grænse, dvs. i det østlige Karelen, hvor Lönnrot indsamlede sine runer, og i de baltiske regioner. I disse områder havde strengeinstrumenter af denne type til gengæld været i brug siden middelalderen.[43]

I slutningen af 1800-tallet havde også den almindelige, finske befolkning efterhånden taget *kalevala*-digtet til sig som deres eget, og kantelen var blevet til Finlands nationalinstrument. Da Lönnrots værk udkom i 1835, var det ellers kun de færreste, som kunne læse den, den var nemlig skrevet på finsk. I århundreder havde svensk været det officielle og borgerskabets sprog, og processen med at "genskabe" det finske sprog var først lige begyndt. Hertil kom, at almuen, hvoraf størstedelen rent faktisk talte finsk, for de flestes vedkommende ikke kunne læse.

For at kantelen kunne leve op til de krav, som det nationalromantiske repertoire stillede, var den efterhånden blevet udstyret med flere strenge. Hvor de tidligste, små kanteler havde haft 5-8 strenge, var man i slutnin-

Fig. 3. Forrest: finsk kantele (MMCCS C 10) skåret af ét stykke træ og udstyret med 12 strenge (19. årh.?). Bagest: moderne finsk kantele (MMCCS C 112) samlet af flere stykker træ og med i alt 29 strenge (20. Årh.). *In the front, a Finnish kantele cut from a single piece of wood and furnished with 12 strings (19th c.?). At the back, a modern Finnish kantele assembled from several pieces and having altogether 29 strings.*

gen af 1920rne nået til at bygge store moderne instrumenter med over 30 strenge i diatonisk stemning.[44] Fra begyndelsen af 1900-tallet var man også gået bort fra de simple instrumenter skåret af ét stykke og var til gengæld begyndt at bygge store kanteler samlet af flere stykker træ (fig. 3).

Musikeren og kantelebyggeren Paul Salminen (1887-1949) var en vigtig skikkelse i videreudviklingen af kantelen til det moderne, folkelige instrument, man kender i dag. Han var ansvarlig for mange af de forandringer, som instrumentet gennemgik fra 1920rne og frem. Salminen var født i Sankt Petersborg, men flyttede til Finland i 1919, hvor han fra 1923-49 var lærer i kantelespil ved Helsingfors folkekonservatorium.[45] I forordet til Salminens kanteleskole fra 1949 kan man efter den nærmest obligatoriske beretning om, hvorledes kantelen blev til, læse følgende: *Gennem århundreder har den 5-strengede trækantele været det finske folks specielle nationalinstrument,* hvilket måske var politisk korrekt i 1949, men ikke kan siges at være et historisk faktum.[46]

Finlands omtumlede historie under skiftende indflydelse fra svensk, russisk og tysk side og den anspændte udenrigssituation i første halvdel af det 20. århundrede gjorde, at der vedblev at være et behov for nationale symboler og kulturelle aktiviteter, som kunne samle befolkningen om det at være finsk. Derfor har kantelen, hvis symbolværdi som nationalinstrument oprindelig var blevet opdyrket og holdt i live af den borgerlige, finske hjemstavnsbevægelse, oplevet at blive genstand for fornyet popularitet inden for rammerne af den finske arbejderbevægelse. Som en af den demokratiske ungdomsbevægelses ledere formulerede det i bladet *Terä* i 1951: *"The formation of hundreds of groups practicing folk dancing, acting, singing, reading aloud and other activities is our primary task when dealing with preserving our national culture. Let the young people all over the country, in every division, don wigs, recite poetry, and play the kantele."*[47]

Danmark og bronzelurerne

I Danmark er det svært at pege på noget instrument, som med rette kan bære prædikatet nationalinstrument.[48] For at kunne leve op til denne betegnelse skal det nemlig kunne udvikles til et folkeligt instrument med et eget repertoire og en overbevisende udbredelse inden for nationens grænser, sådan som det var tilfældet med den irske harpe, den skotske sækkepibe og de andre nationalinstrumenter, som er beskrevet ovenfor.

På dette vigtige punkt falder bronzeluren naturligvis fuldtændig igennem; den er af gode grunde ikke blevet masseproduceret og udbredt til hele landet. Når luren alligevel kan komme på tale i en artikel om nationalinstrumenter, er det fordi, dens forhistoriske rødder og den rolle den blev tildelt i Danmark i begyndelsen af 1900-tallet på mange måder svarer til det stof, som nationalinstrumenter er gjort af: den forbinder nutiden med en fortid, man kan være stolt af. Lurernes oprindelse i en sagnomspunden fortid taler til fantasien – hvem har spillet på dem, hvad har de spillet, og hvornår? Alene deres imponerende størrelse og den grad af håndværksmæssig kunnen, som de repræsenterer, skaber umiddelbar respekt og fascination.

Selvom de første lurer blev fundet i 1797, skulle der gå det meste af et århundrede, før lurerne fik det intellektuelle skub fremad, som var en forudsætning for den nationale symbolværdi, de opnåede i begyndelsen af 1900-tallet.[49] I 1893 publicerede musikhistorikeren Angul Hammerich en større videnskabelig artikel om bronzelurerne i *Aarbøger for Nordisk Oldkyndighed og Historie*.[50] Hammerich var en god formidler af sit stof, og allerede inden artiklen udkom, holdt han populærvidenskabelige fordrag, hvori han præsenterede sine undersøgelser og konstruktive tanker om instrumentets musikalske muligheder. Gennem et brev til broderen, komponisten Asger Hamerik, som var bosat i USA, får man et indtryk af den overvældende interesse for sit arbejde, Hammerich oplevede i vinteren 1893:

> *"Endnu mere Fart har mine Arbejder om Lurerne havt. Ved dem er jeg blevet en berømt Mand paa engang. Fem forskjellige Gange har jeg maattet holde Foredrag derom siden Decbr., under bestandig rivende Tilslutning, Folk ere rent tossede derover, have staaet i Snestorm i Queue for at sikre sig Billetter! Bladene fulde af spaltelange Artikler derom. Herfra har Bevægelsen bredt sig videre til den udenlandske Presse, med lignende Artikler, fornemlig fra Frankrig, fra Tyskland, England, Italien, Rusland og – Rumænien! Det er en stor Opdagelse lader det til, og den har hele Verden for sig."*[51]

Jeg skal ikke her komme ind på detaljerne i Hammerichs afhandling, men henvise til artikler af bl.a. musikarkæologen Cajsa Lund, som har beskæftiget sig indgående med Hammerichs teorier om lurerne, og til Mette Müllers bidrag om Angul Hammerich her i festskriftet.[52] I det følgende vil jeg således begrænse mig til at se på den virkning, hans engagerede arbejde med lurerne fik på hans egen samtid og op igennem 1900-tallet.

En af Hammerichs mange fortjenester var at påvise, at lurerne havde været spillet med endepladen opad, hvor tidligere forskere havde været af den opfattelse, at lurens endeplade havde vendt nedad under spillet. Luren fik hermed den rejsning og opadstræbende karakter, der skulle til, for at den kunne indtage positionen som nationalt symbol.[53]

Fra midten af 1890erne og mange år frem blev lurblæsning fra Nationalmuseets tag Sankt Hans aften en årligt tilbagevendende og utroligt populær begivenhed. Et foto fra 1898 viser fire kongelige kapelmusici i fuld aktion med lurer og nodestativer på taget af Prinsens Palæ.[54] Palæets flade tag var glimrende egnet til formålet, musikerne optrådte på baggrund af Dannebrog og stående på Nationalmuseet – Danmarkshistoriens og bronzelurernes tro vogter – og nedenfor stod københavnerne som sild i tønde langs kanalen og på broerne, omgivet af Thorvaldsens Museum og Christiansborg Ridebane.

Luren repræsenterede ikke kun noget enestående dansk men også noget særligt nordisk, og i løbet af de kommende år tog danskerne den til sig som et værdigt nationalsymbol i en tid, hvor landet var i krise. Grænsen gik ved Kongeåen, og nationens stolthed havde lidt et voldsomt knæk med nederlaget i 1864. Man mere end aner lurens stærke symbolværdi, når man studerer en lurprydet, dansk plakat fra tiden op til folkeafstemningerne i Sønderjylland i 1920 (pl. XVII). På en bro over Kongeåen, midt imellem en dansk og en tysk grænsepæl, ser vi en mand iklædt bronzealderdragt. Med luren for munden blæser han danskerne til samling – og hen til afstemningstederne – under parolen "Vaagn og Stem for Danmark". Billedsproget er hentet fra den nordiske mytologi: Heimdal, skandinavismens hovedsymbol, blæser på Gjallerhornet for at påkalde sig gudernes hjælp; og vi påmindes om, at Sønderjylland hører til i Norden – ovre på den danske side af Kongeåen, hvor solen skinner – og ikke i det tyske, hvor mørke, truende skyer trækker op.[55]

Der er ikke noget mærkeligt i, at Angul Hammerichs *Dansk Musikhistorie indtil ca. 1700*, som udkom i 1921, begynder med et kapitel om bronzealderlurerne – de er håndgribelige, og de er det tidligste vi har.[56] Hammerich, som er på hjemmebane, formidler engageret sine studier af lurerne til den interesserede læser. I denne sammenhæng er det dog særligt indledningen til kapitlet, og dermed til hele bogen, som gør indtryk. Her omtaler museumsmanden og musikhistorikeren lurerne med en stolthed og en retorik, som er et sandt nationalinstrument værdigt:

> *"Som med en Fanfare, der festligt og stolt gjalder os imøde fra en længst forsvunden Old, begynder Danmarks Musikhistorie med de store skønne Blæsehorn, der er os overleverede fra fjerne fortids Dage: De olddanske Lurer fra Bronzealderen. En storladen Ouverture må vi nok sige. Thi med Lurerne kan vi føre den nordiske Musikhistorie et vidt Spand af Tid længere tilbage end man kan gøre det for Musikhistorien hos noget andet af Europas nuværende Kulturfolk."* ---- *"Vore Bronzelurer derimod er endnu den dag idag tjenlige som musikalske Instrumenter, levende Budbringere fra en Tid, der ligger saa langt tilbage, at Tanken herom svimler. Som de med deres mægtige og dog bløde Bronzerøst lyder for os, ganske saaledes lød deres durende Toner for vore Forfædre i hine Bronzealderens urfjerne Tider naar Vaabnene eller Offertjenesten kaldte Stammerne sammen til blodigt eller festligt Stævne. Tre Tusind Aar tilbage i Tiden!"*[57]

Alle de vigtigste ingredienser er tilstede. Med luren som "levende Budbringere" er vi sikret en kulturel kontinuitet, en direkte musikalsk forbindelse, som kan føres "længere tilbage end man kan gøre det for noget andet af Europas nuværende Kulturfolk", vi kan ligefrem høre vore forfædre. Hele retorikken i Hammerichs indledning er national, hvilket ikke kan undre, når man betænker, at det kun var tre år siden, at 1. Verdenskrig var afsluttet, og ét år siden, Sønderjylland var blevet genforenet med Danmark. Der er ingen grund til at tro, at Hammerich skulle have haft nationalistiske tilbøjeligheder; men erfaringen viser, at når først tanker og ord af denne art er formuleret, så lever de videre og kan nårsomhelst gentages, manipuleres og misbruges, både politisk, således som f.eks. Danmarks National-Socialistiske Arbejderparti gjorde det i årene fra 1939-45,[58] og kommercielt, som vi ser det i turist- og oplevelsesindustriens kitch-afdeling.[59]

Vi genfinder de nationale overtoner i en af de plakater, som indgik i en aktion for Nationalmuseet i 1925. "Nationalmuseet skal reddes!" står der på plakaten, og vi ser en bronzealdermand, som med luren for munden blæser budskabet ud over Danmark – stående på en langdysse. Alt i alt symboler, som skal minde danskerne om deres stolte fortid og vigtigheden af at bevare resterne af den.[60] Sagen var i al sin korthed, at museet fattedes penge. Derfor etablerede man et fond, og for at rejse penge til fondet foranstaltede man et stort arrangement i Rådhushallen, hvor lurerne, som ikke havde været i brug i de sidste ti år, var den store attraktion. Man annoncerede, at dette var absolut sidste chance for at høre de 3.000 år gamle lurer, som herefter på grund af deres skrøbelighed aldrig ville blive blæst igen.[61] Billetterne solgte som varmt brød, og koncerten radiotransmitteredes til alle vore nabolande. I dagene efter blev det besluttet, at lurerne alligevel skulle klinge endnu en gang. Man havde nemlig undfanget den idé at indspille lurerne på grammofonplade med det dobbelte formål at fastholde lyden af bronzelurerne for eftertiden og at sælge pladen til fordel for Nationalmuseums-fondet. Begge dele var yderst ædle formål, og den 12. maj indtalte Angul Hammerich en kort redegørelse for lurernes historie og fhv. kapelmusikus August Petersen og kapelmusikus Anton Hansen indspillede nogle kampsignaler og "Herlig en Sommernat" fra Elverhøj (pladeetiketten, som naturligvis er dekoreret med to flot svungne lurer, er afbildet på side 12 i Mette Müllers artikel om Angul Hammerich).[62]

Herefter var der ingen, som fik lov til at spille på de originale lurer; man måtte klare sig med kopier, når situationen krævede lurblæsning.[63] Statsminister Th. Stauning havde en særlig svaghed for lurerne, og det var ikke kun ved nationale begivenheder, at han bad om lurblæsning, men også ved biografindvielser i arbejderkvartererne og andre tilsvarende lejligheder. Ved Staunings bisættelse den 10. maj 1942 havde Arbejderforeningen engageret to lurblæsere til at spille en nykomponeret march fra en balustrade foran bygningen i Rømersgade, mens sørgetoget passerede forbi; og også ved afsløringen af Staunings mindesten på Vestre Kirkegård blev der blæst på lurer.[64]

Man kan hermed sige, at luren havde opnået at blive folkeligt eje. Den var et storslået indslag, som både kunne kaste glans over festlige begivenheder og mane til eftertanke, når der var behov for det – men "hvermands" instrument blev den aldrig, dertil var lurerne for uhåndterlige og deres musikalske udfoldelsesmuligheder for begrænsede. Men flotte og tankevækkende er de.

Nogle afsluttende bemærkninger

Jeg skal til slut forsøge ganske kort at opsummere, hvilke kvaliteter et musikinstrument skal være i besiddelse af for at opnå status af nationalsymbol, og hvad der skal til, for at det kan udvikles til nationalinstrument ikke kun af navn, men også af gavn.

Først og fremmest skal instrumentet være "gammelt", og hvis ikke det er gammelt nok til at passe ind i en historisk periode med et kulturelt og magtpolitisk stade, som svarer til de nationale ambitioner, må der skabes en række myter og traditioner omkring instrumentet, således at en sådan forbindelse kan etableres. I visse tilfælde er det et spørgsmål om rene konstruktioner, i andre tilfælde kan der være tale om at fremme udbredelsen af et regionalt instrument til en hel nation.

I Irland faldt valget på den keltiske harpe, hvis tradition havde levet videre op gennem middelalderen. Det samme kunne man have gjort i både Wales og Skotland. Men som vi har set, blev det imidlertid en variant af barokkens tripelharpe, som slog igennem i Wales, hvor den efterhånden opfattedes som lige så gammel som Wales' historie; og i Skotland opbyggede man en myte om højlandssækkepibens krigeriske egenskaber og promoverede den sammen med en hel række konstruerede højlandstraditioner. Fælles for alle tre instrumenter er, at både de og deres repertoire i de indledende faser som nationalinstrument måtte have "kunstigt åndedræt" først for at overleve og derefter for at nå ud til en bredere forsamling; dette var også forudsætningen for den karelske kantele og dens udbredelse til det øvrige Finland. I praksis betød det, at instrumenterne gennemgik en række "forbedringer", som blandt andet skulle sætte dem i stand til at spille nationalromantiske bearbejdelser af det melodistof, som havde været en del af deres oprindelige repertoire.

Lurerne havde den rette alder til at indtage positionen som Danmarks nationalinstrument, og de egnede sig glimrende til at blæse signaler på, men deres succes med det nationalromantiske repertoire var begrænset, og de var for store til almindeligt musikalsk samvær – så de måtte "nøjes" med at indtage pladsen som nationalt symbol.

I modsætning til de øvrige lande valgte man i Grækenland et moderne instrument, klarinetten, hvis historie i det græske område kun gik nogle få årtier tilbage. Til gengæld havde klarinetten den fordel, at den var et vestligt intrument, og dermed repræsenterede en afstandtagen fra landets fortid under tyrkerne. Da bouzoukien i slutningen af 1900-tallet overtog pladsen som nationalsymbol efter socialdemokratiets valgsejr, var brugen af netop dette instrument en demonstration af, at venstrefløjen identificerede sig med arbejderne også på det musikalske plan.

Når hele tre ud af de syv nationalinstrumenter, der optræder i denne artikel, er blæseinstrumenter, er der klart tale om en overrepræsentation. Faktisk er langt størstedelen af de europæiske nationalinstrumenter strengeinstrumenter, som for eksempel guitaren i Spanien, hardangerfelen i Norge, nyckelharpen i Sverige, balalajkaen i Rusland, citheren i Østrig og tamburaen i Kroatien.[65] Denne iagttagelse fører naturligt til spørgsmålet om, hvorfor det forholder sig sådan. En del af forklaringen skal muligvis søges i den katolske kirkes fordømmende holdning til almuens simple blæseinstrumenter og dens dyrkelse af strengeinstrumenterne og "den himmelske strengeleg" – værdinormer, som længe efter deres opståen i middelalderen prægede det officielle musikliv i Europa. Strengeinstrumenter havde således allerede som udgangspunkt en speciel status, når der skulle skabes nationalsymboler.

Alligevel har jeg lyst til afslutningsvis at komme med endnu et bud på, hvilke kvaliteter netop strengeinstrumenter er i besiddelse af, som måske gør dem særligt velegnede til formålet. Nationalromantiske og patriotiske sange skal nødvendigvis synges på nationalsproget – eller på det sprog, et givent nationalt mindretal identificerer sig med – for at have den rette gennemslagskraft; national identitet er nemlig ganske nært knyttet til sproget. Selvom der findes nationalsange, som kan fungere uden instrumentalt akkompagnement, er der i de fleste tilfælde tale om et møde mellem vokal- og instrumentaltradition. Når strengeinstrumenterne dominerer den nationale arena, føler jeg mig derfor overbevist om, at det skyldes, at de egner sig bedre til at ledsage sang, end blæseinstrumenter gør, og desuden kan man akkompagnere sig selv. Det betyder, at både enkeltpersoner og grupper kan udtrykke og videreformidle mange af de udefinérbare og universelle symboler, som ideelt set repræsenterer en hel nation: fremføre sange, der udtrykker noget essentielt om nationens "skæbne", sunget på melodier, som udspringer af "folkets skaberkraft", akkompagnere sig selv på et instrument, der har nationale overtoner og "rødder" i en fjern fortid – og eventuelt iføre sig nationaldragt for at gøre billedet fuldkomment. Når alt dette går op i en højere enhed, oplever vi et symbolsprog, der taler til alle sanser på én gang, og som hermed får den ønskelige virkning.

English summary
The author looks at 'invented traditions' as fundamental in the creation of national symbols with a particular view to *national instruments*. She takes the reader through Europe on a journey in time and space, beginning on the British Isles at the end of the 18th century with the Irish Harp and the Welsh tripel harp, continuing to Scotland and the Scottish highland bagpipe. She points to the influence of intellectuals and nationalists on the nationwide promotion of selected musical instruments as a vehicle for nationalistic ideas, and looks at how these instruments and their special repertoires have been cultivated and furthered through festivals and awards. From the United Kingdom, the journey continues on to Greece during the last decades under Ottoman rule at the end of the 19th century, when the clarinet was adopted as the national instrument of Greece, and hence, symbolically linking the country to Europe and cutting the oriental ties. We also see how the clarinet was replaced by the bouzouki at the end of the 20th century when the Greek Social Democratic Party came into power. After Greece, the travel goes on to Finland where the cither instrument, kantele gained its position as national instrument during the last part of the 19th century concurrent with the dissemination of the national epos *Kalevala*. The journey finishes in Denmark, where a national instrument was indeed never developed, but where, at the beginning of the 20th century, the prehistoric bronze lurs were treasured as national symbols.

The author concludes by pondering why most European national instruments are in fact string instruments. She suggests that their qualifications may be found partly in their high status within the church since medieval times (at the expence of the simple wind instruments played by common people), and partly in the suitability of string instruments to accompany singing, the language being an important constituent in the process of creating a common national identity.

Litteratur

Adriansen, Inge:
Fædrelandet, folkeminderne og modersmålet. Skrifter fra Museumsrådet for Sønderjyllands Amt, Sønderborg 1990.

Hertzfeld, Michael:
Ours Once More: Folklore, Ideology, and the Making of Modern Greece, Austin 1982.

Hobsbawm, Eric:
Introduction: "Inventing Traditions", i *The Invention of Tradition*, Cambridge 1993 (1983), s. 1-14.

Eric Hobsbawm and Terence Ranger (eds.):
The Invention of Tradition, Cambridge 1993 (1983).

Holbek, Bengt:
"Opfindelsen af folket", i *Norveg* 34, 1991, s. 171-84.

Honko, Lauri (red.):
Folklore och Nationsbyggande i Norden, NIF, Åbo 1980.

Magee, John:
The Heritage of the Harp, Belfast 1992.

Morgan, Prys:
"From a Death to a View: The hunt for the Welsh Past in the Romantic Period", i *The Invention of Tradition*, Eric Hobsbawm and Terence Ranger (eds.), Cambridge 1993 (1983), s. 43-100.

Müller, Mette:
The Power of the Harp. Musikhistorisk Museum og Carl Claudius' Samling, Copenhagen 1993.

Norlind, Tobias:
"Bidrag till kantelens historia" – Særtryk af *Rig*, 1923, s. 37-58.

Trevor-Roper, Hugh:
"The Invention of Tradition: The Highland Tradition of Scotland", i *The Invention of Tradition*, Eric Hobsbawm and Terence Ranger (eds.), Cambridge 1993 (1983), s. 15-41.

Noter

(Der henvises til materiale på Musikhistorisk Museum; undtaget er kilder mærket med ★)

1. Jf. ★ Hobsbawm 1993 (1983), s. 14.

2. Jf. ★ Hobsbawm 1993 (1983), s. 1, 11-13.

3. Jf. ★ Ladislav Vrtel': *The National Emblem of the Slovak Republic*. Slovak Information Agency, Bratislava 1996. Slovakiet blev uafhængigt i 1993.

4. Citatet stammer fra en officiel kommentar fra den indiske regering, som citeret af Hobsbawm 1993 (1983), s. 11. Indien blev en uafhængig stat i 1947.

5. Jf. ★ Holbek 1991, s. 172.

6. Tidens åndsliv var bl.a. påvirket af Rousseau's tanker om tilbagevenden til den ægte, oprindelige natur. Det "ufordærvede folk" var i dets simple livsform i tidens øjne det nærmeste, man kunne komme det oprindelige. Fra midten af 1700-tallet fik skotten James Macpherson's værk *Ossian* (1760-65) en udbredt indflydelse på opfattelsen af almuen som den direkte og levende forbindelse til fortiden (se note 27), og i slutningen af 1700-tallet fik begrebet "folket" sin endelige gennemslagskraft med den tyske digter Johann Herders *Volkslieder* (1778-79).

7. Jf. ★ Adriansen 1990, s. 165.

8. Jf. ★ Adriansen 1990, s. 184.

9. En medvirkende årsag til styrkelsen af en national irsk bevidsthed var etableringen af Royal Irish Academy i 1785.

10. Jf. Magee 1992, s. 9. Mange af de melodier, som blev optegnet ved denne lejlighed, blev sidenhen udgivet med piano-akkompagnement og i piano-udsættelser efter kunstmusikalske forbilleder og tilpasset 1800-tallets nationalromantiske stil.

11. *Belfast News-Letter* (26.4.1792): *"National Music of Ireland. A respectable body of the inhabitants of Belfast having published a plan for reviving the ancient music of this country, and the project having met with such support and approbation as must insure success to the undertaking, Performers of the Irish Harp are requested to assemble in this town on the tenth day of July next, when a considerable sum will be distributed in Premiums, in proportion to their respective merits. It being the intention of the Committee that every performer shall receive some premium, it is hoped that no harper will decline attending on account of his having been unsuccessful on any former occassion."* (Som citeret af Magee 1992, s. 12). Annoncen publiceredes også i Dublin-bladene og i provinspressen.

12. Én af de ti harpespillere, som optrådte ved denne lejlighed, var den blinde, 97-årige Dennis Hempson, der som den eneste stadig anvendte den gamle spilleteknik, hvor strengene knipsedes med neglene, en teknik som var gradvis forsvundet op igennem 1600- og 1700-tallet (jf. Magee 1992, s. 12 og Ann Griffith, Joan Rimmer og Sue Carole De Vale: "Harp", i *The New Grove Dictionary of Musical Instruments*, bd. 2, London 1984, s. 138).

13. Jf. note 12.

14. Seks af de harpespillere som deltog i 1792 var blinde (jf. *Opus cit*. s. 138, se note 12).

15. Selskabet ophørte med at fungere i 1813 efter økonomiske problemer, men i 1829 lykkedes det at genetablere det, hvorefter det eksisterede frem til 1839 (jf. Magee 1992, s. 20). I Dublin fandtes fra 1809-12 et *Dublin Harp Society,* hvis formål i praksis mere havde karakter af socialt samvær (jf. *Opus cit.* s. 138, se note 12).

16. Af de ti harpespiller, som havde deltaget i 1792, var kun to stadig i live i 1809 (jf. *Opus cit*. s. 138, se note 12).

17. I 1840, tre år før sin død, udsendte Edward Bunting den tredje og sidste version af sin *Ancient Irish Music*, denne gang under titlen *The Ancient Music of Ireland* (jf. Magee 1992, s. 24-25).

18. Produktionen blev siden videreført af Egans nevø Francis Hewson (jf. *Opus cit.* s. 138, se note 12).

19. Den walisiske harpe havde tre sæt strenge, hvoraf de to yderste strenge-rækker var diatonisk stemt, og den midterste gav "de løse fortegn". (Jf. ★ Morgan 1993 (1983), s. 77).

20. Denne udvikling skyldtes ikke mindst den kgl. harpespiller Edward Jones (1752-1824), der udforskede og promoverede walisisk musik, poesi og andet walisisk kulturgods gennem sine publikationer i årene fra 1784 – 1820. (Jf. ★ Morgan 1993 (1983), s. 76-77).

21. Porren var med sine hvide og grønne blade et af de symboler, som walisere, specielt uden for Wales, brugte til at demonstrere deres walisiske tilhørsforhold, idet grøn og hvid repræsenterede de walisiske prinsers farver. Efter 1714 kunne man i London se walisere spadsere i procession til kirken på St. Davids dag med porrer i hattene. I 1700-tallet var det mest almindelige symbol for Wales tre strudsefjer, som symboliserede Prinsen af Wales. (Jf. ★ Morgan 1993 (1983), s. 89).

22. Jf. ★ Morgan 1993 (1983), s. 91.

23. Som en interessant detalje kan det nævnes, at den kgl. harpespiller Edward Jones (se note 20) efter sigende spillede på en fin, ny pedalharpe og ikke på den

waliske tripelharpe, da han var London i 1775 (jf. Osian Ellis: *The Story of the Harp in Wales*, University of Wales Press, Cardiff 1991, s. 66).

24. Jf. *Opus cit.* s. 145, se note 12.

25. Jf. Angus MacDonald: "Historical Sketch of the Scottish Bag-pipe", upubliceret MS dateret 20. februar 1963, s. 6.

26. Dette bekræftes af en fransk kilde fra 1549, hvori berettes, at de vilde skotter brugte sækkepibe i strid. Af en kilde fra 1597 fremgår det, at højlandsskotternes våben mod fjenden var bue og pil, sværd og økser, og at de anvender sækkepibe i stedet for tromme (jf. MacDonald: *Opus cit.* s. 5, se note 25).

27. En af af de store bidragydere til myten om de keltisk talende højlandsskotters årtusind gamle historie var James Macpherson, som i årene 1760-65 udgav heltekvadet *Ossian,* en samling digte "fragmenter overleveret fra slægt til slægt gennem 1500 år blandt vilde højlandsskotter, et folkefærd som i det 18. årh. nærmest blev betragtede som en slags europæiske indianere." Det skulle senere vise sig, at Ossian-kvadet snarere var et udtryk for MacPherson's skaberevne end resultatet af en nedarvet tradition. (Jf. ★ Holbek 1991, s. 193).

28. Processen forløb i tre stadier: 1) et kulturopgør med Irland, hvor skotterne gjorde krav på dele af den irske kultur som værende skotsk, hvilket krævede en nyskrivning af skotsk historie, som kulminerede i påstanden om, at Skotland var den keltiske moder-nation og Irland kun en kulturel vasalstat; 2) kunstigt skabte højlandstraditioner, som blev præsenteret som ældgamle, originale og distinkte; og 3) gennemførelsen og optagelsen af de ny højlandstraditioner i den øvrige del af Skotland. (Jf. ★ Trevor-Roper 1993 (1983), s. 16).

29. Den "lille kilt" (*felie beg*), som vi kender den i dag, blev opfundet af en englænder ved navn Rawlinson i 1730rne, indtil da havde den traditionelle tartan bestået af en plaid med bælte om. Også klanmønstrene var en ny opfindelse, som slog igennem i andel del 1700-tallet. (Jf. ★ Trevor-Roper 1993 (1983), s. 20-25).

30. Musik for sækkepibe havde indtil da mest været videregivet og fastholdt i en sproglig form bestående af forskellige stavelser (jf. MacDonald: *Opus cit.* s. 7-8, se note 25).

31. Det kan derfor virke paradoksalt, at netop højlandssækkepiben, indbegrebet af skotsk nationalidentitet, skulle komme til at indgå i de regimenter, som briterne satte ind i kampene for imperiets besiddelser i Sydafrika, i Krim-krigen og i Indien i midten af 1800-tallet. Også i 1900-tallet har skotske brigader marcheret til lyden af sækkepiben, såsom i Ørkenkrigen mellem englænderne og tyskerne i 1942-43, hvor de gik i forreste linje. Der var også sækkepiber i den skotske

brigade, som briterne sendte til Gibraltar i 1971, og som året efter gjorde tjeneste i Nordirland. (Jf. The Regimental Museum: *The Argyll and Sutherland Highlanders*, Derby 1974).

32. Man skal helt frem til slutningen af 1800-tallet før den byzantinske fortid blev rehabiliteret (jf. ★ Richard Clogg: *A Concise History of Greece*, Cambridge University Press, Cambridge 1993 (1992), s. 2-3).

33. I denne identifikationsproces var dannelsen af et nationalsprog med rødder i oldgræsk et væsentligt element. (Jf. ★ Ole L. Smith: "Den grekiska nationalstaten och sökandet efter en identitet", i *Språk och identitet. Fem föreläsningar.* Sven-Eric Liedman og Martin Person (red.), University of Göteborg Faculty of Arts 1993, s. 36-40.)

34. Jf. Lisbet Torp: "'IT'S ALL GREEK TO ME'. The Invention of Pan-Hellenic Dances and Other National Stories", i *Telling Reality. Folklore Studies in Memory of Bengt Holbek*: Copenhagen Folklore Studies 1, Michael Chesnutt (ed.), 1993, s. 273-94.

35. Man mener, at klarinetten kom til det nordvestlige Grækenland o. 1834, hvor den blev spillet af tyrkiske sigøjnere. Fra Epirus og det vestlige Makedonien bredte dens popularitet sig gradvis til den græske halvøs sydlige provinser, hvor den nåede Roumeli og Peloponnes o. 1880 (jf. ★ Despina Mazaraki: *Tò laïko klarino stin Ellada* [Den folkelige klarinet i Grækenland], Athen 1959, s. 47-48).

36. Kalamatianós er i 7/8-takt (3.2.2), og tsámikos er i 3/4 (2.1).

37. Jf. ★ Rena Loutzaki: "Folk Dance in 'Political' Rhythms", i *Study Group on Ethnochoreology 17th Symposium, Nafplion Greece, 2-10 July 1992, Proceedings*, Nafplion 1994, s. 67.

38. Bouzoukien var det ledende instrument i den musikalske storbygenre rebetika, som havde sin blomstringsperiode fra begyndelsen af 1920rne til slutningen af '40rne. Rebetika-musikken er et resultat af mødet mellem de musikalske traditioner, som de græske flygtninge fra Lilleasien bragte med sig, da de kom til Grækenland efter fredsslutningen mellem Tyrkiet og Grækenland i 1923, og den musik, som tilflyttere fra landområderne bragte med til storbyerne. Under juntaen havde rebetika-musikken været forbudt, hvilket kun havde medvirket til at øge interessen for genren og dyrke den som en protest mod junta-styret. (Jf. Torp: *Opus cit.* s. 287-89, se note 34).

39. Jf. Lisbet Torp: "Zorba's Dance: The Story of a Dance Illusion and its Touristic Value", i *Ethnographica,* vol. 8, Nafplion 1992, s. 207-10.

40. Jf. Holbek 1991, s. 180.

41. Den 24. februar 1835 undertegnede Lönnrot forordet til *Kalevala*, og lige siden har denne dag været betragtet som dagen for den finske nations fødsel og fejret som national festdag (jf. ★ Holbek 1991, s. 180).

42. Iflg. den finske litteraturhistoriker Karle Krohn er det muligt, at forbilledet for denne beretning i *Kalevala*'en skal findes i en sang fra Estland (jf. Norlind 1923, s. 52-54).

43. Kantelen er en brætcither, instrumentet kendes under flere navne bl.a kannel (Estland), kokles (Letland) og kankles (Lithauen). De ældste typer havde kun mellem fem og otte strenge (jf. Ernst Emsheimer: "Kantele", i *The New Grove Dictionary of Musical Instruments*, bd. 2, London 1980, s. 358).

44. Den gamle type kantele havde almindeligvis været stemt i en dur-, mol- eller neutral pentakord (jf. Emsheimer: *Opus cit.* s. 358, se note 43).

45. Jf. Anna-Liisa Koskimies: "Salminen, Paul Benjamin", i *Sohlmans musiklexikon*, bd. 5, Stockholm 1979.

46. Herefter beskrives, hvorledes instrumentet gradvis har forandret sig, og hvilken indflydelse Salminen har haft på denne udvikling. Salminen er også ophavsmanden til den såkaldte storkantele, som er udstyret med en hagemekanisme, der minder om harpens, således at kantelen kan stemmes i alle tonearter. Ovenstående oplysninger samt citat er hentet fra en dansk oversættelse af den svensk udgave af Paul Salminens *Kanteleskola* (Helsingfors 1949) ved Nils-Eric Fougstedt.

47. Jf. ★ Terä 1951/36, som citeret i Vesa Kurkela: "Interest in Folklore and its Myths in the Finnish Workers' Movement", i *Musiikin Suunta*, 1/1985. *Idols and Myths in Music*, Philip Donner (ed.), Helsinki 1985, s. 34-44.

48. Jens Henrik Koudal påviser i sin artikel "The Impact of the 'Stadsmusikant' on Folk Music", at stadsmusikanterne havde en afgørende indflydelse på udviklingen af instrumentalmusikken i landdistrikterne fra 1500-tallet og frem til år 1800. Stadsmusikant-institutionen hæmmede brugen og dermed videreudviklingen af instrumenter såsom sækkepibe, langeleg, drejelire og forskellige enkle blæseinstrumenter, som havde været almindeligt udbredt i den sene middelalder. Da stadsmusikanterne mistede deres monopol omkring 1800, var disse instrumenter blevet erstattet af violin, obo, klarinet, fløjte og cello (jf. Koudal i *Historical Studies on Folk and Traditional Music. Acta Ethnomusicologica Danica*, vol. 8, Doris Stockmann and Jens Henrik Koudal (eds.), Copenhagen 1997, s. 33-45. Ingen af disse instrumenter blev, som bekendt, fundet værdige til at indtage positionen som nationalinstrument. Se også Mette Müller: "Folk – Folkelig – Folkelige: musikinstrumenter i Danmark", i *Folk og Kultur. Årbog for Dansk Etnologi og Folkemindevidenskab,* 1994, s. 5-20.

49. De første fund af bronzelurer blev gjort i 1797, da en bonde under tørvegravning i Brudevælte Mose i Nordsjælland fandt seks "messinghorn" og en samling mundstykker fra ca. 1100 f.Kr. Fundet vakte behørig opsigt, og spekulationerne om instrumenternes anvendelse og musikalske udtryk var mange. De talte til fantasien både i kraft af deres alder og størrelse. Fundet af endnu et par horn nogle få år senere, denne gang i Aarslev på Fyn, styrkede oplevelsen af historiens vingesus (der er siden fundet yderligere 26 lurer inden for Danmarks grænser). Alligevel optrådte lurerne mest som dekorative elementer eller som eksempler på forhistoriske horn op igennem 1800-tallet. (Jf. Karin Højring: "The Bronze Lur – A symbol of Our National Heritage", i *Second Conference of the ICTM Study Group on Music Archaeology. Volume II. The Bronze Lurs*, Cajsa S. Lund (ed.). Publications issued by the Royal Swedish Academy of Music No. 53, Stockholm 1986, s. 234-52).

50. Jf. Angul Hammerich: "Studier over Bronzelurerne i Nationalmuseet i København", i *Aarbøger for Nordisk Oldkyndighed og Historie*, København 1893, s. 141-190. Hammerich var Musikhistorisk Museums direktør fra 1898-1931 (se Mette Müllers bidrag s. 9).

51. Brev fra Angul Hammerich til Asger Hamerik, dateret 29. marts 1893, Det kgl. Bibliotek, NKS 4981,4°.

52. Cajsa S. Lund: "The 'Phenomenal' Bronze Lurs: Data, Problems, Critical Discussion", Lund: *Opus cit.* s. 9-50, se note 49.

53. "--- *Hammerich's "upturning" of the lurs had an effect, and indeed was a triggering factor where interest in lurs was concerned. Apart from their stately visual impact, the lurs when held aloft clearly came to symbolize independence, force strength, progressive endeavor."* (Jf. Lund: *Opus cit.* s. 41, se note 49.)

54. Jf. foto gengivet i Anton Hansen: *En Kgl. Kapelmusikers Erindringer.* Samlet og udgivet af Per Gade, København 1996, s. 229.

55. Jf. ★ Inge Adriansen og Immo Doege: *Dansk eller tysk? Billeder af national selvforståelse i 1920. Sønderjyske billeder 3.* Aabenraa 1992, s. 15.

56. Kapitlet er i store træk en populærvidenskabelig gengivelse af artiklen fra 1893, Hammerich udtaler sig dog i 1921 med lidt større forsigtighed angående den musik, bronzealdermennesket kunne tænkes at have spillet på lurerne, og han slutter kapitlet med en afstandtagen fra altyske kredses forsøg på at kæde lurerne sammen med en germansk fortid. Hammerichs forbehold for, hvordan man havde spillet i bronzealderen skyldtes bl.a. den kritik, hans afhandling fra 1893 havde mødt fra filosoffen Kristian Kroman i begyndelsen af 1900-tallet (jf. Kristian Kroman: "Nogle Bemærkninger om Bronzelurerne i Nationalmuseet i

København", i *Aarbøger for Nordisk Oldkyndighed og Historie*, København 1902, s. 80-118; og Kroman: "Et par afsluttende Bemærkninger om Bronzelurerne og hvad de lærer os om de nordiske Bronzealderfolks musikalske Standpunkt", i *Aarbøger for Nordisk Oldkyndighed og Historie,* København 1902, s. 65-88).

57. Jf. Angul Hammerich: *Dansk Musikhistorie indtil ca. 1700*, København 1921, s. 1-2.

58. Danmarks National-Socialistiske Arbejderparti havde blik for lurernes stærke symbolværdi og popularitet i befolkningen. I juni 1939 indledte og afsluttede de deres landsstævne på Koldinghus med lurblæsning, en stærk og virkningsfuld opbakning til de to hovedtalere, nazisterne Frits Clausen og Vidkun Quisling. Lurerne blev en succes og indgik frem til foråret 1945 som en fast bestanddel af DNSAP's politiske optræden. (Jf. John T. Lauritsen: "Vikingernes sande efterkommere", i *Magasin fra Det Kgl. Bibliotek* 7. årg. nr. 4/marts 1993). Jeg er museumsinspektør Inge Adriansen tak skyldig, fordi hun gjorde mig opmærksom på denne artikel.

59. Jf. Højring: *Opus cit*. s. 245-48, se note 49.

60. Jf. Højring: *Opus cit*. s. 243, se note 49.

61. I de foregående år havde man måttet nøjes med at lytte til kopier af bronzelurer, som var støbt af firmaet Gottfried i Kronprinsessegade efter tegninger af Angul Hammerich, og det var nu ikke det samme som den ægte vare.

62. Jf. flg. udklip: "Lurerne, som aldrig mere skal høres." (*Politiken* 14.3.1925) og "Lurerne på Grammofon" (*Politiken* 15.3.1925) (scrapbog i Angul Hammerich's Papirer, Kasse 4, no. 37 Arkiv MMCCS) samt artikel fra *Berlingske Tidende* den 12.5.1925 som citeret af Per Gade: *Opus cit*. s. 244 (se note 54).

63. Der findes på Musikhistorisk Museum to kopier, eller rettere rekonstruktioner, af bronzelurer (MMCCS no. Cl 520-21). Instrumenterne er valset ud i messing i modsætning til de originale lurer, som var støbt i bronze. Kopierne er fremstillet før 1930, og det vides ikke, om de er bygget af I. K. Gottfried (1822-1918), som havde et nært samarbejde med Hammerich om lurerne, hans søn C. F. Gottfried (1866-1947) eller af J.V. Schmidt (død 1933) i København.

64. Jf. Chr. Igel: "Lurerne i Danmark", i *Dansk Musiker Tidende*. Marts 1963/3, s. 53-54.

65. Jf. Lisbet Torp: "Lav dit eget Nationalinstrument. Historien om fem tamburaer og et katalog i museets samlinger", i *Meddelelser fra Musikhistorisk Museum og Carl Claudius' Samling* V: 1994-1995, København 1996, s. 12-28.

Inger Hansen

Børn på Musikhistorisk Museum

– nogle personlige erfaringer, reflektioner og visioner

Musikhistorisk Museum har en lang tradition for omvisning af børn og unge. Denne tradition er af stor betydning for museet, idet børn og unge udgør en stor procentdel af besøgstallet. I 1996 var 76% af de omviste gæster børnehavebørn, grundskoleelever eller gymnasieelever. Omvisningerne varetages primært af de timelønnede omvisere, som er tilknyttet museet, men også det fastansatte personale fungerer som omvisere. Denne artikel vil omhandle nogle af de erfaringer, jeg som omviser gennem 5 år har gjort med formidling til børn og unge. Jeg vil vægte formidling til børnehavebørn og grundskoleelever tungest.

Nogle overordnede teoretiske tanker om formidling til børn

Når man skal formidle et emne eller en genstand til børn, er en af de vigtigste ting, man skal være opmærksom på, måden, hvorpå børn tænker og erkender i de forskellige aldersgrupper.

De 4 til 6-7 årige tænker intuitivt og forstår derfor verden ud fra det direkte perciperede. De er meget optaget af det konkrete ved en genstand og søger en umiddelbar forståelse ud fra f.eks. genstandens farve eller størrelse.[1] I en omvisning for denne aldersgruppe er det derfor meget vigtigt at fremvise forskelligt udseende repræsentanter for instrumentgrupperne, således at børnene ikke kommer til at tro, at alle blæseinstrumenter ligner en pind som blokfløjten, eller at alle strengeinstrumenter er store og brune som guitaren.

Fra 6-7 til 11-12 års alderen udvikles evnen til at tænke logisk og formålsbestemt. Erkendelsen bliver decentreret, sådan at børnene nu kan se bort fra genstandens størrelse og farve og kan fastholde og kombinere viden og information på en logisk måde. De opnår at kunne skelne mellem begreber og overbegreber, samt tænke i fortid, nutid og fremtid.[2] Denne aldersgruppe kan dermed skelne mellem trompet (som begreb) og blæseinstrumenter (som overbegreb). Det er min erfaring, at de 4 til 6-7 årige også har en fornemmelse af instrumentgrupperne (som overbegreber), de benytter blot kroppen til at vise, hvordan instrumenterne skal spilles, fremfor at sige gruppens navn.

I perioden fra 11-12 år til 15 år begynder børnene at forstå den historiske tidsdimension.[3] Det vil sige, at børnene opnår en forståelse for forskellen mellem en genstand, der er 1000 år gammel, og en genstand, der er 200 år gammel.

Indtil børnene er 11-12 år skal indholdet af omvisningen dermed være tematisk fremfor historisk orienteret.

Når børn og voksne erkender en genstand som f.eks. et musikinstrument, sker det ved hjælp af et samspil mellem sanserne og hjernen. Synet ser instrumentet, hænderne føler instrumentet, øret hører instrumentet, og næsen lugter instrumentet. Alle disse informationer sendes videre til hjernen, som så bearbejder dem. Sansningen og bearbejdelsen af informationer foregår ikke automatisk, men er betinget af personens motivation.[4]

Men hvordan kan omviseren bedst muligt motivere de besøgende børn til at sanse og bearbejde informationerne? En god måde er at tage udgangspunkt i børnenes interesser og lade dem selv forme indholdet af omvisningen. Det kræver imidlertid, at omviseren har talt med børnene eller pædagogen/læreren inden besøget og har fået et klart billede af ønsker og interesser. En anden og mere erfaringsbaseret måde er at fremvise museets "highlights" i omvisningen. Ved at tage udgangspunkt i museets sjoveste, flotteste, mindste, største eller mærkeligste instrumenter er der stor sandsynlighed for, at børnene fatter interesse og bliver nysgerrige. I bedste tilfælde oplever børnene følelser som glæde, forundring, begejstring, forskrækkelse m.fl. De følelsesprægede situationer vil stå klart i børnenes hukommelse, og dermed har de lært noget.[5]

Når man skal tilrettelægge en omvisning for børn, er det derfor meget vigtigt, at man tager højde for børnenes alder, deres erkendelsesniveau, deres behov for egenaktivitet, eventuelle interesser og hvilke af museets "highlights", der passer til netop denne aldersgruppe.

Hvordan formidler vi på Musikhistorisk Museum: nogle eksempler

Musikhistorisk Museum formidler musikhistorie og læren om instrumenter. Dette er to svære emner for børn at forholde sig til, idet emnerne erkendelsesmæssigt er vanskelige, og mindre børn har ofte ikke nogen forhåndsviden om emnerne. Til gengæld har alle børn et stort og umiddelbart kendskab til musik, da de har lyttet til musik gennem hele deres levetid.

Med udgangspunkt i børnenes alder, erkendelsesniveau og behov for egenaktivitet har jeg tilrettelagt tre generelle omvisningsforløb, som er mulige i museets nuværende udstillinger, og som danner basis for mine egne omvisninger. Disse vil jeg skitsere i nedenstående afsnit. Fælles for omvisningsforløbene er, at jeg, inden omvisningen begynder, byder velkommen, præsenterer mig selv og informerer om museets regler.

Formidling til de mindste

Emnet for omvisningen for de 4 til 7 årige er de fire instrumentgrupper: blæseinstrumenter, strengeinstrumenter, membraninstrumenter (kaldes trommer) og selvklingende instrumenter (kaldes klokker). Jeg præsenterer emnet ved hjælp af en stor glasmontre med instrumenter fra hele verden. Børnene er som regel meget dygtige til, i form af efterlignende bevægelser, at komme med forslag til, hvordan disse grupper af instrumenter spilles. Med udgangspunkt i spilleteknikken finder børnene og jeg i fællesskab frem til gruppenavnene. Jeg præsenterer de selvklingende instrumenter ved at spille på en fritstående "hvilende klokke", hvor børnene på skift kan mærke klokkens svingninger gennem håndfladen (pl. XVIII).

Efter præsentationen sætter børnene sig i en rundkreds på gulvet, og jeg opfordrer dem til at vise hvilke lyde, de kan frembringe med deres krop. Umiddelbart skulle man tro, at omvisningen på dette tidspunkt bliver kaotisk, men børn i denne aldersgruppe kopierer hinandens bevægelser, så hvis ét barn finder på en ny lyd, følger resten af gruppen med. Vi tramper, klapper, fløjter, "prutter" med læberne på armen o.s.v.

I en kurv har jeg medbragt nogle instrumenter og nogle hverdagsting, som jeg præsenterer én efter én for børnene. Med en flaske med vand demonstrerer jeg, hvordan tonen bliver dybere og dybere, jo mere vand jeg drikker fra flasken. Tonehøjde er vanskelig at forstå for børn, derfor taler vi om, hvorvidt tonen lyder som en lille mus eller som en stor elefant. Ved omvisningen viser jeg også, hvordan en guitar kan fremstilles af en trækasse og to elastikker, og hvordan jeg kan ændre lydstyrken fra en spilledåse (der mangler sin dåse!) ved at sætte den på en trækasse (fig. 1).

Derudover fremviser og spiller jeg på instrumenter, som ofte er ukendte for børnene, eksempelvis en jødeharpe, en skralde og en rainmaker. Hvis museet har en musiker til rådighed på omvisningstidspunktet, har jeg positive erfaringer med at arrangere, at han/hun kommer og præsenterer sit instrument og spiller en børnesang for børnene, som ofte synger med af fuld hals.

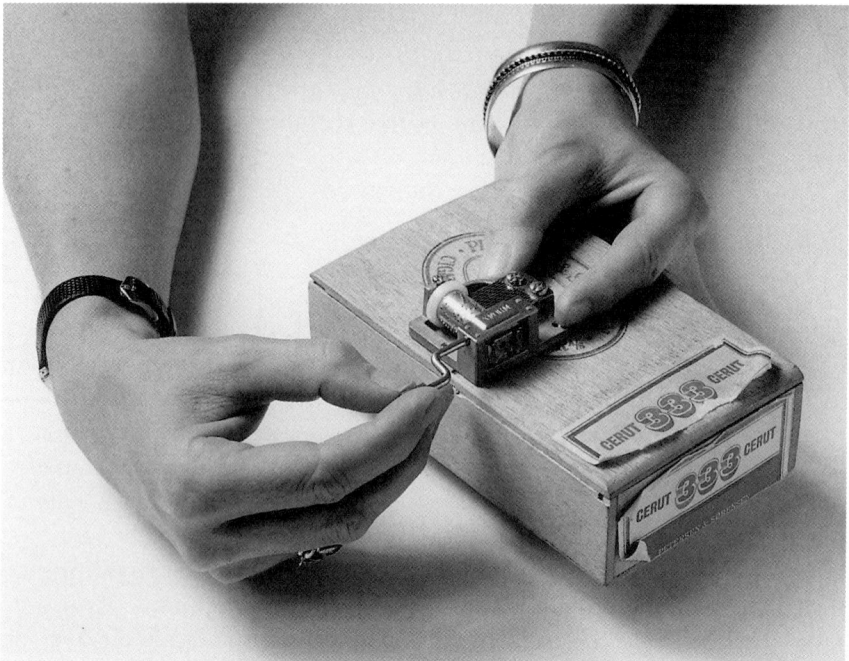

Fig. 1. En trækasse forstærker klangen fra spilledåsen. *A wooden box amplifies the sound of the music cylinder.*

Lige inden omvisningens sidste programpunkt præsenterer jeg "den ventilløse trompet" for børnene. Jeg demonstrerer, hvordan læberne skal formes, og derefter får børnene på skift lov til at blæse i trompeten. Som regel er det kun den mest modige halvdel af gruppen, der tør prøve, men de knapt så modige er dog ikke sene til at grine og komme med gode råd, så støjniveauet under trompetafprøvningen kan hurtigt nå store højder. Derfor lægger jeg trompeten sidst i fremvisningsrækken!

Det sidste programpunkt er *børnerummet*. Børnerummet er de fleste børn meget glade for, eftersom de her må røre og spille på alle instrumenterne. De første fem minutter i børnerummet går med, at børnene afprøver en masse instrumenter. Derefter vælger børnene skiftevis et instrument, som de spiller på for de andre. Det er min erfaring, at børnene hurtigt bliver trætte af støjen fra alle instrumenterne i børnerummet, og derudover har de svært ved at høre deres eget instrument i larmen fra de andre. Derfor lader jeg børnene spille skiftevis for hinanden, så alle hører og ser de forskellige instrumenter.

For at børnene ikke skal blive trætte og miste koncentrationen, må den skitserede omvisning maksimalt vare 45 minutter + 10 minutter i børnerummet. Koncentrationsevnen svinger meget fra gruppe til gruppe, og derfor springer jeg ofte programpunkter over, hvis tiden er knap, eller ændrer programmet, hvis jeg kan mærke, at børnene f.eks. har mere lyst til at synge og danse end til at se og lytte.

Omviserens rolle i den skitserede situation er stærkt sammenfaldende med rytmikpædagogens arbejdsområde. Det skyldes, at denne aldersgruppe primært erkender gennem afprøvning og erfaring og i mindre grad gennem høre- og synssansen alene. Derfor må en omvisning for denne gruppe børn tilrettelægges på en sådan måde, at børnene får rig lejlighed til at afprøve og eksperimentere. Jeg har valgt at lægge vægten på instrumentlæren fremfor musikhistorien, fordi denne gruppe børn, som nævnt i indledningen, endnu ikke forstår den historiske tidsdimension, og fordi museets historiske instrumenter ikke tåler nysgerrige fingre. Børnerummets instrumenter og de særlige omvisningsinstrumenter er derimod af nyere dato og kan nemt erstattes, hvis børnenes afprøvning skulle blive for voldsom.

Formidling til de 8 til 14 årige

Emnet for omvisningen for de 8 til 14 årige omfatter udover de fire instrumentgrupper også instrumentudviklingen og musikhistorien fra middelalder til barok. På samme måde som under omvisningen for de yngre børn præsenteres de 8 til 14 årige for instrumentgrupperne, men nu benytter jeg instrumentgruppernes rigtige navne (membraninstrumenter og selvklingende instrumenter). Derudover fortæller jeg kort om de fysiske forhold bag tonefrembringelse i de forskellige instrumentgrupper og demonstrerer principperne ved hjælp af instrumenter og genstande (fig. 2).

Herefter føres eleverne over til middelalderrummet i museets "gamle afdeling". Her er udstillingen bygget kronologisk op, sådan at de besøgende føres gennem musikhistorien fra middelalder til romantik, når de bevæger sig fra rum til rum. Da børnene i denne aldersgruppe ikke har eller først er ved at udvikle den historiske tidsdimension, fortæller jeg, sideløbende med brugen af årstal, hvordan europæerne levede i middelalderen. Eleverne har ofte kendskab til vikingetiden fra historieundervisningen, så ved at henvise til allerede eksisterende viden hos eleverne, håber jeg på, at de får et nogenlunde autentisk indre billede af middelalderen.

Fig. 2. Omviseren demonstrerer princippet i strengeinstrumenter. *The guide demonstrates the principle of string instruments.* Photo: Lisbet Torp.

Som optakt til et musikeksempel på sen middelaldermusik fremviser jeg eksempelvis sækkepiben og oboskalmejen og forklarer om deres forskellige blæseteknik. Udover sækkepibe og oboskalmeje høres fløjte, harpe, lut, fidel, tamburin og tromme på det valgte eksempel. For at få eleverne til at lytte aktivt beder jeg dem forsøge at skelne hvilke instrumenter, de hører på båndet. Efter musikeksemplet kan eleverne som regel opremse alle instrumenterne (hvis ikke med navn, så med instrumentgruppe).

Omvisningen fortsætter herefter i renæssancerummet, hvor jeg fortæller om instrumentfamiliernes opståen og inddeling i sopran-, alt-, tenor- og bas-instrumenter. Som et eksempel på en instrumentfamilie er det erfaringsmæssigt en god ide at tage udgangspunkt i et instrument, som eleverne kender godt, f.eks. blokfløjten. De fleste skoleelever har prøvet at spille på blokfløjte i musiktimerne, men desværre ofte kun på den billige model af blik. To af de mere iøjnefaldende instrumenter i renæssancerummet er bas-zinken (serpenten) og den store bas-pommer; derfor falder det ofte naturligt at fortælle kort om disse instrumenter, og om hvordan deres egenskaber har gjort dem egnede til henholdsvis indendørs og udendørsmusik.

På dette tidspunkt i omvisningen er eleverne ofte trætte af den overvejende énvejskommunikation og trænger til forandring i formidlingsformen. Derfor kommer den ventilløse trompet endnu en gang på banen efter en kort orientering om trompeterens vigtige rolle som tårnblæser eller militærmusiker under renæssancen. Trompet-eksperimentet får også i denne aldersgruppe eleverne til at grine hjerteligt af hinanden, og det giver netop dét pusterum, som er nødvendigt for, at de kan koncentrere sig under resten af omvisningen.

Derpå fortsætter vi ind i barokrummet, hvor Reinhold Timms smukke maleri fra 1622 af fire musikere fra Christian IVs kapel er velegnet som udgangspunkt for en snak om musikernes arbejdsvilkår i barokken. Som regel har eleverne hørt om komponisten J. S. Bach, og da det udstillede Rvckers cembalo (Andreas Rvckers, 1648, Antwerpen) er spilbart, har jeg gode erfaringer med at lade eleverne sætte sig på taburetter og hvile de trætte ben, mens jeg spiller et stykke af J. S. Bach på cembaloet (uanset at Bach (1685-1750) i virkeligheden er for sen til Rvckers cembaloet). Cembaloets lyd vækker ofte elevernes nysgerrighed, idet de forventer at høre lyden af et klaver og overraskes over "guitar-lyden", hvilket er et glimrende udgangspunkt for kort at demonstrere cembaloets mekanik (pl. XX).

Hvis muligheden foreligger, arrangerer jeg gerne, at en museumsmusiker demonstrerer sit instrument for eleverne som afrunding på omvisningen. Det er min erfaring, at eleverne er glade for at møde en "rigtig" musiker, som spiller for dem, og som de kan stille spørgsmål. I de perioder, hvor museet ikke har en musiker til rådighed, slutter omvisningen for de 8 til 11 årige med en tur i børnerummet. De 12 til 14 årige finder ofte børnerummet "for barnligt", derfor afrunder jeg omvisningen for denne aldersgruppe med at vise det smukke Hass cembalo (Hyeronimus Albrecht Hass, Hamburg 1723) med de kinesiske dekorationer og taster af skildpaddeskjold og elfenben. De små lommevioliner, som bl.a. blev brugt af hoffernes dansemestre, synes eleverne også er sjove og interessante. De finder det især morsomt at tænke på, at lommeviolinen kan sammenlignes med stereoanlægget på nutidens danseskoler.

Den skitserede omvisning må erfaringsmæssigt maksimalt vare en time af hensyn til elevernes koncentrationsevne.

Formidling til unge

Temaerne for omvisning af de 15 til 19 årige er musiknotation, instrumentlære og musikinstrumenternes udvikling fra middelalder til romantik. Eleverne i denne gruppe har ofte en større forhåndsviden om instrumenter og musikhistorie end de yngre elever. Af denne grund begynder jeg omvisningen med at vise musiknotationens udvikling fra neumeskrift til det første københavnske nodetryk fra 1573.

Herefter gennemgår jeg instrumentgrupperne med fokus på de fysiske forhold bag tonefrembringelse. Min præsentation af middelalder, renæssance og barok er mere dybgående end ved omvisningerne for de yngre elever. I middelalderrummet berører jeg f.eks. problemer vedrørende historiske kilder.

Da eleverne i denne aldersgruppe forstår den historiske dimension og må forventes at kunne koncentrere sig i længere tid end de yngre elever, vælger jeg at fastholde "den historiske rejse op gennem tiden". Fra barokken fortsætter jeg til rummene med instrumenter fra 1700-tallet og fortæller om, hvordan musikken blev flyttet fra de lukkede kredse ved hofferne til offentlige koncertsale, og hvilken udvikling instrumenterne måtte gennemgå for at kunne spille koncertsalene op. I wienerklassikrummet er det oplagt at fortælle om Mozart, da han er en komponist, som langt de fleste elever har hørt omtalt før. I den forbindelse viser jeg gerne hammerflyglet med de smalle tangenter og knæpedalerne. Instrumenternes til tider komiske udseende i den tidlige romantik får som regel et smil frem på læberne hos eleverne. Guitaren derimod vækker genkendelsens glæde. Det samme gør saxofonen, når vi kommer til romantikrummet, og på denne baggrund er det muligt at berøre det 20. århundrede og den rytmiske musik, som eleverne ofte har et stort kendskab til.

Afslutningen på omvisningen for gruppen af 15 til 19 årige er enten en lille koncert med én eller flere museumsmusikere eller en kort opsummering af de vigtigste begivenheder op gennem musikhistorien.

Nogle kommentarer til formidlingsformen

Det er min erfaring, at man som omviser nemt kan "glemme" tiden og fordybe sig i et instrument eller emne, som man selv finder meget interessant. Det resulterer i, at langt de fleste elever "hægtes af" og mister interessen og koncentrationen omkring omvisningen. Derfor er det yderst vigtigt, at omviseren holder et konstant tempo gennem udstillingsrummene, og kun efter elevers eller lærers ønske går i dybden med et særligt emne. En sådan omvisningsform kan godt opfattes som overfladisk, men jeg mener, at det er vigtigt, at eleverne har et overblik over musikhistorien, inden de præsenteres for mere specifik og dybdegående musikvidenskab.

Den enkelte omviser sætter naturligvis sit personlige præg på omvisningen. Det ovenfor skitserede beskriver således i grove træk mine egne omvisninger for børn og unge i de tre aldersgrupper 4 til 7 år, 8 til 14 år og 15 til 19 år. Som nævnt benytter jeg "børnerummet" ved omvisningerne for de yngste gæster og derom handler det næste afsnit.

Børnerummet

Børnerummet var fra 1990 til 1995 indrettet af musiklærer Ole Nordstrøm som en regnskov med palmer, fugle og hjemmelavede instrumenter, som museets gæster kunne spille på. Ideen med udstillingen var at gøre børn og voksne opmærksomme på regnskovens hastige forsvinden p.g.a. vores "brug og smid væk" samfund. Udstillingen i børnerummet viste, hvorledes man i stedet for at smide emballagen bort kunne fremstille flotte og sjove instrumenter af affaldet. Denne udstilling har været til stor glæde for museets gæster gennem en lang årrække, men i 1995 måtte de slidte rester tages ned.

Siden er børnerummet blevet opfrisket i form af nyt inventar, nye billeder og nye instrumenter. I dag er rummet opdelt i fire små afdelinger: én for hver af instrumentgrupperne. Ideen med rummet er, at børnene skal have mulighed for at spille på "rigtige" instrumenter og gennem egenaktivitet opnå erkendelse omkring de fire instrumentgrupper og deres spilleteknik (pl. XIX).

Specielle børnearrangementer

Udover de bestilte omvisninger for skoler og institutioner formidler museets personale også musik og instrumentlære til børn gennem specielle børnearrangementer.

Musikeventyret *Den Fortryllede Skov*

Et af de mest succesfulde arrangementer er musikeventyret *Den Fortryllede Skov* med tekst af museumsinspektør Lisbet Torp og musik af jazzmusiker og komponist Kurt Larsen. Målgruppen er de 5 til 9 årige; og ideen med eventyret er gennem samspillet mellem fortællingen, det musikalske forløb og børnenes egenaktivitet at formidle viden om instrumenter, klang og musik til denne aldersgruppe. Hver "dyre-person" i eventyret er symboliseret ved et instrument og dets klang, således at når dyret optræder, spilles på det tilhørende instrument. Dyrenes karakter og sindsstemning afspejles i instrumentets klang; eksempelvis symboliseres troldefar af en kraftig skralde, geden og fåret af hver deres type klokke, fuglene af diverse jagtfløjter og piv-i-røv-fløjter og storebrortrold af en rumsterstang. Hertil kommer harmonikaen, der som gennemgående instrument både melodisk og klangligt binder forestillingen sammen med ledemotiver, stemningsmusik og sang- og danseakkompagnement.

Udover de traditionelle elementer som gentagelse, humor og uhygge indgår publikum (børnene) som en vigtig og nødvendig del af eventyret. Undervejs agerer børnene bryllupsgæster, og denne rolle indebærer bl.a., at de synger en bryllupssang, som er indstuderet inden selve eventyret påbegyndes. Senere spiller de på skeer, flasker og glas til "bjørnens" mavedans. Som afslutning på eventyret danser børnene kædedans, alt imens de lytter godt efter gongen, som fastfryser deres bevægelser, når troldefar slår på den.

Sammen med Lisbet Torp og Kurt Larsen har jeg opført eventyret flere gange både på Musikhistorisk Museum og som opsøgende skoleforestilling, og hver gang har det været en stor succes. Det skyldes primært, at formidlingsformen er noget nær det optimale, idet børnene præsenteres for instrumenterne gennem syns- og høresansen og for nogle af instrumenternes vedkommende også gennem følesansen. Det er vigtigt at børnene deltager aktivt, og at de får fortalt en god og spændende historie, som hjælper dem med at huske de forskellige instrumenter og deres klang (fig. 3).

Musikhistorien *Dyrenes Karneval*

En lørdag sidst i oktober 1996 var Saint-Saëns' musikhistorie *Dyrenes Karneval* centrum for et arrangement for museets yngste gæster og deres forældre. Forældrene blev pladseret på stole langs væggene, mens børnene og jeg satte os i en stor rundkreds på gulvet. Denne opstilling er god, dels fordi rundkredsen giver mulighed for øjenkontakt med alle, dels fordi børnene er trygge (bl.a. fordi forældrene er i nærheden) og frie (fordi de ikke sidder på skødet af far eller mor) og dermed kan deltage aktivt i arrangementet. Som introduktion til *Dyrenes Karneval* snakkede børnene og jeg om, hvordan de syv forskellige dyr, som musikhistorien omhandler, ser ud, lyder og bevæger sig; undervejs fik børnene forevist et horn fremstillet af en elefantstødtand, en fløjte fremstillet af en fåreknogle og en gunbri, som er et afrikansk strengeinstrument med skildpaddeskjold som klangkasse. Efter introduktionen fik børnene udleveret papir og blyant, så de kunne tegne, mens jeg fortalte musikhistorien. Jeg

Fig. 3. Storebror Trold spilles af en rumsterstang (fra undervisningsmaterialet til Den Fortryllede Skov). Big brother Troll is played by a Devil's Fiddle (from the educational material for the musical fairy tale The Enchanted Forest). Sketch: Tue Bendtsen.

læste skiftevis op og afspillede musikken til de enkelte dyreafsnit. Da arrangementet var slut, blev børnenes fine tegninger hængt op på museets opslagstavler til glæde for museets gæster i de efterfølgende uger.

Jeg mener, at introduktionen til historien er meget vigtig for børnenes forståelse og oplevelse af musikken, eftersom Saint-Saëns' musik tager udgangspunkt i dyrenes bevægelser og lyde. Når børnene mindes om, at elefanten og skildpadden er langsomme dyr, at løven brøler, at hønsene kagler, at fisk svømmer hurtigt o.s.v., så forstår de musikken på en anden måde, end de ellers ville gøre. Langt de fleste børn havde lyst til at tegne, og mange lavede flere tegninger under historien. Det er min klare fornemmelse, at tegneaktiviteten hjalp børnene med at holde koncentrationen rettet mod musikhistorien – også da hele arrangementet havde overskredet de magiske tre kvarter.

Fastelavnsarrangementer
Som en fast tradition afholder museet fastelavnsarrangementer for børn. Programmet tilrettelægges og udføres som regel af museumsmusikerne

med assistance fra det faste personale. Programmet er af 45 minutters varighed og kan f.eks. bestå af de kendte fastelavnssange, indstudering af en ukendt fastelavnssang, historier om, hvordan man fejrede fastelavn i gamle dage, og fremstilling af rumlepotter og rasleinstrumenter.

Museets børnearrangementer er overordentlig velbesøgte. Enkelte gange har vi endda måtte afvise børn p.g.a. pladsmangel. Om det skyldes kvaliteten i arrangementerne, presseomtalen eller andre faktorer er vanskeligt at sige noget om. Jeg har dog en fornemmelse af, at nutidens forældre er blevet mere opmærksomme på værdien af at inddrage musik og bevægelse i børneopdragelsen. Denne påstand bygger jeg bl.a. på den stigende tilmelding til de kommunale musikskolers rytmikundervisning for de 0 til 7 årige og på det store antal børne-CD'er, som er udkommet i de sidste par år (ikke mindst fra Danmarks Radio). Måske skyldes den store tilmelding til rytmikundervisning og det store salg af børnemusik, at nutidens forældre ikke har tid og overskud til at synge og danse med børnene i hverdagen; forældrene "eksporterer" derfor denne del af opdragelsen til professionelle – eller måske skyldes det virkelig en stigende interesse i barnets musikalske udvikling. Dette spørgsmål ville være spændende, men alt for omfattende, at finde svar på indenfor rammerne af denne redegørelse.

Folkeskolens projektopgaver

Siden den nye folkeskolelov fra 1993 trådte i kraft, har museet fået flere henvendelser fra 9. og 10. klasse elever, der ønsker information og materiale til deres projektopgaver. Disse henvendelser lægger op til et positivt samarbejde, men desværre oplever museet ofte, at eleven ikke har fået den nødvendige hjælp til at afgrænse sit emne. Det resulterer i meget diffust formulerede henvendelser af typen "Har I noget om musik i gamle dage?". Bibliotekaren må i sådanne tilfælde bruge lang tid på sammen med eleven at nå ind til, hvad det egentlig er, eleven ønsker materiale om. Det er et problem, som museet måske kunne afhjælpe ved at sende information til folkeskolens lærere om, hvordan vor ekspertise kan udnyttes bedst muligt i forbindelse med projektskrivning.

Samarbejdet mellem folkeskolen og museet i form af omvisninger har eksisteret i mange år og er således blevet bedre og bedre gennem de erfaringer, der er gjort undervejs. Samarbejdet mellem den enkelte elev og museet er forholdsvis nyt. Det betyder, at museets personale må lære at takle forholdsvis uklare henvendelser. Det betyder dog også, at folkeskolens lærere og skolebibliotekerne må hjælpe og støtte eleverne i deres afgrænsning af emne, inden de begynder at søge information hos museerne.

Hvad får børnene så ud af en omvisning eller et arrangement på Musikhistorisk Museum? Der findes desværre ingen dokumenterede undersøgelser af dette spørgsmål, men jeg håber primært, at børnene får en god oplevelse, som de vil tænke tilbage på med begejstring. Derudover håber jeg, at de får et instrumentkendskab, som de kan bruge og bygge videre på i deres kontakt med musikkens verden. Jeg håber naturligvis også, at de børn, som havde interesse for musik inden besøget, har fået skærpet deres interesse yderligere, og at de øvrige har fået vakt deres nysgerrighed.

Fremtidsvisioner
Et meget relevant spørgsmål at stille sig selv i et 100 års festskrift er: Hvilke fremtidsvisioner har museet om formidling til børn? Jeg kunne tænke mig følgende:

1. En fuldtidsansat museumspædagog.
Museumspædagogen skulle varetage alt det pædagogiske arbejde på museet; forbedre de nuværende udstillinger, sikre en pædagogisk formidlingsform i fremtidige udstillinger, varetage arbejdet omkring bestilling af omvisninger, foretage omvisninger i huset, udarbejde undervisningsmateriale til de forskellige aldersgrupper med videre. En sådan museumspædagog ville kunne gøre formidlingssituationen og emnebehandlingen optimal for den enkelte gruppe besøgende.

2. Nye omvisningsformer.
Den åbenlyse svaghed ved de ovenfor beskrevne omvisningsformer er de begrænsede muligheder for egenaktivitet hos de besøgende. Som tidligere nævnt, er egenaktivitet befordrende for den dybere erkendelse. Derfor kunne jeg forestille mig en ny formidlingsform for 2. til 6. klasse, hvor eleverne fik en kort introduktion til de fire instrumentgrupper gennem præsentation af enkelte af museets instrumenter. Derefter skulle eleverne selvstændigt fremstille et instrument. Hvis eleverne havde lysten, kunne omviseren fungere som dirigent i klassens orkester, og derigennem lære eleverne noget om sammenspil, rytme, nodeværdier, spilleteknik, dirigent-rolle m.v. En sådan formidlingsform ville vare det meste af en dag.

For 7. klasse og opefter kunne museumsbesøget forløbe således, at eleverne først fik en kort gennemgang af museets opbygning og udstillinger; herefter skulle eleverne gruppevis vælge et emne, der havde deres interesse, og som museets udstillinger kunne belyse. Det kunne være blæseinstrumenter i middelalderen, klaverets udvikling, hvordan en violin fremstilles o.s.v. Elevernes opgave skulle derefter bestå i at finde information om deres emne ved hjælp af udstillingerne og museets bibliotek. Omviseren og lærerne skulle fungere som vejledere. Som afslutning på "emnedagen" skulle eleverne gruppevis holde et kort oplæg for resten af klassen.

De to skitserede formidlingsformer vil give børnene en større mulighed for afprøvning og eksperimenteren og dermed en dybere erkendelse omkring instrumenter og musikhistorie, end de nuværende omvisningsformer gør. Derudover vil børnenes motivation for indlæring øges, idet de kan vælge instrument/emne efter egen interesse og ikke efter omviserens eller lærerens.

Jeg kunne forestille mig, at 7. klasserne og de ældre klasser fik en kombinationspakke indeholdende den nuværende omvisningsform (til at skabe inspiration til emnevalg) som punkt 1 og nogle dage senere den skitserede "emnedag" (til at skabe større erkendelse) som punkt 2.

Økonomisk og personalemæssigt vil sådanne fremtidige formidlingsformer være meget ressourcekrævende, men jeg er ikke i tvivl om, at pengene vil være givet godt ud!

3. Spilbare kopi-instrumenter i den permanente udstilling.
Fri adgang til spilbare kopi-instrumenter i alle rummene i den permanente udstilling ville højne museumsgæsternes udbytte af besøget, idet følesansen og høresansen i langt højere grad vil blive inddraget i museumsoplevelsen.

4. Et større børnerum med flere instrumenter.
Børnerummet er på nuværende tidspunkt for lille til en klasse på 24 elever. En udvidelse er efter min overbevisning nødvendig.

De ovenfor beskrevne fremtidsvisioner er ikke dugfriske formidlingstanker indenfor den danske museumsverden, men derimod velkendte og afprøvede koncepter i f.eks. Nationalmuseets afdeling i Lejre og Eksperimentariet. Jeg har blot forsøgt af tilpasse tankerne til Musikhistorisk Museum. Afslutningsvis vil jeg understrege, at Musikhistorisk Museum har afholdt mange gode arrangementer for børn, og det er mit håb og min overbevisning, at det pædagogiske formidlingsarbejde vil blive prioriteret endnu højere i de næste 100 år.

English summary
When a subject or a museum specimen is to be presented to nursery classes, primary school or grammar-school pupils, the guide has to pay attention to the way in which each age group perceive, think and apprehend. The 4 to 6/7 age group think intuitively and apprehend the world on the basis of what they perceive directly. In the 6/7 to 11/12 age group, the faculty for logical and purposive thinking is being developed, and the ability of discerning terms from inclusive terms is acquired. It is only at the age of 11/12 to 15 that the pupils begin to understand the historical dimension of time.

In order to motivate the young visitors as much as possible, the guide has to base his tour in the interests of the children and show the "highlights" of the museum.

In my work as a guide in Musikhistorisk Museum, I have developed three kinds of conducted tours in the present exhibitions of the museum, taking account of the childrens' age, their capacity of cognition and need of activity. The tour for the 4 to 7 age group deals with the four instrument groups: wind-, string-, membrane-instruments and idiophones. In addition to the four instrument groups, the topic of the tours for the 8 to 14 age group includes the development of instruments and the history of music from the Middle Ages to the Baroque period. The 15 to 19 age group are introduced to musical notation, organology and the development of musical instruments from the Middle Ages to Romanticism.

In all the conducted tours I endeavour to involve the pupils and their interests and experiences. The permanent exhibition of the museum includes a childrens' room where the visitors can touch and play all the instruments. The childrens' room is an important part of the tour for the 4 to 11 age group.

Besides the guided tours for schools and institutions, the museum staff also impart music and organology to children through special arrangements, as for instance performances of *The Enchanted Forest*, a musical fairy tale, adaptions of Saint-Saëns' *Le Carneval des Animaux*, and annual Shrovetide arrangements.

With a further development of the communication of Musikhistorisk Museum in mind, I take the liberty to present four prospects for the future: a full time museum educationist, new and more cost demanding forms of tours, more playable copied instruments in the permanent exhibition, and an extension of the children's room.

Noter

1. Jf. Espen Jerlang: *Udviklingspsykologiske teorier*, København 1989, s. 233-277.

2. Jf. Jerlang: *Opus cit.*, se note 1.

3. Jf. Jerlang: *Opus cit.*, se note 1.

4. Jf. Kirsten & Kjeld Fredens: *Musikalsk Odyssé. Barnets musikalske udvikling i teori og praksis*, Folkeskolens Musiklærerforening, Herning 1991.

5. Jf. Steen Larsen: *Den videnskabende skole*, eget forlag, Hellerup 1993, s. 58.

Michael Hauser

Ekskursion til Musikhistorisk Museum

Dette indlæg handler om Musikhistorisk Museum set fra en forbrugers synsvinkel. Jeg har haft den glæde gennem årene at komme temmelig ofte på museet med gymnasieelever fra Roskilde Katedralskole. Når besøgene blev lagt på bestemte ugedage og i bestemte tidsintervaller, kunne vi få gratis omvisning under ledelse af særdeles kompetente omvisere.

Forberedelserne til ekskursionen måtte naturligt omfatte oplysning om museets beliggenhed og vejen derhen. At eleverne fik at vide, at de undervejs måtte passere Hausergade og -plads blev en tilbagevendende spøg, for de troede, det var et morsomt påhit; det blev det i dobbelt forstand, for jeg lod dem blive i troen. Når vi så rundede Kultorvet, reagerede den vågne elev: "Jamen, det passer jo, Hauser!". Foran museets smukke gamle bygninger var der ofte én, der udbrød: "Men det er lukket, der er skodder for vinduerne!". Mit svar var: "Det passer ikke, det er, fordi instrumenterne ikke kan tåle stærkt lys".

Og selv om *det* passer, er det ligegodt synd, at museets ydre på den måde signalerer lukkethed. Det ville være godt, om der var råd til en anden løsning.

Kaffestuen er et godt samlingssted ved ankomsten. Tilpas lille til at skabe hygge, og en god ramme om den udmærkede introduktion, som bli'r givet om stedet og dets historie. Tidligere skulle vi også trække i filtsutter, der gav yderligere varme og atmosfære.

Denne introduktion er vigtig, først og fremmest for at skabe en god stemning. Hertil bidrager også forhåndsindstillingen, som læreren bør have opbygget. Ta'r han/hun blot afsted for at få et åndehul i dagligdagen, kan resultatet blive fatalt – i form af uinteresserede og kedsommelige elever. De gængse orkesterinstrumenter bør være gennemgået på forhånd, naturligvis med tilhørende lydeksempler. Desværre rummer læseplan og undervisningsvejledning for gymnasiet ikke krav om intrumentgennemgang, som derfor ofte er et forsømt område.

Måske kunne museet hjælpe til, f.eks. med en appetitvækkende brochure med tekst, billeder og musikforslag, på linie med den udmærkede folder *En Times Tid*, der omhandler museets "tema-omvisninger".

Omvisningerne begyndte ofte i det rum, hvor instrument-systematikken bliver vist. Et godt udgangspunkt, som altid vakte stor interesse. Fra gennemgangen på skolen kendte eleverne inddelingen i strengeinstrumenter, blæsere og slagtøj, men righoldigheden, særlig af slagtøjsinstrumenter, overraskede dem. Man kunne fornemme, hvor det kløede i fingrene for selv at prøve. Nogle gange fik de lov at fornemme svingningerne fra en orientalsk klangskål, men det var det hele. Det ville være velgørende, om de fik lov at prøve nogle instrumenter, f.eks. kastagnetter, små bækkener, eller måske et glasspil. Det måtte være muligt fra museets righoldige depot at frigøre et udvalg, der kunne stationeres i rummet. Til omviserens administration og de besøgendes glæde. Ville man ikke ofre instrumenter fra museets beholdning, kunne man ty til surrogater, således som de findes i museets legerum, kaldt "Leg med lyd". Hvorfor gemme oplevelsen til side, til "bagefter"? Når vi forlod systematik-rummet, var det mig altid en glæde som sidstemand at give den store kinesiske gong et sagte "tap" med en finger. Hvilken herlig klang, og gode minder fra min ungdom, hvor fru Skjerne under omvisning på Carl Claudius' Samling (den gang på Frederiksberg) anslog samme gong så kraftigt, at selv husets spøgelse rystede.

Fig. 1. Viola d'amore (MMCCS no. Cl 247), formodentlig bygget af Klotz i Mittenwald (1600/1700-tallet?). *Viola d'amore, probably from the workshop of Klotz in Mittenwald.*

Museets funktioner og tilbud er mangestrengede. Den besøgende kan vælge generelt at "se på instrumenter", dvs. deres mangfoldighed og forskelligartethed, eller koncentrere sig om bestemte instrumentgrupper og instrumenter, hvordan de bygges eller betjenes, deres anvendelse, udformning, funktioner i forskellige tidsaldre og genrer (fig. 1). Det er overvældende. Man aner hvilket kæmpeslid, der skulle til for at opbygge dette museum, ofte med relativt beskedne offentlige midler. Som besøgende med gymnasieklasser kan man blive helt konfus ved tanken om at drukne i mangfoldigheden. Man har vel en pligt til at forsøge at give eleverne en all-round præsentation af instrumenterne, at vise dem "live" så at sige, men måske ville det være bedre med en kort generel orientering med efterfølgende centrering om et enkelt emne.

De tidligere nævnte tema-omvisninger omfatter sådanne enkeltemner. Ofte viser de et enkelt instrument i forbindelse med en tidsperiode eller i en bestemt social sammenhæng. Tema-omvisningerne er lagt på lørdage, men i nogle tilfælde har emner derfra og fra museets særudstillinger været genanvendt i forbindelse med besøg af grupper. Det er en vældig god praksis. Således har mine elever fået fortræffelige demonstrationer af tværfløjte, el-bas og andre instrumenter, og også af mere specielle og tværgående emner. Især husker jeg Mette Müllers fængslende præsentation af "Den lange lyd", et vidt udbredt musikæstetisk klangideal med dertil hørende instrumenter og spilleteknik, anderledes end man træffer det i den moderne vestlige kulturkreds.

Omviserne er fagligt særdeles velkvalificerede – naturligvis – og samtidig har de frihed til præsentation af deres personlige interesseområder. Derved beriges omvisningerne fremfor en nøgtern instrument-gennemgang. Omviseren vil naturligt fortælle om sine favorit-emner med større engagement og glæde; en glæde, der forplanter sig til tilhørerne (pl. XX). Set i undervisningsperspektiv får eleverne en større oplevelse på denne måde, de lærer mere og får måske endda lyst til at arbejde videre med netop omviserens emne.

For en gymnasieklasse viste Meifu Sieben forskellige guitarer, og eleverne skulle bl.a. forsøge at fordele instrumenterne efter kvalitet og alder. Vi kom dermed ind på instrumentbygning, kvalitet, ægte/uægte, og unge øjne blev også åbnet for skønhed (pl. XXI). Museet ejer instrumenter af stor skønhed, og denne omvisning har givetvis skærpet opmærksomheden på smukke detaljer, f.eks. de kunstfærdigt udskårne – eller formede – rosetter i guitarer og lutter.

Fig. 2. Ofte er det de små detaljer, der kan fange interessen, således skønhedsværdien af denne roset på en italiensk guitar fra 1600-tallet (MMCCS no. Cl 161). *It is the small details which attract the interest, such as the beauty of this rose from a 17th century Italian guitar.*

Mette Müllers omtale af "Den lange lyd" satte sig spor efter museumsbesøget for flere klasser. Jeg kom i tanker om en orientalsk måde, hvorpå man kan optræne den konstante luftstøm, der skal anvendes i de lange toner. Det gøres ved at "lærlingen" søger at frembringe en ubrudt boblestrøm i vand. I sin tid lærte jeg metoden af afdøde Fridolin Weis Bentzon. Nu inspirerede "Den lange lyd" til det store boblegilde på skolen, med papbægre, sugerør og vand. Vi morede os herligt, eleverne fik øget respekt for denne blæsetekniks sværhedsgrad, – og pedellen brokkede sig over spildt vand.

En stor viden om – og glæde ved – blæseinstrumenter, især messingblæsere, blev præsenteret af Peter Johnsen. Hans oplysninger om blæseteknik og mundstykkers udformning var til direkte hjælp for nogle elever, der spillede i harmoniorkester. Men flere var blevet en oplevelse rigere og dermed klogere, hvis museet åbnede mulighed for at eleverne – under Peters vejledning – havde kunnet prøve at blæse i forskelligt formede mundstykker. Det er nok en dårlig ide at foreslå boblekonkurrencer på museet – selv i legerummet – men f.eks. afprøvning af mundstykker var muligt (så måtte omviseren naturligvis rense dem ind imellem), ligesom man kunne give gæsterne store oplevelser ved at tillade, at de – under omviserens vejledning – kunne prøve et udvalg af instrumenter.

Jeg skrev indledningsvis, at instrumentgennemgang på skolen uden ledsagende lydeksempler ville være mangelfuld. Dette gælder naturligvis også for instrumenternes præsentation på museet.

Der var tidligere en række udmærkede lydeksempler på båndsløjfer i udstillingslokalerne, indspillede med ledsagende kommentarer af Henrik Glahn og Mette Müller. De gik gradvist ud af drift; og i de sidste år har der været en beklagelig mangel på den side af instrumentpræsentationerne. Dog ikke helt, for nogle instrumenter blev præsenteret "live" – især clavichorder, cembali og flygler – og nogle gange var omviseren også udstyret med en transportabel båndoptager, som dog blev meget lidt anvendt, formentlig af tidsmæssige årsager, og fordi det kan være vanskeligt at finde frem til netop de rette eksempler på en kassettebåndoptager.

Men nu er en god løsning på vej. De vigtigste udstillingslokaler forsynes med CD-anlæg, hvortil Lisbet Torp og Mette Müller er ved at udarbejde en imponerende samling kommenterede lydeksempler. I hvert lokale kan to brugere ad gangen vælge sig ind på ønskede eksempler. Bortset fra to lokaler vil lyden ikke kunne høres ud i rummet, hvilket kan synes at være en mangel. Men herved forhindres, at besøgende forstyrrer hinanden. For grupper kan omviseren anvende en ghettoblaster, der kan tage CD-plader, så problemet med at finde hurtigt frem til ønskede musikeksempler er løst.

Fra tidligere rundvisninger på museet husker jeg, hvorledes omviseren og jeg måtte skynde på elever, der var hensunket i lytning til musikeksemplerne. Det var, karakteristisk nok, de mest interesserede, så det føltes forkert at måtte afbryde dem. Fremover vil den samme situation givetvis genopstå.

Så er vi tilbage til samme problemstilling som strejfet tidligere. Måske burde museet overveje alternative former for omvisninger. Man kunne – med eller uden præsentation af systematikken – lave en koncentreret gennemgang af de gængse orkesterinstrumenter med tilhørende udvalgte lydeksempler, for bagefter at gå mere i dybden i et (på forhånd aftalt) enkelt emneområde. Her kunne omviseren vise og kommentere sit udvalg blandt emnets/rummets CD-lydeksempler samt lade eleverne få lejlighed at holde og måske spille på et instrument. En anden model kunne være – efter en all-round-præsentation – at lade eleverne få mulighed for at lytte til musikeksemplerne i rummene. For at sikre en kontrolleret adfærd (!) kunne man stille som krav, at eleverne ikke delte sig op i for mange små grupper. Et gruppearbejde kunne være indledt på skolen og videreført på museet.

Omvisningen tog gerne lidt over en time. Ofte fandt vi så ind i legerummet. Her er muligheder for udfoldelse på primitive strenge- og blæseinstrumenter, og især slagtøj som woodblock og metallofon. Rummet er primært beregnet på yngre besøgende, men mine gymnasieelever morede sig udmærket. På den måde endte ofte et vellykket og lærerigt besøg på museet.

English summary
The article deals with the museum as a visiting goal for grammar-school pupils, seen with a music teacher's eyes. Among the numerous activities of the museum, the article focuses on its educational activities. Excellent tours are arranged, conducted by expert guides. Occasionally, single instruments or special topics are presented by specially called in musicians, and the guides make use of CD sound examples which are in the process of being expanded. From the pupils' point of view, the possibility of playing chosen instruments, under the direction and supervision of the guide, could be desired. The author also suggests working groups and focusing on special topics in the museum's abundant variety of activity prospects.

Erik Moseholm

KÆRE FØDSELAR!

Din plejemor bad mig skrive en ønskeseddel til dig. Det synes jeg jo nok var mærkeligt, når det nu er dig, der holder fødselsdag. Men hun har altid villet dig det så godt og har sikkert osse i dette tilfælde de bedste hensigter, som jeg derfor vil forsøge at befordre.

Du har altid virket dragende på mig og givet mig fantasier. Jeg kan godt lide din tilbøjelighed til gamle ting og sager fra tidligere århundreder, især din glæde over det folkelige og dertil hørende instrumentarium. Men måske kunne tips om nyere tider interessere dig? Synes du om mine forslag, kan du sikkert få plejemor til at forkæle dig. Hun vil sikkert gøre alt for at gøre dig tilpas.

Der har gennem tiderne været megen forargelse over det meste af det, jeg vil foreslå. Men forargelsens historie kunne godt gøre dig mere interessant, om du så kun dyrkede det en periode som gennemgående tema. Det ville kunne ændre lidt på dit jomfruelige gammeldags image. I dag kan det være svært at forstå tidligere tiders forargelse over noget, der forlængst er accepteret. Men kan det få nogle til at tænke over, om der i dag er fordomme, der er lige så blokerende for udvikling, så er meget nået. Og bliver det med en bevidstgørende latter, er det endnu bedre.

Der er altid et flertal, der mener at vide, hvordan man skal opføre og klæde sig, dyrke musikken og danse dertil. Det kan resultere i forbud og love. For et par hundrede år siden forargede polkaen. Så blev wienervalsen erklæret for dekadent. Og helt galt gik det, da amerikanske niggeres musik og dans vandt indpas i Danmark (pl. XXII). Forhistorien tilbage i forrige århundrede kunne inspirere dig til mange sjove indfald illustreret af artikler, billeder og noder. Det kunne måske endda føre til, at du fik interesse for plader og dertil hørende teknisk apparatur.

Datidig omtale og materiale kan være svært at finde, fordi pænere kredse dengang forsøgte at negligere det. Det blev betegnet som underlødigt og fortrinsvis omtalt af moralister, der tordnede mod denne nymodens galskab. Derfor blev der ikke skrevet bøger om det, og artiklerne og pladerne var få. Men de findes og vil kunne interessere mange, for det blev vejen mod oplevelser i vor tid. Hvad med at give dem opmærksomhed? I den forbindelse kunne kontakt med Mekanisk Musik Museum, Det Danske Jazzcenter og Revy- & Morskabsmuseet give gode ideer.

Fig.1. Typisk swingpjattetøj og -dans, *Mandens Blad,* IX/7, juli 1943. Tak til Des Asmussen for tilladelse til at bringe dette billede. *Typical zoot suit and dance,* Mandens Blad, *IX/7, July 1943. We thank Des Asmussen for allowing us to use this work of art.*

Skulle du få lyst til at interessere dig for det tyvende århundrede er der endnu flere muligheder.

Du kunne føre instrumenternes historie op til i dag og oven i købet gøre det med udgangspunkt i alle dine gamle instrumenter. Din kærlighed til traditionen kunne give unge af i dag forståelse for fortidens betydning og sammenhængen med nutiden. Du kunne fx fortælle guitarens historie op til rockmusikkens mange varianter. Eller forhistorien til nutidens mest spillede instrument: stueorglet.

Husk: historien er en vigtig kilde til inspiration og til at komme videre. Også for historiens egen skyld. For traditionen overlever kun i kraft af fornyelsen.

Du kunne også dyrke musikkens forhold til andre kunstarter lidt mere. Jeg har allerede nævnt dansen. Du har selv gjort tilnærmelser til vævning, endda kombineret med levende musik. Det kunne udvikles til specialarrangementer med film, teater, billedkunst, fotografier, karikaturer o.m.m. Dermed kunne du give udfoldelsesmuligheder for kunstneres lyst til at kombinere kunstarter og medvirke til nyere tiders multirettethed. Men du kunne også begynde i det små med i langt højere grad at illustrere instrumenternes historie med tegninger, karikaturer, fotografier og malerier (fig 1).

Alt dette kræver selvfølgelig mere plads. I særdeleshed hvis du vil til at beskæftige dig med vort århundrede og nutiden. Derfor håber jeg, at du kan få flere lokaler til dit kommende nye udstyr. Det vil gøre dig endnu mere indtagende. Du fortjener det. Gid du må finde dig en velhavende elsker, der vil forkæle dig og tilfredsstille dine behov for nutidighed.

Med kærlig hilsen fra

Erik Moseholm
Rektor for Rytmisk Musikkonservatorium
Bestyrelsesformand for Revy- & Morskabsmuseet

English summary
Until september 1997 the author was rector of the "Rhythmic Music Conservatory" (the academy of jazz, rock, etc.) in Copenhagen, and he was asked by the editors to set up a list of birthday wishes as an expert guidance for the museum's future policy in the field of contemporary music. The answer turned out to be an affectionate and critical letter with suggestions that would bring the museum up to date: 1) to start from 19th century black music and its power to provoke white society - and to ask the question "where is to-day's provocation?"; 2) to show music in relation to other branches of art, in particular the role of dance in music; 3) to pursue one type of instrument, as for instance the guitar from its classical form to the stratocaster; 4) to take an interest in the electronic reproduction of music and its dominating influence on modern society. In order to fulfil these wishes, the museum should join forces with other institutions such as "Mekanisk Musik Museum" (museum of mechanical instruments), "Det Danske Jazzcenter" and the "Revy- & Morskabsmuseet" (museum of entertainment). Inspired by a metaphor from love life, the letter expresses the wish that Musikhistorisk Museum with its charm and its experience in communication will succeed in convincing public finances as well as private sponsors that the above list is worth the money.

Forfattere til jubilæumsskriftet

Cand. mag. Mogens Andersen
Redaktør ved Danmarks Radio,
assistent ved Musikhistorisk Museum 1955-1962

Mag. art. Mogens Bencard
Museumsdirektør ved Rosenborg, medlem af bestyrelsen for
Musikhistorisk Museum

Cand. mag. Ture Bergstrøm
Instrumentbygger

Henrik Bøggild
Musiker og instrumentbygger

Dr. phil. Henrik Glahn
Professor ved Københavns Universitet til 1989, direktør ved
Musikhistorisk Museum 1955-80, museets formand 1980-94

Stud. mag. Inger Hansen
Omviser og pædagogisk medarbejder ved Musikhistorisk Museum

Cand. mag. Michael Hauser
Lektor ved Roskilde Katedralskole til 1995, og ved Det kgl. danske
Musikkonservatorium 1965-1990

Cand. mag. Anne Ørbæk Jensen
Forskningsbibliotekar ved Musikhistorisk Museum
og Det kongelige Bibliotek

Fil. kand. Peter Andreas Kjeldsberg
Museumsdirektør ved Ringve Museum i Trondheim, Norge

Cand. phil. Ole Kongsted
Museumsinspektør ved Musikhistorisk Museum,
seniorforsker ved Det kongelige Bibliotek

Dr. Laurence Libin
Leder af musikafdelingen ved The Metropolitan Museum i New York

Erik Moseholm
Jazz-musiker, rektor ved Rytmisk Konservatorium i København til 1997
Bestyrelsesformand for Revy- & Morskabsmuseet

Cand. mag. Mette Müller
Museumsdirektør ved Musikhistorisk Museum

Dr. phil. Lisbet Torp
Museumsinspektør ved Musikhistorisk Museum

Merete Westergaard
Pianist, professor i hørelære ved Det kongelige danske
Musikkonservatorium i København, medlem af bestyrelsen
for Musikhistorisk Museum

Lance Whitehead
Instrumentbygger og -restaurator, England

Museets bestyrelse 1998

Violinbygger Mads Hjorth (formand)

Museumsdirektør, mag. art. Mogens Bencard

Universitetslektor, cand. mag. Niels Martin Jensen

Førstebibliotekar, cand. mag. Niels Krabbe

Pianisten, professor i hørelære Merete Westergaard

Museets medarbejdere 1998

Direktør:	cand. mag. Mette Müller
Inspektører:	dr. phil. Lisbet Torp og cand. phil. Ole Kongsted
Biblioteket:	forskningsbibliotekar, cand. mag. Anne Ørbæk Jensen, volontør Edel Andersen og organist, cand. phil. Ole Olesen (Den Danske Orgelregistrant)
Vagtmester:	Freddy Simonsen
Betjent:	Jørgen Christiansen
Omvisere:	stud. mag. Inger Hansen, organist, cand. phil. Peter Johnsen, stud. mag. Nele Holm og cand. mag. Meifu Wung-Sung Sieben
Konsulenter:	instrumentbyggeren Henrik Bøggild og musikeren, cand. phil. Jørn Jørkov tilser museets tasteinstrumenter

Kustoder: Henning Christensen, Niels Otto Bjørn Christensen, Preben Pontoppidan Christiani, Poul Dellgren, Birthe Dinesen, Inger Jensen, Mogens Richard Jensen, Mette Marie Jørgensen, Jette Bannebjerg Larsen, Christian Herluf Pedersen, Inge Honoré Pedersen, Jerrik Pedersen, Poul Georg Pedersen, Anne-Louise Sieben, Meifu Wung-Sung Sieben, Stephan Sieben, Børge Stenberg Simonsen, Pia Stubman, Ingo Sørensen og Addy Tiedt

Navneregister

Adriansen, Inge 233
Alexandre et Fils 58
Alsted, Birgitte 105
Amati, Nicola 91
Amenreich, Bernhard 190
American Museum of Natural History, New York 88
Andersen, Joachim 41, 49
André Mertens Galleries 94, 95, 98
Arbejderforeningen 248
Asmussen, Des 284

Bach, Johann Sebastian 37, 41, 43, 46, 181, 267
Bachke, Christian Anker 71, 72, 78
Bachke, Victoria 71-82
Baggesen, Jens 41
Bak, Villy 104
Barby, Heinrich Johan 25
Bate Collection, Oxford 134
Beck, Ellen 41
Beethoven, Ludwig van 118, 120, 121
Behrend, William 48, 49
Belfast Harp Society 237
Belfast Reading Society 235
Belfast Society for Promoting Knowledge 235, 236
Bellman, Carl Michael 53
Bentzon, Fridolin Weis 281
Berg, Alfred 20, 21
Bergh, Rudolph 48
Berling, Carl 222
Berlioz, Hector 214
Berner, Johann Wilhelm 53
Beschke, William 95
Bèze, Théodore de 192
Biblioteca Apostolica Vaticana 189
Birgfeld & Ramm, klaverbyggere 94
Birkelund, Poul 119
Birket-Smith, Frederik 56

BMMI, Bruxelles 134
Borchgrevinck, Melchior 191
Brahe, grevinde til Rydboholm 215
Brahms, Johannes 117
Brauchli, Bernard 125
Breitendich, Frederik Christian 178, 180-82, 184-185
Broadwood, klaverbyggere 116, 117
Brorson, Hans Adolph 175, 177, 183, 199
Brown, Howard Mayer 47
Brown, John Crosby 88, 98
Brown, Mary Elizabeth 88-91, 93, 94
Brown, William Adams 89
Bruun, Christian Aage 59
Bruun, Kai Aage 27
Bull, Ole 94
Bunting, Edward 236, 237
Bösendorfer, klaverbyggere 118

Callmander, Carl Reinhold Constantin 19
Cameron, Rod 148
Canto, guitarklub 55
Casadesus, Henri 50
Certon, Pierre 192
Charlotte Amalie, prinsesse 178
Chopin, Fryderyk Franciszek 72, 117, 119
Christensen, Betty 176
Christian III 58
Christian IV 16, 35, 58, 189, 195, 196, 267
Christian V 169, 170, planche 9
Christian VIII 222
Chrysander, Friedrich 38
Claudius, Carl 10-12, 19-21, 52, 53, 63, 71, 74, 75, 85, 113, 119, 127, 140, 189, 200, 278, planche 1
Clausen, Sven 74, 80

Clementi, Muzio 116
Compenius, Esaias 17, 45
Cousineau, Georges 74
Cranach, Lucas 167
Crosby Brown Collection, Washington, D.C. 90-92, 98
Crüger, Johann 198-200
Crystal Palace, London 86, 87
Cæciliaforeningen 36, 37, 43

Danmarks Radio 104, 109, 272
Dansk Folkemuseum 17, 19, 23
Dansk Institut for Elektroakustisk Musik 105, 110
Dansk Mensural-Cantori 58, 59
Danske Jazzcenter, Det 283
Daser, Ludwig 190
Debussy, Claude 87
Demian, Cyrill 211, 214-216, 218, 224
Denner, J.C. 149
Deutsche Vereinigung für alte Musik 50
Diabelli, Anton 118
DIEM, Se: Dansk Institut for Elektroakustisk Musik
Diémer, Louis 49, 50
Dillner, Johannes 215
Dolmetsch, Arnold 45, 49, 50, 54
Dorph, Sven 151, 161
Dou, Gérard 167
Douwes, Claas 127
Drexel, Joseph W. 88, 89
Dungan, James 235, 236
Dunkel, Maria 216
Dussek, Jan Ladislav 117
Dvorák, Antonin 214
Döbereiner, Christian 44, 50

Edlund, Johan 57
Egan, John 237
Egbertsen, Wilhelm 191
Eggers, Adolph 41, 46
Eichentopf, Johann Heinrich 21, 140, 149

Eksperimentariet 274
Enderlin, Fritz 198, 199
Engel, Carl 87, 89, 90
Erard, Sébastien 238
Evald, Jesper 148

Ferdinand III 167
Fétis, François-Joseph 37
Field, John 117
Foersom, Peder 176
Folkemuseet, Se: Dansk Folkemuseum
Folkeuniversitetet 51
Forsyth Collection, Manchester 135
Foss, Julius 27, 58, 61
Foulds, Shirley Sammis 98, planche 6
Franck, César 214
Franklin Institute, Philadelphia 92, 94
Franz, Robert 37
Franzén, Frans Michael 198
Frederik VII 220-223, planche 15
Frederik den Store, konge af Preussen 41
Freylinghausen, Johann Anastasius 177
Friedrich V, kurfyrste af Pfalz 189
Friis, Achton 55, 56
Frounberg, Ivar 110

Galpin, Francis 38
Geijer, Erik Gustaf 198
Gerhardt, Paul 198, 199
Germanisches Nationalmuseum, Nürnberg 149, 151
Gesellschaft der Musikfreunde, Wien 89
Gewandhausorkestret, Leipzig 140
Gijsbrechts, Cornelis Norbertus 167-173, planche 9 og 10
Glahn, Henrik 175, 281
Glass, Louis 54, 55
Gottfried, Joseph Karl 33
Goudimel, Claude 191-193, 195, 197
Gounod, Charles 43, 214
Graf, Conrad 113-23, planche 7
Gram, N. 10

Grassimuseum, Leipzig 135
Grenser, Karl August 140
Grundmann, Jakob Friedrich 140
Grundtvig, Nicolai Frederik Severin 199, 200
Gutknecht, Dieter 44

Haas, Christian Peter Jonas 212
Haasz, Catharina Dorothea 95
Hagen, Sophus Albert Emil 56, 180
Hamerik, Asger 9, 246
Hammerich, Angul 9-18, 20, 21-27, 33, 35-37, 39, 41, 43-46, 47, 48, 50, 51, 53, 54, 56-61, 245-48, planche 2 og 25
Hammerich, Golla 15, 43, 54
Hammerich, Magdalene 24, 26, planche 2
Hansen, Anton 248
Hansen, Inger planche 20
Hansen, Niels Christian 9
Hansen, Paul Tage 73-78
Hansen, Urban 221, 222
Hartmann, Johan Peter Emilius 43, 221
Hass, Hieronymus Albrecht 15, 23, 43, 53, 125-27, 134, 267
Hass, Johann Adolph 53, 125, 127-33, 135, 136f
Hauser, Michael 277
Haydn, Joseph 117
Heber, Reginald 197f
Helland, Erik Johnsen 74, 75
Helsingfors Folkekonservatorium 244
Hempson, Dennis 236, 237
Henne, Joachim 170
d'Hervelois, Louis de Caix 55
Hetsch, Gustav 36
Heyer, Wilhelm 14, 38
Highland Society, 240
Hiller, Philipp Friedrich 199
Hinz, Georg 169
Hipkins, Alfred J. 89, 90
Hitchcock, John 53, 58

Hjorth, Emil 26, 33
Hjorth, Emil & Sønner 80, 97
Hobsbawn, Eric 231
Hochschule für Musik, Berlin 38
Hogwood, Christopher 125, 127, 135
Hollander, Christian 190
Holtzapffel, Jean Daniel 49
Hoogstraten, Samuel van 167, 168, 170
Hornbostel, Erich Moritz von 101-103, 107
Hornung & Møller 33, 39, 58
Händel, Georg Frideric 37
Høeberg, Ernst 43, 44

Ipsen, Paul 212

Jensen, Lise Ingemann 151, 153, 161
Jacobsen, Olga 220, 225
Jacobsen, J. 79
Jaëll, Alfred 95
Jensen, Anne Ørbæk 16, 22
Jensen, Richard 80
Jensenius, Johann-Jürgen 177, planche 11
Jeppesen, Knud 27
Jesperssøn, Niels 175
Johnsen, Peter 281
Josephsen, A. 220
Jyde-Peter 59, 60

Kiedolps, J. fra Schweinfurth 127
Kingo, Thomas 175, 178-80, 182-85
Kirnbauer, Martin 150
Kirschnick, Nicolaj 211
Kjerulf, Charles 35
Klotz, violinbyggere 278
Koldinghus, Museet på 135
Kongelige Bibliotek, Det 58, 66, 178
Kongelige Cantori, Det 58
Kongelige Danske Musikkonservatorium, Det 36, 110
Kongelige Kapel, Det 43, 48, 55, 62
Kongelige Teater, Det 43, 62

Konservatoriet i Bruxelles 37, 38, 47, 54
Konservatoriet i Paris 38
Kraft, Mathias Petter 41
Kratzenstein, Christian Gottlieb 211-213, 218
Krickeberg, Dieter 150
Krieg, Franz 215
Krogh, Torben 27
Krohn, Pietro 26
Kuhlau, Friedrich 43, 119
Kulturministeriet 14, 16
Kungliga Teatern, Stockholm 20
Kunstindustrimuseet 14, 57, 60, 119, 172
Kunstkammer, Det Kongelige Danske 169-72
Kvifte, Tellef 102, 108
Köpings Museum, Köping 134

Landorph, Frederik Lassen 59
Landowska, Wanda 44, 54
Lange, Algot 41, 54
Lange, Ina 48, 51, 52, 54
Larsen, Lennart planche 9
Larsen, Ole Christian 220
Larsen, Kurt 269, 270
Lasso, Orlando di 37, 189
Laub, Thomas 199, 200
Lejre, Historisk-Arkæologisk Forsøgscenter 274
Leodiensis, Egidius Bassengius 190
Leopold I, tysk-romersk kejser 169
Lerch, Thomas 144, 146, 150
Lichtenfeld, Monika 36
Liszt, Franz 117
Lobwasser, Ambrosius 196-199
Lufbery, John H. 98, planche 6
Lund, Cajsa 17, 246
Luther, Martin 183
Lynge, Herman 10
Lönegren, Ernst Frithiof 198
Lönnrot, Elias 243

Macdonald, Donald 240

Mahillon, Victor-Charles 22, 79, 102
Marot, Clément 192, 197, 199
Marschall, Andreas 43, 95
Martin, John 144
Martin, Christian Frederick 92
Marvin, Bob 144
Maurer, Walter 215
Maximilian, kurfyrste af Bayern 189
Meer, Karel van der 97
Mekanisk Musik Museum 283
Mendelssohn, Felix 119
Mertens, André 94, 95, 98
Metropolitan Museum of Art, New York 85-99, planche 6
Meyer, Albert 137
Meyer, Leopold de 95
Mikkelsen, Jacob 196
Montesquieu, Charles 232
Morche, Gunther 190, 191
Mornable, Anthoine de 192
Moseholm, Erik 285
Mozart, Wolfgang Amadeus 117, 268
Musée du Conservatoire National de Musique, Bruxelles 23, 89
Museum für Bergedorf und die Vierlände, Hamburg 134
Museum für Hamburgische Geschichte, Hamburg 134
Museum für Kunst und Gewerbe, Hamburg 134, 135
Museum for Kunstindustri, Se: Kunstindustrimuseet
Museum of Manufactures, London 87
Musical Institute of London 86
Musikinstrumenten-Museum, Berlin 134
Musikmuseet, Stockholm 21, 215
Musikvidenskabeligt Institut, Københavns Universitet 16
Müller, Adolph 214-16, 224
Müller, Mette 133, 174, 246, 248, 279-81
Münter, Balthasar 199

Möckel, Otto 97
Møllargutten 57
Møller, Dorthe Falcon 95
Møller, Frederik 12, 15, 26, 33, 43, planche 25
Møller, Johannes 79, planche 4
Møller, Mathias Peter 85
Möller, Max 97
Møller, Otto 80
Maale, Rasmus Johansen 220, 221, 223

Nationalhistoriske Museum på Frederiksborg Slot 169
Nationalmuseet 19, 246, 248
Neruda, Franz 39
Neumann, C. 220
New England Conservatory of Music, Boston 89
New York's Crystal Palace 86
Nex, Frances 133
Nex, Jenny 133
Nielsen, Carl 48
Nielsen, Hans 191
Nielsen, Ludolf 55
Nissen, Helge 41
Nordstrøm, Ole 269
Norsk Folkemuseum 135

O'Neill, Arthur 237
O'Reilly, Bridget 237
Olsen, Bernhard 17, 23, 26
Olsen, Hendrik Christian 96
Olsen, Lars Jørgen Rudolf 85, 95-99, planche 6
Ossenbeeck, Jan van 169
Otto af Bayern, konge af Grækenland 241

Pade, Else Marie 104
Palestrina, Giovanni Pierluigi da 37
Palækoncerterne 41, 56
Panum, Hortense 21, 22, 46-49, 51, 58
Parrhaios 167, 171

Pedersen, Peder Se: Jyde-Peter
Pedersøn, Mogens 191
Petersen, August 248
Petersen, Hans 218, 219, 225
Petersen & Steenstrup 78, 217-20
Philadelphia's Musical Fund Society, Philadelphia 94
Pidoux, Pierre 192
Pleischer, Joh. Chr. 46
Pleyel, Ignaz Josef 44, 54, 119
Plinius d.æ. 167, 168, 171
Pontoppidan, Erich 178, 183
Porret, Samuel 81
Puchta, C.R.H. 199
Pörschmann, Johann 140, 141ff, 144-46ff, 149f, 151, 155 160, 162, planche 8

Raben-Levetzau 15
Rasmussen, Louise (grevinde Danner) 222
Reger, Max 214
Reid, James 238
Reisner, M. 216
Revy- & Morskabsmuseet 283, 285, 286, 288
Richter, Gotthard 224
Richter og Bechmann 53, 55
Ringve Museum 71, 72, 74, 75-77, 79, 80-81, planche 4
Ringwaldt 198
Ritter, Abraham 94
Roikjer, Kjell 221
Rosen, Edvard 80
Rosen, Julie 80
Rosenborg 169-71, planche 9
Roskilde Katedralskole 277
Rossini, Gioachino 214
Routley, Erik 198
Royal Albert Hall 89
Rubinstein, Anton 54
Ruckers, Andreas 267
Ruediger, Fr. 216

Ruete, Johannes a 190
Rung, Frederik 26, 37, 43, 47, 53
Rung, Henrik 36, 37, 43
Russell Collection, Edinburgh 135
Rytmiske Musikkonservatorium, Det 285
Røllum-Larsen, Claus 222
Rørbech, Bodil 110

Sachs, Curt 18, 101-103, 107
Saint-Saëns, Camille 214, 270, 271
Salminen, Paul 244
Salomon, Siegfried 55
Schaeffer, Bugoslaw 109
Schelkle, Jakob 113
Scherr, Johan Nicolai 92, 95
Scherr, Emilius William 91, 95
Scherr, Emilius Nicolai 85, 91-95, 99, planche 5
Schildt, Melchior 58
Schiørring, Niels 180
Schiørring, Nils 16, 176, 177, 179, 180
Schmidt, Peter Emanuel 33
Schnedler-Petersen, Bergliot 54, 57, 58
Schnedler-Petersen, Frederik 27, 55-58
Scholander, Sven 53
Schou, Valdemar 9
Schrader, Barry 108
Schrader, Johann Hermann 177, 178
Schubert, Franz 118
Schumann, Robert 118, 119
Schytte, Henrik Vissing 26, 41, 48
Schönberg, Arnold 214
Schønberg, Ernst 41
Segher, Daniel 167
Sieben, Meifu 279
Simon, Peter 107
Simonsen, W. 218, 219, 221
Simpson, Christopher 43
Skjerne, Carl 59
Skjerne, Edith 75-77, 80, 81, 278
Skjerne, Godtfred 24, 27, 52, 61, 73, 75-78, 80, 81, 176, planche 2

Skjånes, Ivar 81
Smith, Edith Allaire 93
Smith, Grace Halleck 93
Smithsonian Institute, Washington, D.C. 127, 135
Société de Concerts des Instruments Anciens 49
Société de Concerts des Instruments Anciens Casadesus 50
Sontag, Henriette 95
South Kensington Museum, London 86, 87, 89
Spencer, Herbert 90
Spitta, Julius August Philipp 38
Statens Museum for Kunst 19, 169-172, planche 10
Staufer, Johann Georg 92f
Stauning, Thorvald 248
Steenstrup, E. 78, 79
Steenstrup, Hans Christian 218, 219
Steenstrup, Louis 219
Stein, Johann Andreas 116
Steinway (Steinweg), klaverfirma 88, 116
Sthen, Hans Christensen 179, 180
Stiftelsen Musikkulturens Främjande, Stockholm 134
Stochholm, Peder 53, 56
Stockhausen, Karlheinz 108, 109
Stradivari, Antonio 91, 96
Strauss, Richard 214
Streicher, klaverbyggere 116
Svanberg, Johannes 20
Svensson, A. & Co. planche 1
Swane, Sigurd 24, planche 2

Tchaikovsky, Peter Illich 54
Technisches Museum, Wien 224
Thiess, Helga 54
Thomissøn, Hans 183, 196
Thorvaldsens Museum 246
Thuner, O.E. 175
Thurmair, Georg 198

Tielke, Joachim 55, 56
Timm, Reinhold 267
Tivoli 55, 56
Tolstrup, Johan 56
Tordenskiold, Peter 72
Tordenskioldmuseet 73
Torp, Lisbet 18, 266, 269, 270, 281, planche 16, 18-20
Trehou, Gregorius 189-193, 195, 196, 201-05
Tucher, Bernhard von 114
Türk, Daniel Gottlob 115
Tøjhusmuseet 19
Tørsleff, Laurits Christian 14

Ullrich, C. 216
United States National Museum, Washington, D.C. 89
Universitetet i København 17, 51, 56
Universitetet i Lund 19, 20
Ursinus, Andreas Friederich 176-178, 180-183, planche 11-13

Vico, Giovanni Battista 232
Victoria, Tomás Luis de 37
Victoria and Albert Museum, London 87
Villumsen, Thomas 196
Vinaccia, Antonio 79
Vinariensis, Nicolaus Rosthius 190
Vogler, Georg Joseph 211, 213

Waefelghem, Louis van 43, 49
Wallin, J.O. 198
Walter, Anton 116, 117
Wanscher, Wilhelm 176
Weber, Carl Maria von 55
Weis, Andreas 35, 36,
Weis, Carl Mettus 35, 36
Weis, E.A. 35, 36
Weller, Clemens 9
Wessel, Jan 72
Wessel, Maren 72

Weyse, Christoph Ernst Friedrich 43, 119, 137
Winding, August 43
Wit, Paul de 13, 14, 33, 38, 44
Woodhouse, Violet Gordon 54
Wöldike, Mogens 27

Zeuxis 167, 168, 171

Zinck, Hardenack Otto Conrad 180

Österman, Bernhard planche 1

Aagesen, Andreas 191
Åström, Johan 198